Ernst Heimeran und Bruno Aulich
Das stillvergnügte Streichquartett

ERNST HEIMERAN UND BRUNO AULICH

Das stillvergnügte Streichquartett

BÄRENREITER KASSEL · BASEL · LONDON · NEW YORK

21. Auflage (zugleich 2. Auflage im Bärenreiter-Verlag), 80. – 85. Tausend.

Titelbild: Max Oppenheimer, Streichquartett, um 1920
Serge Sabarsky Gallery, New York.
Druck und buchbinderische Verarbeitung: Hubert & Co., Göttingen
Printed in Germany
ISBN 3-7618-0850-X

INHALTSVERZEICHNIS

ERNST HEIMERANS VORWORT ZUR 1. AUFLAGE

Dieses Buch gehört den Freunden gestrichener Musik. Vor allen denen, die selber streichen. Unter diesen vorzüglich jenen, die es zu Hause und aus Liebhaberei tun und am liebsten zu viert.

Aber auch der freundliche Hörer soll Nutzen daraus ziehen. Auch der Klavierspieler, soweit er Lust hat, sich im geselligen Verband der Instrumente zu betätigen. Vielleicht vermag es sogar Leuten vom Fach ein Lächeln abzunötigen und ein gelegentliches »Sieh mal an«.

Aus Begeisterung geboren, in Unschuld aufgewachsen, durch Erfahrungen in die Schranken gewiesen, will dieses Buch, aneifernd und anleitend, Zeugnis ablegen von der großen, fröhlichen Seligkeit gemeinsamen häuslichen Musizierens.

VORWORT ZUR 17. AUFLAGE

Nach dem Tode meines lieben Freundes Ernst Heimeran habe ich die für mich selbstverständliche Aufgabe übernommen, unsere gemeinsame Veröffentlichung weiterhin zu betreuen.

In der vorliegenden Auflage ist der zweite Teil des Buches vollständig neu geschrieben worden. Das erwies sich als notwendig, weil die in jüngeren Jahren geäußerten Anschauungen einer späteren und gereifteren Auffassung nicht mehr in allen Fällen entsprachen und zahlreiche Korrekturen erforderten. Zudem hat sich in den letzten Jahrzehnten eine Umschichtung des musikalischen Geschmacks vollzogen, die es geraten sein ließ, mehr auf Geschichte und Struktur der für die Hausmusik in Betracht kommenden Werke einzugehen.

Dem Leser wird empfohlen, vor der Lektüre der Werkbesprechungen die Kapitel »Winke für die Praxis« und die Einleitung »Wegweiser durch die spielbare Quartettliteratur« (s. S. 55) recht aufmerksam zu lesen, da dort die Sacherklärungen ausgespart wurden, um Wiederholungen zu vermeiden. Ebenso empfiehlt es sich, mit den Werkbesprechungen der Quartette von Joseph Haydn zu beginnen, da Wesentliches und Typisches über Stil und Struktur dieser Gattung dort zu finden sind.

Hingegen wurden die von Ernst Heimeran geschriebenen Kapitel wörtlich übernommen. Die Tonart, die er seinerzeit (1936) angeschlagen hatte, war für ein Fachbuch derart originell und neuartig, daß sich jede Änderung von selbst verbot.

Die Würdigung der Komponisten und ihrer Hausmusik erfolgte auf Grund einer vierzigjährigen Praxis und möchte für die Auffassung und das Verständnis der vom Leser gespielten Werke dienlich sein.

Für manche stilistische und sachliche Anregung bin ich Herrn Richard Kienitz dankbar. Das gleiche gilt für meine zahllosen Quartettfreunde, die an vielen Abenden mit mir auch schwierige und unbekannte Werke studiert haben.

November 1969 BRUNO AULICH

WIE EIN QUARTETT ENTSTEHT

Wenn man abends gegen 1/2 9 auf der Straße einem eiligen Herrn begegnet, der den Geigenkasten unter den Arm geklemmt hat, das stumpfe Teil nach vorne, dann kann man Gift darauf nehmen, daß das kein Berufsmusiker ist – die sind um diese Zeit längst im Dienst – sondern ein Mensch, der zum Vergnügen spielt, ein Dilettant.

Dilettanten sind nicht etwa Leute, die nichts können, sondern solche, die etwas tun, was sie gar nicht müßten. In sämtlichen Lexika wird mit ernsten Worten darauf hingewiesen, daß die Dilettanti oft namhafte Musiker waren und daß das Wort seit dem 19. Jahrhundert zu Unrecht in Verruf gekommen sei. Es empfehle sich daher zu unterscheiden zwischen den dilettantischen oder blutigen Dilettanten und den undilettantischen Dilettanten, den sogenannten Liebhabern.

Man sieht, daß es ungeheure Schwierigkeiten macht, diese Sorte von musiktreibenden Leuten auch nur zu kennzeichnen. Liebhaber – welch ein verfänglich weiter Begriff! Und mit dem bloßen Liebhaben ist es überhaupt nicht getan; üben, üben, üben, pflegen die Musiklehrer zu sagen, so oft die Stunde zu Ende geht. Der Ton liegt auf Musizieren; nicht Musiker zwar sind sie, die Dilettanten, aber Musizierer.

Musizierer treten selten einzeln in Erscheinung. Musiker streben nach einsamer Höhe, Musizierer nach Vereinigung. Das ist leicht erklärlich. Denn abgesehen vom Klavierspieler, auf den wir gleich zu sprechen kommen, ist der Alleinmusizierer eine beklagenswerte Erscheinung. Auf Märchenbildern sieht man ja manchmal einen, der mit seiner Geige oder Flöte Mensch und Tier bezaubert. Sind halt Märchenbilder! Denn im allgemeinen ergreifen vor dem Jüngling, der da sologeigt, selbst die nächsten Anverwandten die Flucht. Deshalb verschaffe man ihm, sobald wie möglich, eine Begleitung und gewöhne ihn, kaum daß er gelernt hat, mit dem Bogen über die leeren Saiten zu zittern, an den Satz: »Mit Guten im Verein, ist besser als allein.« (Rückert, Weisheit des Brahmanen.)

Nur das Klavier kann des Partners entraten. Kunststück! Wird es doch sogar von Leuten geschätzt, die es nie spielen, aber täglich abstauben. Denn es ist ein massiver Einrichtungsgegenstand, steht da auf eigenen Beinen und trotzt auf seine Selbständigkeit. Es ist die geborene Junggesellennatur und wird daher von allen gesellig Denkenden mit Recht gemieden. Kommt es dann später daher und will auch ein wenig mitspielen – und diese Stunde kommt! – wird es mit äußerstem Mißtrauen empfangen.

Man versucht es zuerst noch im guten und spielt Sonaten. Da gibt es zum Beispiel sogenannte Violinsonaten, auf die selbst Meister wie Beethoven und Mozart viel Zeit verwendet haben. Bei näherer Betrachtung entpuppen sich die meisten Violinsonaten als Klaviersonaten. Das ist schon daran zu erkennen, daß dabei das Klavier niemals den Mund hält, während der Geiger immer wieder warten muß, bis er drankommt. Ist das Gerechtigkeit? Und selbst, wenn er meint, er hat das Wort, ist er ganz auf das Wohlwollen des Instruments angewiesen, das zwar piano genannt wird, aber am liebsten forte spielt.

Deshalb streben zartbesaitete Spieler weg von diesem aussichtslosen Zweikampf, hin zum Trio. Unter Trio schlechthin versteht man das Klaviertrio. Es gibt noch andere Trios auf der Welt; aber dann muß man es ausdrücklich dazusagen, zum Beispiel Streichtrio, Blastrio. Sagt man nur Trio, ist bestimmt Klavier dabei. Das ist wieder echt Klavier!

Beim Trio hoffen die verbündeten Streicher – meist Geige und Cello – durch gleichzeitigen Flankenangriff das Klavier in die Zange zu bekommen. Die Tollkühnen! Sie mögen froh sein, wenn sie sich selber leidlich behaupten, indem sie mit letzter Kraft unisono spielen.

Doch ist ihnen zu empfehlen, es auf Kraftproben lieber gar nicht ankommen zu lassen und den Pianisten in Güte zu gelegentlicher Zurückhaltung zu bestimmen: dann kann man aus der Gattung des Trios eine geraume Zeit Honig saugen. Man fängt bei Gade an und hört bei Dvořák auf, wobei man stets an das Dumky-Trio denkt. Redet jemand vom B-dur, so meint er Schubert; unter op. 8 wird ohne weiteres Brahms verstanden, bei dem von Pfitzner muß man es dazusagen. Etliche halten Mozart für leicht und Spohr für lohnend; am meisten verdanken Geige und Cello aber doch Beethoven. Eines Tages nämlich entdecken sie dort im Gassenhauertrio jene Variation, in der das Klavier völlig schweigt. »Piano tacet« steht da geschrieben. Unsere Streicher finden das sehr angenehm und beschließen, nur noch solche Trios zu spielen, in denen Piano tacet. Leider gibt es solche Stücke sehr wenige.

Das ist der Augenblick, wo in den beiden Streichern der finstere Plan reift, ein Quartett zu gründen, eine Vereinigung also, wo mit gleichwertigen Waffen gekämpft wird, wo alle gleich sind (wie sie meinen).

In diesem historischen Augenblick verzieht der Cellist in eine andere Stadt, und der Geiger steht allein. Soll er reumütig wieder Sonaten spielen? Der Stachel sitzt zu tief in seiner Brust; der Entschluß, ein Streichquartett zu gründen, obschon aussichtloser denn je, hat sich seiner bemächtigt.

Warum schließt er sich denn nicht einer bestehenden Vereinigung an; vielleicht zunächst als zweiter Geiger?

Leicht gesagt. Erstens fühlt er sich als *erster* Geiger; er hat doch schließlich die vielen Sonaten nicht umsonst gespielt; und zweitens ist die Welt auf einmal leer von Musizierern. Jedenfalls seine Welt. Denn was hilft es ihm, wenn er, einsam spazierend, da und dort aus Häusern Musik hört? Erbittert bleibt er unten eine Weile stehen, sagt sich, daß er das viel besser machen würde, und wäre doch so gerne eingeladen. Denn in seinem Bekanntenkreis spielt kein Mensch. Es ist so, wie wenn man plötzlich eine Stenotypistin braucht; man weiß theoretisch, daß es deren unzählige gibt; aber praktisch kennt man keine.

Was tut man in diesem Falle? Man inseriert.

Man schreibt nach gründlicher Überlegung, daß man zwecks Bildung eines Hausquartetts Cellisten, Bratschisten und zweite Geiger sucht. Man rückt das in die Gegend ein, wo die Dame im blauen Mantel zwecks ehrbarer Annäherung um ein Wiedersehen gebeten wird und wo Anzeigen stehen wie die: »Felix! W.g.h.m.ü.l.a.O.d.d.F.h.!« Man schreibt natürlich unter Chiffre, zum Beispiel Beethoven.

Hierauf melden sich zahlreiche Pianisten und ein Mann, der versichert, in seiner Jugend im Schülerorchester mitgewirkt zu haben. Dann nichts mehr.

Unterdessen bemerkt man mit Verdruß, daß an derselben Stelle von anderer Seite ebenfalls Cellisten gesucht werden, Bratschisten und zweite Geiger.

Finster liest man das mit dem zweiten Geiger, aber endlich siegt doch die Liebe zur Sache und man schreibt hin.

So entsteht, wenn man Glück hat, ein Quartett. Wem das zu unwahrscheinlich dünkt, dem sei zur Ermunterung mitgeteilt, daß sich die Herausgeber dieses Buches auf ähnliche Weise vor siebenundvierzig Jahren gefunden haben und daher von dem Wunsch beseelt sind, ihre Erfahrungen allen Leid- und Freudgenossen mitzuteilen.

DER QUARTETTABEND

Der Quartettabend wird eingeleitet von den Vorbereitungen. Die Vorbereitungen erstrecken sich über die ganze Woche und bestehen zunächst in Zu- und Absagen, in Postkarten, Beschwörungen, Verwünschungen und Telephongesprächen.
Einer muß die Sache in die Hand nehmen, am besten der, bei dem der Abend stattfinden soll. Denn der muß rechtzeitig Bescheid wissen, damit er Pulte und Stühle herrichten kann, eine entsprechende Beleuchtung, Aschenbecher, Brötchen, Gläser. Er muß den Teppich herausrollen, der Akustik und des Cellos halber, das mit seinem Stachel sonst Löcher bohrt; er muß ein wenig aufräumen, damit die Geigenkästen abgestellt werden können und die Noten zugänglich sind. Er tut gut daran zu lüften, denn verbrauchte Luft trägt nicht; er muß sich um die Heizung kümmern, denn zu große Trockenheit macht den Ton stumpf, bei zu großer Wärme hält die Stimmung nicht, bei zu großer Kälte bleiben die Finger steif. Auch mache er bei seinen Nachbarn Besuch und teile schonend mit, es sei heute abend Musik – denn es dauert doch über die erlaubte Stunde.
Ist dies alles geschehen und hat alles geklappt, dann warte er in Geduld.
Noten aufzulegen hat keinen Sinn; es wird doch etwas anderes gespielt.
Dagegen darf er Kolophonium bereitlegen und Dämpfer austeilen; werden sie auch selten gebraucht, so sind sie doch beliebte Gastgeschenke. Das heißt, man betrachte sie von vorneherein als solche, damit man sich hintennach nicht ärgert, wenn sie mitgenommen werden. Ein wahrhafter Freund des Quartettspiels nimmt das alles in Kauf.
Ich weiß, es gibt Leute von unbekümmerter Gemütsart, die tun das alles nicht. Kommt man zu ihnen, so muß man erst ausräumen, Leitungsdrähte spannen, behelfsmäßige Pulte aufschlagen; sie haben keine Schere, wenn sich ein Fingernagel als zu lang erweist, leihen sich das Kolophonium von den andern, bei allen

Noten ist eine Stimme verlegt, es ist für nichts Trinkbares gesorgt – und so vergeht die kostbare Zeit.
Solchen Leuten sollte man das Quartettspielen verbieten. Eine saubere Heftführung, hat man uns schon in der Schule gelehrt, ist die Vorbedingung zu einem gedeihlichen Können. Die Heftführung des Quartetts sind eben die sauberen Vorbereitungen.
Jetzt läutet es, und man kommt.
Man kommt einzeln. Am pünktlichsten ist meistens der, der am weitesten entfernt wohnt. Der nächste kommt bald danach. Aber der letzte läßt auf sich warten.
Man kann unterdessen in aller Ruhe die Instrumente auspacken. Das ist zweckmäßig, damit sie sich an die Zimmertemperatur gewöhnen. Man kann ferner Zigaretten rauchen. Das ist unzweckmäßig, weil Streichinstrumente empfindlich sind wie Sängerinnen. Am besten ist es, ein Streichtrio aufzulegen: denn kaum ist man in Schuß, schellt's und der Ersehnte ist da.
Übrigens entschuldigt er sich gar nicht, sondern behauptet, er hätte schon zwanzigmal geläutet, stünde schon eine halbe Stunde draußen und höre zu: es hätte schauerlich getan.
Hier merke sich der Anfänger grundsätzlich folgendes: Höflichkeit unter Quartettmitgliedern ist nicht üblich. Das haben die echten Dilettanten (siehe Seite 9) mit den echten Musikern gemein, daß sie frei heraus sagen, was sie denken.
Sie sagen es in einer ihnen eigentümlichen Sprache. Es heißt also nicht: das *klingt* schlecht, sondern das *tut* scheußlich. Es heißt nicht: die und die haben Schuberts op. 29 sehr gut gespielt, sondern sie haben das a-moll *gemacht!* Die Frage: »Warum haben Sie denn bitte vorhin versehentlich nicht eingesetzt?« heißt: »Warum sind Sie denn *nie da?*«
Solche und weitere Fachausdrücke präge man sich rechtzeitig ein, denn sonst kann man nicht mitreden. Und das muß man können. Denn die erste Tätigkeit eines zusammengetretenen Quartetts ist es, in Rede und Gegenrede die Frage zu klären: was soll heute gemacht werden?
Das Wort nimmt der Cellist. Zwar sind die Zeiten vorbei, in denen man ein Dutzend guter Geiger für einen brauchbaren Cellisten einhandelte; aber das haben nur die Geiger vergessen, die Cellisten nicht. Sie träumen noch heute von

der alten Herrlichkeit, und das selige Lächeln, das auf ihnen liegt, wenn sie das Thema haben, ist ein Abglanz jener Tage. Deshalb schlagen sie immer Quartette vor, in denen sie mit Solokantilenen brillieren (diese Stellen halten sie stets frisch geübt auf Lager), sind aber schlau bemüht, sich ihre wahre Absicht nicht anmerken zu lassen.

Es kommt also ganz harmlos heraus, wenn der Cellist als Quartett vorschlägt: »Neunundfünfzig eins.«

Das ist von Beethoven, und der Anfänger würde sich nichts Böses dabei denken.

Aber unter Brüdern ist unser Cellist erkannt. Hohngelächter überschüttet ihn. Man weiß schon, was es mit op. 59/1 auf sich hat: gleich am Anfang das Thema, viel Führung, viel Kantilene. Nein, mein Lieber.

»Außerdem fängt man mit sowas nicht an«, opponiert die erste Geige. »Zum Einspielen gehört etwas Durchsichtiges, die Beefsteaks kommen in die Mitte. Also wo ist der Haydn? Her damit.«

Ungern gehorcht der Bratschist, der Verwalter des Notenbestandes, der ihm zum größten Teil gehört und den er unaufhörlich ergänzt. Sein Traum ist es, dereinst alle Noten binden zu lassen.

Von Haydn besitzt er natürlich die große Ausgabe in zwei Bänden, die von gewöhnlichen Pulten leicht herunterrutscht. Man sorge daher von Anfang an für stabile Doppelpulte mit einer genügend breiten Auflageleiste. Oben montiere man Suffitenlampen, damit, wie beim Theaterorchester, jede sonstige Beleuchtung im Raum entbehrlich wird. Das macht sich sehr romantisch und trägt viel zur Konzentration bei.

Zurück zur Sache. Der Primarius blättert noch immer unentschlossen in der Stimme herum. Er sucht nach einem Quartett, das anregend, spielbar und nicht zu bekannt ist. Dieses, so beabsichtigt er insgeheim, soll dann gründlich studiert werden, damit man sich auch einmal hören lassen kann. Dahin will er das Quartett bringen, daß es von ihm unter Kennern heiße: die haben etwas drauf! Das ist der Fachausdruck für Hochachtung und bedeutet, daß das X-Quartett Tüchtiges leistet. Für X setzt der Primarius im Geiste natürlich seinen Namen.

Da er also einen Namen zu gewinnen bzw. zu verlieren hat, ist er von tiefer Verantwortung durchdrungen. Lieber einfach, aber gekonnt, als schwierig, aber

mangelhaft bemeistert – das ist sein Grundsatz. Deshalb blättert er ja so verzweifelt im Haydn.
Es kommt noch eins hinzu. Fruchtbare Komponisten wie Haydn haben zweierlei Arten von Quartetten geschrieben: berühmte und unberühmte. Die berühmten sind daran zu erkennen, daß sie im Konzertsaal bevorzugt werden und sogar eigne Namen erhalten haben wie Lerchenquartett, Reiterquartett, Vogelquartett, Sonnenquartette. Diese Namen werden zwar nicht immer angegeben, weil der abstrakte Geist der Musik mit solchen Deutungen nichts zu schaffen haben will; aber jeder Quartettliebhaber bekommt sie als köstliches Wissen überliefert und schreibt sie sich in seine Stimme hinein. Diese berühmten Quartette, sagt sich der Primarius mit Recht, kommen gar nicht in Frage. Man setzt sich damit nur peinlichen Vergleichen aus. Sucht man dagegen unter den unberühmten Werken eines heraus und rückt seine Schönheiten ins rechte Licht, dann kann man sich noch Lorbeeren holen.
Unterdessen ist dem Bratschisten das gedankenschwere Herumblättern des ersten Geigers endgültig zu dumm geworden.
»Immer diese alten Schinken«, murrt er unehrerbietig, »wie soll da ein Mensch je die Literatur kennen lernen?«
Die Literatur! Sie ist des Bratschisten große Leidenschaft. Er möchte möglichst alles spielen und gespielt haben. Er behauptet, Hausquartette seien nicht dazu da, das zu machen, was ohnehin überall zu hören ist, sondern sich mit Mut und Begeisterung jener Werke anzunehmen, die entweder bereits vergessen oder noch gar nicht bekannt sind. Er schleppt daher jedesmal einen ganzen Stoß neuer Noten herbei, und man betrachtet nicht uninteressiert, was er wieder aufgestöbert hat. Meist ist ein Boccherini dabei; diese sammelt er auf Vollständigkeit (54 Streichtrios, 91 Streichquartette, 125 Streichquintette!); er ist der Ansicht, daß es unzählige Menuetts bei ihm gibt, die mindestens so schön sind wie das ewige Menuett célèbre, man muß sie nur finden! Dann geht es ziemlich unvermittelt in die Moderne; er schwärmt natürlich für Hindemith, schon weil er in ihm den ausübenden Bratschisten verehrt, was man seinen Kompositionen auch anmerke. Sie seien ausgesprochen bratschistisch empfunden.
»Größenwahn«, sagt der Primarius häßlich. »Ist ja alles gar nicht zu machen. Behauptest du vielleicht, daß du das spielen kannst?«

Und er hält unserem Bratschisten eine Stimme unter die Nase.
Das ist natürlich ein wunder Punkt. Wenn unser Bratschist zwar auch kein heruntergekommener Geiger, sondern ein Edelbratschist ist, einer, der sein Instrument bejaht, nicht weil es leichter, sondern weil er in seinen Klang und seine Art verliebt ist, geraten seine raffinierten Neigungen doch oft in Widerspruch zu seiner Technik. Er beschließt dann heimlich, einmal acht Tage lang zu üben und seinen Quartettgenossen den Smetana (siehe Register) so hinzulegen, daß sie sprachlos sind; aber leider ist es noch nicht so weit, und vorerst muß er klein beigeben. Wehmütig grollend schiebt er die Milhauds, Casellas, Bartóks und was er alles aufgestapelt hat, beiseite.
»Nachher vielleicht«, begütigt der Primarius; denn ein brauchbarer Bratschist, zum Äußersten gereizt, könnte jederzeit zur Konkurrenz hinüberwechseln.
»Also 59/1«, wiederholt der Cellist, vorsichtig lächelnd, sein erstes Angebot.
»In Dreiteufelsnamen«, gibt der Primarius nach. »Wird ein schöner Murks werden.« Und so wird Beethoven aufgelegt.
Es ist vielleicht aufgefallen, daß sich an der ganzen Debatte der zweite Geiger nicht beteiligt. Ihm ist das alles gleich, so scheint es. Ruhm ist für ihn weder da noch dort zu ernten. Er kommt, wie schon der Name sagt, immer erst in zweiter Linie zu Wort. Diese betonte Zweitrangigkeit müßte ihn entweder zur Empörung oder zur Entsagung treiben. Erfahrungsgemäß ist jedoch der Typus des Empörers oder des Asketen selten rein ausgebildet. Meist entsteht eine Mischform: ein Geiger also, der sich zwar nicht einbildet, ein richtiger erster Geiger zu sein, der aber trotzdem scheele Blicke wirft, wenn sein Nachbar in Melodien schwelgt, höhnisch auflacht, wenn diesem ein Lauf mißglückt, kurz, der spüren läßt, daß es ehrenvoll sei, lieber Unrecht zu leiden als Unrecht zu tun. Er ist verbittert großmütig, wobei ihm allerdings eine Portion natürlichen Phlegmas zu Hilfe kommt, denn sonst vermöchte er seine nebengeordnete Stellung auf die Dauer nicht zu ertragen.
Dieser gemischten Empfindung vermag er in einer einzigen Geste Ausdruck zu geben – und er bringt sie besonders dann zum Ausdruck, wenn er zwanzig Takte lang nur schrumm-schrumm zu machen hat: da läßt er sich steif auf dem Stuhl nach vorne rutschen, wie ein Brett, streckt die Beine weit von sich und stützt beide Arme am Körper auf. Es ist klar, daß man so nicht anständig

spielen kann; die Haltung verrät Gleichgültigkeit, Verbitterung, Widerstand, Hohn und bringt sämtliche Mitspieler zur Raserei.

Alle diese Schwierigkeiten wären aus der Welt zu schaffen, wenn die Komponisten ein bißchen mehr Einsicht hätten. Warum immer noch diese altmodische, verletzende und oft gar nicht mehr zutreffende Bezeichnung »zweite Geige«? Warum nicht einfach Bruder- oder Schwestergeige? Warum sagt man nicht: der spielt den Part, jener den Widerpart? Die Komponisten sind heutzutage mit Taktstrichen, Tonarten und ähnlichen altväterlichen Einrichtungen doch auch nicht mehr kleinlich. Sie sollten sich ein Beispiel am Zirkus nehmen: der zweite Platz heißt dort mindestens erster, weil der erste Sperrsitz genannt wird. Oder wenn Kinder Soldaten spielen: Gemeine gibt es dabei gar nicht. Außer dem Hauptmann sind es mindestens noch Feldwebel, Sergeanten, Adjutanten, die da mitspielen, denn sonst mögen sie von vornherein nicht.

Also weg mit dem »zweiten« Geiger! Denn nicht selten verdient er eine bessere Behandlung: unter der Maske des bitteren Schweigers verbirgt er oft schamhaft sein musikseliges und musikverständiges Herz.

Nun gut, das Quartett sitzt. Es sitzt im allgemeinen so, daß sich erste Geige und Bratsche, zweite und Cello ins Gesicht blicken. Man könnte es auch anders machen, und es wird bisweilen auch anders gemacht. Theoretisch läßt es sich vertreten, daß die Eckstimmen gegen die Mittelstimmen anzusitzen hätten. So hielt es mit vielen anderen, das Joachimsche Quartett. In der Praxis gehen aber die Geigen einerseits, die Altinstrumente andererseits häufig Hand in Hand, und also benachbart man sie lieber gleich. Die Sitzordnung im Quartett ist überhaupt nicht so wichtig. Ob ein Auto rechts oder links gesteuert wird: das hat spürbare praktische Folgen. Ob man aber links- oder rechtsherum Quartett spielt, ist bedeutungslos: man bildet ja immer einen in sich geschlossenen Klangkörper.

Wenigstens versucht man es; und damit es hintennach keine faulen Ausreden gibt, empfiehlt es sich, vorher zu stimmen.

Man sollte meinen, das verstünde sich von selbst. Gestimmt wird natürlich überall. Aber wie es Menschen gibt, die Zeit ihres Lebens keine Krawatte richtig zu binden verstehen, so gibt es Legionen von Musizierenden, die nicht wissen, wie man stimmt. Es fehlt ihnen nicht etwa am Gehör – denn da wären Ratschläge aussichtslos – sondern an Geschick und Disziplin.

Nicht umsonst schreiten die Musiklehrer bei Schülerorchestern von Mann zu Mann und besorgen das Stimmgeschäft persönlich. Trübe Erfahrungen haben sie gelehrt, daß die Mehrzahl der Instrumentalisten das Stimmen so auffaßt, als müßten dabei unter allen Umständen die Wirbel zuerst weit hinauf, dann weit hinuntergedreht werden, worauf unter unaufhörlichem, geräuschvollem Bogenkratzen ungefähr wieder die Position eingenommen wird, von der man ausgegangen war.

Anfang und Ende des Stimmens aber ist nicht ein gemeinsamer Radau, sondern das schlichte, einsame a.

Wer hat nun das richtige »a«? Angeblich haben es schon die alten Griechen gehabt. Festgenagelt wurde es jedoch erst im Jahre 1885 bei der Wiener internationalen Stimmkonferenz als ein Ton von 870 Schwingungen (der sogenannte Kammerton). Heute ist es bei Symphonie-Orchestern auf 886 Schwingungen hinaufgeklettert.

So bringt jeder zum Quartettabend sein eigenes a mit, das er den andern aufzudrängen versucht.

Das höchste a haben die Geigen. Sie betätigen sich nämlich die Woche über öfters einmal auf ihren Instrumenten und werden auf geheimnisvolle Weise immer höher.

Bratsche und Cello legen dagegen Wert auf ein tiefes a. Sie lassen es hören. Der Bratschist hat eigentlich überhaupt kein a, weil er nie übt. Aus der Stimmung seiner Saiten kann man lediglich annehmen, wie sich in den letzten Tagen das Wetter verhalten hat. War es heiß, dehnten sich die Saiten und klingen tief; war es kalt, zogen sie sich zusammen und klingen hoch. Man muß froh sein, wenn der Bratschist überhaupt eine a-Saite hat; denn bisweilen ist sie geplatzt oder doch so faserig, daß man sie erst mit einer Schere mühselig glattstutzen muß. Hoffentlich hält sie noch.

Das a des Cellos dagegen muß ernster genommen werden, da der Cellist überzeugend nachweisen kann, daß sich seine Wirbel am schwersten drehen lassen. Er knackt ein paarmal daran herum und erklärt dann, höher ginge es nicht mehr, wenigstens nicht ohne Beißzange. Worauf man sich also wohl oder übel nach ihm zu richten hat.

Sein a wird also vom ersten Geiger aufgenommen, der es nach eingestimmten

Saiten weitergibt. Wohlgemerkt, an jeden Mitspieler einzeln und tonschön. Ein Quartett soll kein Orchester nachahmen und durcheinander stimmen; jeder tue es für sich, mit angenehmen, großzügigen Strichen, setze ab und räume das Feld dem Nächsten. Das geht mindestens ebenso schnell, als wenn es alle gleichzeitig tun, und bietet für Reinheit die bessere Gewähr. Stellen zu üben, während andere noch stimmen, ist eine Ungezogenheit, der man mit dem Hinweis begegnen muß: übe zu Hause!

Man sieht, wie schwierig die einfachsten Dinge werden, wenn man sie entsprechend ernst nimmt. Das a ist so ein Ding. Deshalb war der Londoner Lautenist John Shore sicher sehr stolz, als er (1711) die Stimmgabel erfand. Hier hat man das richtige a jederzeit bereit; und daher geben die Eltern, die ihrem Sohne die erste Violine kaufen, einleuchtenderweise oft jenen Angeboten den Vorzug, in denen neben Bogen, Kasten und Kolophonium auch eine Stimmgabel inbegriffen ist. Sie ist ohne Zweifel eine praktische Sache; aber Klammern zum Festhalten des Hutes auf der Brust sind auch praktisch und doch macht man sich damit lächerlich. Wenigstens im Hausgebrauch wird die Stimmgabel so selten benützt wie eine Zuckerzange. Ebenso laienhaft wäre es, bei einem Streichquartett-Abend das Klavier-a anzuschlagen. Es geschieht zwar bisweilen, aber nur um festzustellen, daß es viel zu tief ist.

59/1: endlich ist es so weit. Der Cellist sitzt startbereit, man beginnt.

Es mißglückt sofort. Der zweite Geiger hat aus alter Gewohnheit auf den Einsatz des ersten gewartet; der erste hat aber zunächst acht Takte Pause, und das Cello führt an. Im letzten Augenblick begreift es der zweite und rumpelt los; aber statt dádádádá spielt er dádadáda-dádadáda, Sechzehntel statt Achtel, also ums Doppelte zu schnell.

Der Cellist, empört, bricht sofort ab. »Nochmal«, sagt er und streicht mit dem Handrücken nervös über das Notenblatt.

Der erste Geiger lächelt, er hat's ja gleich gesagt.

»Wenn eben nicht vorgezählt wird«, beschwert sich der zweite.

»Vorzählen, lächerlich, bei so einer leichten Geschichte, die noch dazu jedes Kind kennt.«

»Ich kann doch nicht riechen, was du für ein Tempo machst.«

»Riechen nicht, aber hören.«

»War überhaupt viel zu langsam.«

»Schluß«, sagt der Primarius, »Eins, zwei, drei, vier –.«

Der Zweite streckt zwar beleidigt die Beine von sich, aber jetzt läuft die Sache. Leibniz sagt, die Musik sei ein unbewußtes Zählen. Deshalb setzt jeder fortgeschrittene Musizierer seinen Ehrgeiz darein, daß nicht laut gezählt werden muß, weder mit dem Mund, noch mit dem Fuß. Es ist beschämend, falls es nicht mehr anders geht, und setzt den, der daran schuld ist, heftigsten Beschimpfungen aus. Deshalb hat das Cello sehr unvorsichtig gehandelt, als es wider die einsichtigen Ermahnungen des ersten Geigers auf dem op. 59/1 bestand. Der erste Satz läßt sich ja noch hören, im zweiten scheuert man sich schon gelegentlich an den staccati, den dritten beschließt man äußerst wacklig und im vierten wird kurz vor O geschmissen. Und zwar ist es das Cello, das schon seit Buchstabe N nach Luft schnappt und trotz heftiger Gestikulation des Bratschers, der denselben Rhythmus verfolgt, ausrutscht und entgleist. Es wurschtelt sich dann noch bis zum Wiederholungsstrich, wo der erlösende Triller der ersten Geige zu erwarten ist, einigermaßen hinein; aber gemerkt hat es jeder. »Weiter«, sagt der Primarius; und in diesem Befehl, daß nicht wiederholt, sondern weitergespielt werden soll, liegt die verächtliche Feststellung: hat ja keinen Sinn, geht ja doch nicht, also rasch zum Ende!

Daß der Cellist, der an allem schuld ist, daraufhin die Parallelstelle bei W noch schlechter bringt, zumal sie schwerer liegt, ist psychologisch begreiflich, aber persönlich peinlich. Was er sich daraufhin bei der Schlußkritik alles sagen lassen muß, überschreitet die Grenzen des Druckfähigen.

Man lerne aus diesem Fall folgendes: wer wider besseren Rat auf einem Quartett beharrt, muß absolut sattelfest sein.

Die Quartette Beethovens von op. 59 aufwärts gehören nicht nur zu den schwersten, sondern auch noch zu den progressiven, das heißt also, sie werden von vorn nach hinten fortschreitend schwieriger. Wenn man sich also schon an sie heranwagt, sei man sich im klaren, daß man sie üben muß.

Es ist ja ganz schön, wenn der eine oder andere reumütig die Stimme mit nach Hause nimmt – für diesen Fall halte man stets eine Mappe bereit, denn das Zusammenquetschen im Geigenkasten oder das Zusammenrollen in der Manteltasche bekommt den Stimmen nicht –, aber ohne gründliches gemeinsames Stu-

dium bleibt das Quartettspiel auch im häuslichen Kreis das, was der Primarius oben mit Recht äußerte: ein Murks.
Deshalb beschließt man nach solchen Abenden des wilden Herunterspielens: das nächste Mal wird geübt.

ES WIRD GEÜBT

Es sei gleich vorweggenommen: meistens hat das Üben wenig Zweck. Es führt zu Streit und Hader, hat Freundschaften und Quartette zerstört und läßt einen Kometenschweif von Unannehmlichkeiten hinter sich. Eine richtige Musiziergemeinschaft beruht auf Duldsamkeit und einem gewissen, erträglichen Maß von Einbildung. Beides wird aber durch Üben zerstört.
Für den Uneingeweihten scheint das Üben der einzige und richtige Weg, der vom Stande des blutigen Anfängers zwangsläufig zur Meisterschaft des Amadeus-Quartetts führen muß. Meist aber ist das bekanntlich nicht der Fall. Selbst die mit Selbstgefühl begabten Spieler nämlich beginnen beim Üben in einer über das Übliche weit hinausgehenden Weise kritisch zu werden. Zuerst gegen die Mitspieler, dann auf Grund der sich daran anknüpfenden, meist recht unangenehm verlaufenden Diskussionen auch gegen sich selbst. Wenn dann noch der Besuch eines hervorragenden öffentlichen Quartett-Abends hinzukommt, so geht die Selbstkritik ins Uferlose und artet in Selbstzerfleischung aus: man kann nichts, aber schon gar nichts, so weit wie das Végh-Quartett wird man nie kommen, und es ist viel vernünftiger, die bisher vergeudete Zeit in Zukunft dazu zu benutzen, die vernachlässigte Briefmarkensammlung wieder in Ordnung zu bringen.
Mindestens sieht man ein, daß die auf das Üben verwendete Zeit in keinem Verhältnis zu dem beabsichtigten Ergebnis steht. Das »Durchspielen« ist eine durchaus sinnfällige Tätigkeit, das »Geübte« bleibt eine latente Größe. Man kann einem dargebotenen Quartett nie abhören, wie lange die Spieler daran herumgeübt haben, und es ist eine bekannte Tatsache, daß geübte Sachen beim Vorspielen am schlechtesten zu gehen pflegen.

Damit sind wir allerdings auf dem Gebiete der subjektiven Täuschungen angelangt. Das geübte Quartett geht in Wirklichkeit natürlich weitaus besser als das nicht oder schlampig geübte, aber die durch langes Üben empfindlicher gewordenen Ohren der Spieler hören nur, daß von den vielen sorgsam herausgearbeiteten Feinheiten achtzig Prozent unaufhaltsam »in den Graben gehen«. Von den gelungenen Stellen wissen sie nichts, da ihnen diese durch das viele Spielen zu Selbstverständlichkeiten geworden sind. Wie denn durch Üben das Werk irgendwie auf eine bedauerliche Weise an Wert verliert.

Die Freude am Spielen eines Quartetts hat viele Quellen: das erste Erleben, die schöne Stelle, das Gelingen eines schwierigen Satzes und so fort. Diese Quellen versiegen beim Üben. An Stelle der Freude tritt die Energie der Bewältigung, diese bringt einen verbissen-brutalen Zug mit sich und vermag die Freude am Kunstwerk in ähnlicher Weise zu vernichten, wie der berüchtigte Deutsch-Lehrer die Jungfrau von Orleans zum Schreckgespenst seiner Klasse gemacht hat.

Wenn nun trotzdem geübt werden soll – und einmal muß nämlich doch geübt werden, weil sonst das Musizieren in Oberflächlichkeit und Hudelei versandet –, so soll dann wenigstens *richtig* geübt werden.

Das richtige Quartettüben zerfällt in zwei Tätigkeiten: das Üben der Stimme und das Üben des Zusammenspiels. Das Stimme-Üben wird von den einzelnen Instrumenten verschiedenartig angepackt. Am leichtesten tut sich die erste Geige. Sie nimmt ihre Stimme her. Diese zerfällt in leichte und schwere Stellen. Die leichten werden weggelassen, die schweren mit raffinierten Fingersätzen versehen und genau so behandelt, wie man das von den Kreutzer-Etüden her gewöhnt ist. Der zweite Geiger übt nicht. Teils erklärt sich das aus seiner seelischen Verfassung, teils ist den Schwierigkeiten, mit denen ein zweiter Geiger zu kämpfen hat, durch die gebräuchliche Form des Zu-Hause-Geigens nicht beizukommen.

Durch das Bewußtsein dieser Tatsache ist schon viel gewonnen. Praktisch ergibt sich folgendes: man wähle niemals einen zweiten Geiger aus, dessen technische Fähigkeiten bodenlos unter denen des ersten stehen. Es gibt für den genießerischen Freund des Quartetts kein peinlicheres Schauspiel, als wenn eine Kantilene, die der erste Geiger »hingelegt« hat, vom zweiten tonlich, technisch und musika-

lisch unzulänglich wiederholt wird. Man fragt sich verwundert, was hat sich denn Mozart gedacht, wenn er diesen herrlichen Einfall einmal so vollendet und dann so stümperhaft vorbringen läßt? Schon aus dieser Erwägung heraus müssen die Qualitäten der beiden Geigen möglichst gleich sein. Und noch etwas anderes. Wenn der sogenannte prädestinierte Erste durch außergewöhnliche Umstände (Der Konzertmeister des Stadttheaters gibt uns die Ehre!) gezwungen ist, zweite zu spielen, so lächeln Bratscher und Cellist stillvergnügt. Der Grund ist der, daß der Erste *auch* nicht »Zweite« spielen kann. Er muß es aber können, sonst gehört er zu den für das Quartett so unbrauchbaren Leuten, die alles, was sie spielen, als Solo und das, was die andern machen, als Begleitung anschauen, wodurch sie erweisen, daß sie vom Streichquartett als Kunstwerk nicht die blasseste Ahnung haben. Es gibt manche Werke, in deren ersten Geigenstimmen typische »Zweite«-Stellen enthalten sind. Diese Mißstände zwischen erster und zweiter Geige aber verschwinden mit einem Schlage, wenn man zwei nahezu gleichbefähigte Geiger auswählt, die man ruhig abwechselnd erste Geige spielen läßt. Ehrgeiz und Geltungstrieb sind damit für beide Teile befriedigt, und das Untergebenenverhältnis macht einer herzlichen, weil gleichgeordneten Kameradschaft Platz.
Hierbei muß man endgültig aufgeben, Parallelen zu Berufsquartetten ziehen zu wollen. Bei dem außerordentlich scharfen Berufswettkampf unserer bedeutenden Interpreten und den manchmal recht merkwürdigen Gepflogenheiten und Anschauungen unseres Musik- und Konzertbetriebes entscheiden beim Sieg um die Prominenz die kleinsten Kleinigkeiten. Von zwei wirklich fast gleichen Geigern kann einer eine Weltberühmtheit sein, während nach dem andern kein Hahn kräht. Dies mag unwahrscheinlich klingen, ist aber so. Wenn nun das Glück will, daß ein solch Prominenter und ein unbekannter (übrigens meist heranwachsender) Geiger sich gegenseitig auf das glücklichste ergänzen, so ist für das Berufsquartett die Frage gelöst. Der erste Geiger bekommt die Konzertverpflichtungen auf Grund seines großen Namens, und der andere nimmt künstlerisch daran teil, ohne sich durch die Tatsache, zweite Geige zu spielen, irgendwie zurückgesetzt zu fühlen.
Beim Musizierer liegen die Verhältnisse von vornherein anders. Er spielt nicht, um Geld zu verdienen, er will Freude haben. Und diese Freude soll nicht durch das Gefühl der Zweitklassigkeit zerstört werden.

Es gibt ohnehin beim Üben viele Gefahrenklippen. Beim Einzelüben wird z. B. meist so verfahren, daß jeder nur die Stellen übt, wo er etwas zu sagen hat. Grundfalsch! Jeder soll vielmehr üben, was er nicht kann, und das sind nicht die kleinen Soli, sondern die Begleitungsfiguren. Da gibt es zum Beispiel die einleitenden Achtel der zweiten Geige in Schuberts a moll-Quartett. Meist hört man hier ein Genuschel von verlegen heruntergewischten Noten oder ein aus Verzweiflung geborenes unwirsches Herunterholzen. Während des Spielens ist man sich über die ungeheure Schwierigkeit der Aufgabe vollkommen im klaren, zu Hause aber kommt man nie auf die Idee, diese durch Heimarbeit aus dem Wege zu räumen. Dabei sind die Begleitungsfiguren für den Charakter des vorgetragenen Satzes und vor allem für die Klangschönheit des Quartetts oft noch wichtiger als die Melodie. Denn eine Melodie kann auf einer Million verschiedener Arten begleitet werden, aber erst durch eine bestimmte Begleitung bekommt sie den ihr vom Schöpfer verliehenen eigenartigen Ausdruck. Dadurch sind Zweite, Bratsche und Cello Träger des Ausdrucks und des Stiles. Eine stillose und lieblose Behandlung der begleitenden Stimmen macht zum Beispiel die langsamen Sätze der Haydnschen Quartette zur endlosen Qual. Die Melodie läuft von selbst, die Begleitung verlangt künstlerischen Takt, richtige Erkenntnis der vom Komponisten gewollten Wirkung, Zügelung des eigenen Geltungstriebes und vor allem: lückenlose Beherrschung der verlangten instrumentalen Technik. Und da hapert es, und da muß eben geübt werden.

Hier sollte man sich über eins klar sein: wenn nicht gerade außergewöhnliche Verhältnisse vorliegen, ist es von vornherein aussichtslos, etwa ein spätes Beethoven-Quartett vorspielreif machen zu wollen. Man begnüge sich damit, durch intensives Studium sich in den ideellen Besitz eines solchen Werkes zu setzen. Für Vorspielzwecke wähle man vielmehr ein Quartett aus, das allen vier Beteiligten erfüllbare und möglichst dankbare Aufgaben stellt; also kein undurchsichtiges, technisch anspruchsvolles und klangliche Ansprüche stellendes Werk. Für Leute, die lieben, über solche Dinge nachzudenken, sei angefügt: auch kein sehr bekanntes Stück. Denn an einem Vorspielabend ist es weder für die Spieler dankbar, noch für die Hörer bildend, ein Quartett aufzulegen, das im öffentlichen Kammermusikabend, Rundfunk oder auf Schallplatten schöner, besser und klangvoller zu hören ist. Deshalb suche man im »Wegweiser«, Seite 55.

Zur Praxis: es gibt Leute, die meinen, sie seien ganz auf der Höhe, wenn sie sich auf den Quartett-Übungsabend dadurch vorbereiten, daß sie die Partitur vornehmen und »bearbeiten«: »Hier muß ein raffiniertes *pp* her und dort muß die Bratsche ganz zurück, und hier muß dieser Bogenstrich für alle gelten« usf. Diesen Leuten sei folgendes gesagt: vor 1805, also ungefähr zwanzig Jahre nach Entstehung der sechs Haydn gewidmeten Mozart-Quartette, hat es überhaupt keine gedruckte Partitur gegeben, und so viel wie damals wird nie mehr Quartett gespielt werden. Man setze sich also keine zweifelhaft originellen Dinge in den Kopf, die für die weitere gemeinsame Tätigkeit doch belanglos sind, sondern halte sich an die zehn Gebote des Übens:

1. Wähle das zu übende Quartett mit Bedacht aus und teile es allen rechtzeitig mit.
2. Fange nicht gleich im dritten Takt an, an einem Mitspieler herumzumäkeln, sondern spiele den ganzen Satz einmal durch, damit man merkt, worauf es ankommt.
3. Übertreibe keine dynamischen Vorschriften. Ein *sf* ist kein Revolverschuß und ein *pp* ist kein Pfeif-Kratz-Geräusch.
4. Halte alle Noten richtig aus! Der im üblen Sinn dilettantische Klang der Liebhaberquartette beruht zum überwiegenden Teil darauf, daß statt Dreiviertelnoten Halbe, statt Viertel Achtel usw. gespielt werden.
5. Verschwende keine Zeit auf Dinge, die beim wiederholten Spielen von selbst zu gehen pflegen.
6. Schon der erste Akkord muß rein sein, daher genau stimmen. Laß niemals Unreinheiten hingehen!
7. Als Dirigent des Streichquartetts dient nicht die Fußspitze des ersten Geigers, sondern der persönliche Kontakt. Schaut euch an, wenn es nach einem Takt Generalpause weitergeht, das erspart viel Übezeit!
8. Bildet euch nie ein, daß eine Stelle deswegen so gespielt werden muß, weil die Köckerts das neulich so gemacht haben. Nächste Woche kommt das Quartetto di Roma und spielt das wieder ganz, ganz anders, und es wird auch nicht falsch sein.
9. Versuche aus scheinbar uninteressanten Partien deiner Stimme etwas zu machen; auch acht gleiche Achtel verlangen einen Musikanten!

10. Übe immer am Anfang des Abends, wenn alle frisch sind, und höre sofort auf, sobald du merkst, daß einer müde ist und keine Lust mehr hat.

DER VORSPIELABEND

Hausmusikanten zeigen, sobald sie sich selber gefunden haben, den Hang, sich auch vor anderen hören zu lassen. Dem Ensembletrieb folgt der Produktionsdrang.

Nur alleinstehende Töchter, gebeten zu singen oder vorzuspielen, zieren sich; im allgemeinen aber läßt es sich ein Dilettant nicht zweimal sagen, wenn es heißt: kann man Sie nicht bisweilen hören?

Man hört ihn fortan viel zu viel und viel zu lange.

Wer also in sich nicht das seltene Talent zum Zuhörer deutlich verspürt, sei mit solchen Bemerkungen vorsichtig, insbesondere gegenüber Streichquartetten. Bedenken Sie: außer Ihren Gästen sind es dann gleich noch vier, die mit Brötchen bzw. Tellerchen, mit Gläsern plus Inhalt versorgt sein wollen; Sie haben die vierfache Unbequemlichkeit, und dabei tun die vier nicht einmal lauter als ein Klavier, sind aber viel schwieriger zu behandeln und machen wesentlich mehr Dreck. Und dann: eine Dame am Klavier, die des Guten zu viel tut und nicht mehr aufhören will, kann man sanft umschlungen mit liebenswürdigen Redensarten von ihrem Vorhaben abbringen, dem Kranz der Gäste zuführen und unschädlich machen; aber vier in Begeisterung geratene Männer mit Notenständern und Instrumenten sanft zu umschlingen – Sie sehen, unmöglich!

Deshalb rate ich allen Veranstaltern musikalischer Gesellschaftsabende sich ernstlich zu prüfen, ob sie einem Quartett gewachsen sind; und falls sie dies in ihrer Liebe zur Sache bejahen, sich vorher ein genaues Vortragsprogramm aufstellen zu lassen.

Dadurch zwingt man die Quartettler, sich auf einige Werke festzulegen (in ihrer Begeisterung machen sie sonst noch eins und noch eins), und hat vor allem die Möglichkeit, den Zuhörern etwas Schriftliches in die Hand zu drücken.

Denn das Wichtigste an einem Vorspielabend ist der Zuhörer; und der Zuhörer ist schließlich auch nur ein Mensch. Es ist aber unmenschlich, ihn dem Angriff mißglückter Passagen und unreiner Doppelgriffe auszusetzen, ohne ihm genau zu sagen, was das sein und wie lang das dauern soll. Zuhörer erraten zu lassen, was man spielt, ist eine grobe Taktlosigkeit; woher sollen sie es denn wissen? Sie sind doch im allgemeinen keine Quartettkenner; wären sie es, dann würden sie ja schwerlich zuhören! Man erleichtere ihnen also die Vorstellung von den kommenden Genüssen, indem man einige Erläuterungen abgibt und dazu sagt: dieses Stück dauert genau 22 Minuten. Der Zuhörer blickt dann auf die Uhr und faßt sich in Geduld; denn es ist doch wenigstens ein Absehen und das beruhigt.

Musikabende sind immer zu lang, im Konzert wie zu Hause. Länger als eine Stunde vermag ein heutiges Zuhörergehirn nicht zu folgen. Von da ab läßt man sich schwimmen; und dazu gibt es bequemere Einrichtungen. Wer also wünscht, daß seine Zuhörer zuletzt nicht nur noch Dudeldudel hören, nehme Bedacht auf innerlich und äußerlich anziehende Programmgestaltung. Dafür lassen sich drei goldene Hausregeln aufstellen:

1. *Lieber leicht und sauber als schwierig und undurchsichtig.* Das ist bekanntlich die Maxime unseres ersten Geigers überhaupt; für Vorspielabende ist sie bedingungslos richtig. Denn ein gut bewältigtes Werk macht immer einen gewissen Eindruck; aber auch die hinreißendste Komposition, mangelhaft dargeboten, erregt nur Unbehagen.

2. *Man beginne mit einem nicht nur technisch, sondern auch klanglich einfachen Werk.* Das gebietet Liebhaberquartetten der bescheidenste Selbsterhaltungstrieb. Berufsmusiker, die sich vorher einspielen können, mögen den Grundsatz verfolgen, die musikalisch schwierigsten Werke am Anfang zu bringen, weil da das Publikum noch am aufnahmefähigsten sei. Für Dilettanten ist dagegen die Erfahrung maßgebend, daß sie am Anfang aufgeregt sind und dabei nicht nur an technisch, sondern auch an klanglich schweren, also an ziselierten Werken ohne große Tonbögen, scheitern würden.

3. *Man wähle Werke mit guten Abschlüssen.* Es gibt mehrere herrliche Quartette, die aber hinausgehen wie das Hornberger Schießen oder aber wie der Ausbruch des Vesuvs im Jahre 79 n. Chr. Beides ist untunlich. Schlußsätze, die sich leise davonschleichen, sind ebenso schwer zu bewältigen wie die mit unverhältnis-

mäßigen Schwierigkeiten (dieser Fall ist häufig). »Tun« muß es aber am Schluß, damit auch der primitivste Zuhörer merkt: jetzt ist's aus, bravo!
Programme nach solchen Regeln aufgestellt, hübsch abgeschrieben und mit freundlichen Worten garniert, sehen dann etwa so aus:

Meier – Müller – Huber – Schulz spielen:
I.
Ein kurzes, unbekanntes Streichquartett von Luigi Boccherini (op. 6/6 in A) (Amoroso, Allegro maestoso).
Dauer etwa 7 Minuten.
II.
Nachgelassenes selten gespieltes Quartett in D (mit dem Thema der Mendelssohnschen Hebriden-Ouvertüre) von Schubert (Allegro, Andante con moto, Menuetto, Presto).
Dauer etwa 20 Minuten.
III.
Die Melancholie. Quartett op. 18/6 in B von Beethoven (Allegro con brio, Adagio ma non troppo, Scherzo, La Malinconia, Allegretto).
Dauer etwa 25 Minuten.
IV.
Molly on the shore. Eine *Irische Weise,* für Streichquartett gesetzt von P. A. Grainger (in G).
Dauer etwa 5 Minuten.

Man sieht daraus, daß Meier – Müller – Huber – Schulz bei der Programmgestaltung noch auf andere Dinge geachtet haben: auf eine glückliche Folge von Tonarten, auf Wirkungssteigerung, auf unbekannte Werke bekannter Meister und auf einen verblüffenden Abgang mit einem modernen, dabei aber doch volkstonhaften kleinen Werk, das wohl der auf Seite 15 geschilderte Bratschist ausgegraben und durchgesetzt haben dürfte. Und rechnen Sie alles zusammen, so kommen Sie auf knapp eine Stunde Spielzeit.
Nun gut, das Programm ist abgemacht und geübt, die Gäste sind geladen, der Abend naht.

Das Quartett trifft sich am besten unten an der Ecke und betritt geschlossen die Wohnung. Denn was soll die Hausfrau zum Beispiel mit einem einzelnen Cellisten anfangen?

In Smokings aufzutreten ist gefährlich, geschweige denn in Fracks. Denn diese Kleidungsstücke verpflichten zu sehr. Machen Sie sich das an einem anderen Beispiel klar: im Zug sitzt Ihnen ein Schifahrer gegenüber, aufs raffinierteste ausgerüstet. Donnerwetter, denken Sie, der muß fahren können! Gesetzt nun auch, er führe einigermaßen, so werden Sie das nicht mehr anerkennen, sondern bleiben enttäuscht, weil Sie sich vorgestellt haben, in einer erstklassigen Ausrüstung müßte auch ein erstklassiger Läufer stecken. Also erwecken Sie auch als Quartett nicht zu hohe Erwartungen durch konzertreife Bekleidung und gehen Sie über einen bescheidenen dunklen Anzug nicht hinaus.

Dagegen verwende man alle Sorgfalt auf richtige Pulte und Stühle, auf zweckmäßige Beleuchtung und akustisch günstige Placierung. Nichtquartettspieler haben von diesen Dingen oft ganz sonderbare Vorstellungen. Hat man daher keine Möglichkeit, sich vorher zu überzeugen, ob ordentliche Pulte vorhanden sind, so beruhige man sich nicht mit der Versicherung, es seien welche da, sondern bringe sie lieber selber mit. Denn was da ist, das ist vielleicht als Blumenständer oder Rauchtisch zu gebrauchen, ein Pult ist es nicht, und vier sind es nie.

Ideal ist es, wenn das Quartett in der teppichlosen Mitte sitzt, allein beleuchtet und weit genug entfernt von den umsitzenden Zuhörern. Dazu gehören aber Räume von fünfzig Quadratmeter aufwärts; und wer hat die gleich zur Verfügung? Bei kleineren Wohnungen ist es unbedingt notwendig, für die Spieler und Zuhörer getrennte Zimmer zu wählen. Dies bietet den Vorteil, daß das Quartett in Ruhe stimmen und alles vorbereiten kann; dann öffnet man die Türe und beginnt. So ein bißchen Regie macht sich bezahlt.

Quartettleute, die gezwungen werden, sich erst unter die Gesellschaft zu mischen, sich vorzustellen und vorstellen zu lassen, sind zu bedauern. Eine richtige Unterhaltung ist unmöglich; teils lohnt sie sich vorher nicht mehr, teils ist man startfiebrig wie ein Rennpferd. Daher seien alle Mäzene der Quartettmusik mit erhobenen Händen angefleht, die Vier so bald wie möglich anfangen zu lassen.

Man blicke, wie man's gelernt hat, auf den ersten Geiger, der ein ganz fernes Gesicht macht, als kenne er einen nicht mehr; auf sein unmerkliches Ruckzuck,

das man zwecks Erzielung eines tadellosen gemeinsamen Einsatzes ausgemacht hat, fange man also an.
Keine Aufregung! Es geht immer noch besser, als man fürchtet und zunächst immer schlechter, als man es kann.
Sonderbar, der zweite Geiger, sonst so gleichgültig gelassen, zieht die Beine unter den Stuhl und spielt so laut wie noch nie.
Wohingegen das Cello, sonst so kantilenenfroh, kaum zu hören ist.
Darüber besorgt, blickt der Bratschist nach rechts, weil er ohnedies gerade nur endlose Triolen hat, verrechnet sich darüber aber, meint, er sei schon im zehnten Takt, und setzt falsch ein.
Der Primarius läuft rot an und gibt zu erkennen, daß er den laut säbelnden Nachbarn, den verschüchterten Cellisten und den patzenden Bratscher am liebsten nie in seinem Leben kennengelernt hätte. Über solchen Gedanken kommt er selber in den falschen Gang und gickst schrecklich in den Höhen der e-Saite herum.
Katastrophe? O nein. Von diesem Augenblick an, wo keiner dem anderen mehr etwas vorwerfen darf, legt sich das Lampenfieber; die Züge entspannen sich, man lächelt sich an und erkennt sich wieder.
Auf diese Weise spielt man sich ein und ist am Schluß des ersten Programmpunktes auf der Höhe seiner Kunst.
Deshalb schreite man sogleich zum nächsten Werk.
Die Zuhörer versuchen zwar durch lautes Händeklatschen und schmeichelhafte Bemerkungen den Bann zu brechen und eine Gesprächspause herauszuschinden. Aber man muß da rücksichtslos vorgehen – es dient dem allgemeinen Besten. Man stimme, schneuze sich und fahre fort, indem man nötigenfalls vorher hm-hm gemacht und sich ruheheischend umgeblickt hat.
Verfährt man also, wird man mit Vergnügen bemerken, daß nicht nur die Instrumente, sondern auch die Zuhörer besser ansprechen; es entsteht das bekannte Fluidum, der wechselseitige Kontakt, und in diesem Rauschzustand gelingen Dilettanten so eindrucksvolle Leistungen, daß die Zuhörer tatsächlich etwas wie Respekt ergreift. Das drückt sich hernach in der Versicherung aus, man hätte gar nicht gedacht, wie gut da gespielt würde.
Bemerkungen von Zuhörern soll man nicht zu tragisch nehmen. Was sollen sie

denn auch sagen, die Armen? Frau Quellmalz meint es sicher sehr gut, wenn sie dem ersten Geiger das Kompliment macht, er hätte ja ein vorzügliches Instrument. Man soll sich darüber nicht ärgern und nicht erwidern: »Im Gegenteil, gnädige Frau, das ist ein erbärmlicher Kasten; nur meine Kunst vermag selbst ihm noch etwas abzugewinnen.« Dann wird es nämlich peinlich. Lächeln Sie lieber, teils nach außen, teils nach innen, und sagen Sie getrost: »Gewiß, gnädige Frau, beste italienische Schule, ein wertvolles Erbstück.« Das macht wesentlich mehr Eindruck.

Auch auf die berühmte Frage: »Sie spielen gewiß schon sehr lange zusammen?« soll man getrost erwidern: »Viele viele Jahre«, auch wenn das nur bedingt zutrifft. Denn es freut den Frager, wenn er es sich doch gleich gedacht hat, und merkwürdig: die Quartettleistung wird sogar höher geschätzt, wenn man vorgibt, daß Jahre dazu nötig waren. Man sollte denken, eine Leistung, in kurzer Zeit vollbracht, wäre bewunderungswürdiger als die nämliche in einer vielfachen Zeit. Falsch. Wenn etwas zu schnell erreicht oder fertig wird, erhebt sich der Verdacht, das könne doch nichts sein. Merkt euch, Ihr Talente aller Länder, denen etwas rascher von der Hand geht als anderen Leuten, daß man sich so etwas ja nicht merken lassen darf.

Man soll die Zuhörer aber auch nicht unterschätzen. Bisweilen ist sogar ein richtiger Kenner darunter, der todernst und wohlwollend äußert: »Ja, die Stelle bei H ist schwer. Kennen Sie übrigens die gleiche Wendung im zweiten Borodin?«

Also Vorsicht. Grundverkehrt wäre es aber, auch Kennern gegenüber, sich einer Selbstkritik zu unterziehen und Bemerkungen fallen zu lassen wie die: »Na, wir haben wieder was zusammengepatzt!«

Daß sich die einzelnen Quartettmitglieder vor versammelter Gesellschaft keine Vorhaltungen zu machen haben, gebietet der gemeine Menschenverstand. Solche Vorwürfe, der hätte das und jener dieses geschmissen, sind auf den nächsten Quartettabend zu verschieben.

Während der Pause versuche das Quartett überhaupt rein gesellig zu erscheinen. Es rede nicht von Musik, sei bei seinen Worten hübsch gemäßigt, sowohl stimmlich wie inhaltlich, und versuche die Zuhörer davon zu überzeugen, daß selbst Musiker gesellschaftsfähig sind.

Denn es soll noch heutzutage Kreise geben, für die Schauspieler, Zigeuner und Musikanten eine Sorte von Leuten sind, Kreise, aus denen das Wort stammt: »Die armen Eltern, ihr Sohn soll ja Künstler geworden sein.«
In bezug auf Trinkfestigkeit ist bei Musizierern in der Tat noch heute Vorsicht geboten. Man reiche ihnen daher in der Pause Tee und spare den freundlichst zugedachten Alkohol zum Programmschluß auf. Alkohol macht zwar lustig, Tee eher traurig; aber das ist in diesem Fall immer noch das Angebrachtere. Allzu lustige Musizierer nämlich fangen an zu schmieren und glauben, durch Schwung zu ersetzen, was ihnen an Fingerfertigkeit abgeht. Außerdem ist die selige Fröhlichkeit der Musik andrer Art als die allgemeine Lustigkeit, was schon den gewiß fröhlichen Schubert zu der Bemerkung veranlaßt hat: »Kennen Sie lustige Musik? Ich nicht.«

RUND UM DAS STREICHQUARTETT

Auch ein Streichquartett, wenn es noch so eisern zusammenhält, ist gewissen Anfechtungen und Wechselfällen des Daseins ausgeliefert.
Die Anfechtungen kommen meistens von der Seite eines Pianisten, der einem im sonstigen Alltagsleben wert, oder, was schlimmer wäre, verwandt ist. Man muß dann eines Tages doch mit ihm zusammenspielen und tröstet sich in der Meinung, daß es auf dem Gebiet der Klavier-Quartette und -Quintette doch auch herrliche Werke gebe, deren Bekanntschaft sich lohne.
Schön sind sie ja schon, aber zugleich mit bitteren Erfahrungen behaftet. Denn selten ist der Pianist seinem schwierigen Part gewachsen; und dann geht es weniger um Musik, als um Sein oder Nichtsein. Leider ist es dann meistens der Pianist, der ist, während die Streicher erschöpft an ihrer Existenz verzweifeln; denn sie hören sich nicht mehr.
Durchaus verlockend erscheint Streichern dagegen der Versuch, mit einem Mann zu musizieren, welcher bläst. Ein Quartett, im Besitz einigen Notenmaterials, stößt ja zwangsläufig bei Beethoven, Mozart, Brahms, Reger auf Klarinette, Flöte, ja sogar Horn, und wiegt sich vielleicht sogar im süßen Gedanken, das

Beethovensche Septett oder das Schubertsche Oktett einmal in der richtigen Besetzung zu machen.
Kurz, taucht ein Bläser im Gesichtskreis auf, entsendet man eine förmliche Abordnung und läßt ihn bitten.
Da Hausstreicher von Hausbläsern aber nur schwache Vorstellungen haben, ist es notwendig, hier zunächst aufklärend zu wirken.
Um das gleich vorweg zu sagen: es gibt nichts Undankbareres, als mit untauglichen Mitteln zu Hause blasen zu wollen. Wenn der Große Friedrich immer gewußt hätte, was Quantz und Ph. E. Bach, die mit ihm zusammen musizierten, über sein Spiel gedacht haben: ihr Schicksal wäre wenig beneidenswert gewesen. Und auch heute gibt es Leute, die nur ungern neben, unter oder über ihrer Wohnung Mieter hören, die dem Studium der Trompete, der Posaune oder des Saxophons obliegen.
Und das mit Recht! Ein charakteristisches Merkmal der Blasinstrumente ist ihr starker Ton, der weder vor Türen, noch vor Mauern haltmacht. Die zweite Schwierigkeit für die Verwendung in der Hausmusik ist die verhältnismäßig schwere Erlernbarkeit. Die Grifftechnik spielt dabei eine geringere Rolle als die bei vielen Menschen nicht vorhandene Eignung. Wird schon von dem ziemlich primitiven mechanischen Vorgang beim Anschlag des Klaviers in interessierten Kreisen viel Aufhebens gemacht, so ist bei allen Bläsern das Delikateste an der Technik der Ansatz (sprich: Ambuschüre).
Der Ansatz ist die Anpassung des Mundes an das Instrument, das man in diesem Zusammenhang auch als eine künstliche Verlängerung der menschlichen Stimmorgane auffassen kann. Der Bläser rückt damit zum Sänger hin, mit dem er die Schwierigkeiten des richtigen Atmens teilt. Der Ansatz bestimmt die Tonschönheit.
Der Gegensatz zur Tonschönheit ist das Nebengeräusch. Die Stärke und Mannigfaltigkeit des Nebengeräusches ist umgekehrt proportional zum Können des Bläsers. Nicht nur das »Kicksen« des Horns, selbst das gut artikulierte »tütttütt« des Flötenstakkatos vermag feinnervige Leute aus dem Zimmer zu treiben. Trotzdem ist die Flöte – der Koloratursopran unter den Blasinstrumenten – das in der Heimmusik meistgespielte Blasinstrument und hat eine achtunggebietende Vergangenheit als eines der ältesten Musikinstrumente überhaupt.

Als die Herrlichkeit der Flöte in der Romantik zugrunde ging, nahm in bescheidenerer Weise die Klarinette deren Stellung ein. Die Klarinette zeichnet sich aus durch großen Tonumfang, hervorragend schönen Ton und eine große Modulationsfähigkeit des Klangs; und da die einschlägige Literatur für Heimmusik besonders reichhaltig ist, kann sie gar nicht warm genug zum Studium empfohlen werden.

Eine sehr merkwürdige Eigenschaft haben die meisten Blasinstrumente: sie werden dauernd verbessert. Während die Streichinstrumente fast gar nicht mehr so schön gemacht werden können wie früher, was man lebhaft bedauert, und nach Form und Ausführung annähernd gleichgeblieben sind, wird an der Mechanik der Blasinstrumente in einem fort herumprobiert, und fast jeder bedeutende Virtuose hat sein Scherflein zur Verbesserung seines Instrumentes beigetragen. Durch die verbesserte Mechanik wird erreicht, daß eine eingeschlossene Luftsäule, die eigentlich nur einen Ton geben würde, deren möglichst viele unter Zuhilfenahme von mannigfachen Löchern und Klappen hervorbringen muß.

Besagte Mechanik ist teuer und nirgends so stark in die Augen fallend wie bei einem Großneffen der Klarinette, dem Saxophon. Letzteres wurde von einem wirklich genialen Instrumentenbauer erfunden, nicht um Jazzrhythmen zu erzeugen, sondern um auf Grund physikalischer Überlegungen das beste Blasinstrument zu werden. Nach verheißungsvollen Anfängen war es sogar im Begriffe, in die Hausmusik einzudringen. Es lag schon eine ganze Reihe Kompositionen vor, aber das meiste davon war von der Art jener Salonmusik, die früher auf dem Piston geblasen wurde, und damit scheidet das Saxophon aus unsrer Betrachtung aus.

Die Oboe, eins der reizvollsten Instrumente des Orchesters, kommt für die Hausmusik mit verschwindenden Ausnahmen heute kaum noch in Frage. Auch das Fagott kommt aus klanglichen Gründen für Kleinwohnungen kaum in Betracht. Dagegen kann aus der Familie der Blechblasinstrumente das Horn in den Händen eines geschickten Musikers auch in den vier Pfählen höchst erfreulich klingen (Werke von Beethoven und Brahms). Die Posaune jedoch klingt besser vom Turm oder vor Jericho geblasen; ähnliches kann man auch von der Trompete sagen. Dagegen ist die »flauto dolce«, die Blockflöte, ihres schönen, durchsichtigen und leicht zu behandelnden Tones wegen zu neuen Ehren gekommen.

Also nun weißt du Bescheid, lieber Quartettgenosse, und kannst dein Heil versuchen, wie es im Wegweiser geschrieben steht. Lang dauert die Freude nicht, das darf man freilich nicht verheimlichen; denn wenn schon vier Leute schwer zu regelmäßiger Tätigkeit Zeit finden, wie dann erst fünf!

Man betrachte daher alle diese Kombinationen als Gelegenheitserscheinungen, auch wenn man bisweilen glaubt, man könnte vielleicht einen Winter lang Quintette oder Sextette studieren. Welche, sagt wiederum der treue Wegweiser. Aber es erweist sich bald, daß der zweite Bratschist nur kurz von Hamburg zu Besuch da war, und daß der andere Cellist, den man an die zweite Stimme im Schubert-Quintett gesetzt hat, erkennt, daß dieses zweite Cello schwerer ist als das ruhmbedeckte erste, worauf er sich grollend zurückzieht.

Viel häufiger als der Fall, daß mehr kommen als vier, ist jener, daß einer ausbleibt. Er hat es verwechselt, vergessen, ist krank, beleidigt, verliebt; das Telephon versagte, die Karte kam nicht an, er hat gemeint – kurz, er ist nicht da.

Zu hoffen, daß er noch kommt, und untätig hinzuwarten, hat keinen Sinn. Auch bei ihm zu Hause anzurufen, falls er ausnahmsweise Telephon haben sollte, führt zu nichts; man erfährt bestenfalls, er sei längst fortgegangen; aber wohin, das bleibt offen. Man finde sich also damit ab und spiele Trio oder Duett; zuletzt versuche man noch der überzähligen Brötchen und Kuchenschnitten und seiner Erbitterung Herr zu werden. Denn ohne eine gewisse Verbitterung verläuft so ein Abend niemals.

Zwar haben sich unsere Komponisten die größte Mühe gegeben, Werke zu schaffen für den offenbar seit den ältesten Zeiten bekannten Fall, daß einer nicht kommt; aber die meisten dieser gewiß recht interessanten Zusammenstellungen klingen doch verzweifelt dünn. Schlimmer noch: sie klingen unrein. Nirgends wird das Sprichwort, aller guten Dinge seien drei, so ad absurdum geführt wie beim Streichtrio, einer äußerst gefährlichen Zusammenstellung, bei der nicht einer auch nur im geringsten patzen darf, sonst merkt es sogar der Zuhörer. Dieser ist daher an solchen Abenden grundsätzlich zu entfernen, wenn man ihm den Glauben erhalten will.

Für das Streichtrio aus Geige, Bratsche und Cello ist die Literatur reichhaltig, besonders die moderne, nur besitzt man meistens außer den kitzligen Beethoven-Trios, dem fülligen, aber technisch schweren Divertimento von Mozart, zwei

Regers und einem Haas bestenfalls die beiden Schubertsätze, von denen man aber auch nicht satt wird. Besonders dann nicht, wenn man schon mehrmals in der peinlichen Lage war, wieder dieselben Streichtrios spielen zu müssen, die keiner je geübt hat und die deshalb immer gleich schlecht gehen.
Was aber gar, wenn die Bratsche oder das Cello ausfallen? In letzterem Falle gibt es sogar noch einen wirklichen Trost: das Terzett von Dvořák, bei dem man sich fragt, wie es möglich ist, mit so wenigen Instrumenten eine so hinreißende Musik zu machen. Aber sonst sieht es trüb aus. Und daß man gar einen ganzen Abend, für den man sich aufs Quartett eingerichtet, Duett spielen kann, das glauben Sie wohl selber nicht. Selbst so anmutige Bezeichnungen wie »Duett mit zwei obligaten Augengläsern«, bei Beethoven für Cello und Bratsche zu finden, beweisen doch nur, daß einem dabei die Augen übergehn; es muß aber nicht vor Freude sein. Dieses Sechsundsechzigspielen ist für Quartettler ein glatter Hohn, da hört das Vergnügen auf, und die Etüde beginnt.

AUF WIEDERSEHEN BEI DER FERMATE

Es wäre klug, aber nicht schön, wenn die Herausgeber dieses Buches nicht wenigstens zum Schlusse gestehen würden, daß sie die Anregung zum stillvergnügten Streichquartett jenem Mann verdanken, der den Aufsatz schrieb: »Auf Wiedersehen bei der Fermate. Zur Naturgeschichte des Dilettantenquartetts.«
Diese geradezu klassisch-humorvolle Schilderung hatte ein bemerkenswertes Schicksal: sie zirkulierte nämlich in Abschriften bei Musikliebhabern, aber niemand wußte, von wem sie stammt. Aber jetzt wissen wir es! Was beim wiederholten Nachdrucken und Nachfragen nicht zutage kam: dem »Stillvergnügten Streichquartett« wurde es offenbart. Er hieß wirklich Ledermann, Franz Anton mit Vornamen, war Jurist und spielte (natürlich) die Bratsche. Der Aufsatz erschien zum erstenmal am 9. Mai 1924 im Berliner Tageblatt und beruht seinerseits wieder auf früheren Darstellungen, wie sie in Prof. Kalauers Musiklexikon von Heinrich Simon (neu herausgegeben 1955 im Heimeran-Verlag) um die Jahrhundertwende zu Tage treten. Jedenfalls wird man unschwer feststellen,

daß der Ton unseres Buches – und bekanntlich macht der Ton die Musik – von folgender »Studie« angeschlagen worden ist, und daß wir dieses Buch »Variationen über ein Thema von Ledermann« hätten heißen können:
»Zunächst die Abgrenzung des Begriffes: es handelt sich natürlich nur um Streichquartett. Zum Verständnis des Barbaren sei mit mitleidigem Lächeln bemerkt, daß es auch Quartette gibt, in denen sich hier und da ein Klavier betätigt. Das Klavierquartett ist eine Ungerechtigkeit. Es ähnelt einem Duell, bei dem der eine mit einer Zündplättchenpistole, der andere mit einem Feldgeschütz ausgerüstet ist. Das Klavier ist den Streichinstrumenten weit überlegen: man braucht es nicht zu halten, man hat beide Hände zum Hauen frei; selbst kurze Pausen kann man zur Kräftigung durch einen Schluck Bier benutzen; es hat viel mehr und viel längere Saiten als jedes Streichinstrument, es hat endlich eine feine Entschuldigung, wenn es über die Leichen der Streicher hinweghämmert: es darf nämlich so viel Noten spielen, daß man ihm schwer seine Behauptung widerlegen kann, es habe die Melodie.
So kommt es, daß der erschütterte Zuhörer sich nach einigen zwanzig Takten die Frage vorlegt, ob den weitausholenden Bewegungen der drei übrigen Quartettmitglieder mehr als eine rein ornamentale Bedeutung zukommt. Bei durchschnittlicher musikalischer Begabung wird er diese Frage verneinen und das Ganze als eine Art rhythmische Gymnastik mit Klavierbegleitung ansehen. – Nieder mit dem Klavier!
Es handelt sich weiter nur um Quartette von Dilettanten. Künstlerquartette sind übernatürlich! Der Dilettant, der ihnen zuhört, ist zu bemitleiden. Seine anfängliche Entschlossenheit zu einer Haltung kritischer Sachkunde verläßt ihn bald. Vor ihm steigt das ewige Werk neu geschaffen aus den Händen des Meisters auf, er vergleicht und stürzt in Abgründe der Selbstzerfleischung. Mit hocherhobener Partitur schwört er, keine Geige mehr zu schwingen und sitzt schon am nächsten Morgen am Telephon, um den Cellisten für den nächsten Abend festzunageln.
Zu einem Streichquartett, o bereits erwähnter Barbar, gehören: eine erste Geige, eine zweite Geige, eine Bratsche und ein Cello. Zweite Geigen gibt es nicht! Der liebe Gott hat vergessen, sie zu erschaffen. Wenn man so die Leute fragt, könnte diese Behauptung als falsch erscheinen. Da hört man, der oder der spielt zweite Geige. Wendest du dich aber hoffnungstrunken an den Betreffenden, so ergibt

sich, daß es ein Irrtum war. Er spielt erste Geige. Er wird dich an andere verweisen, bei denen es dir ebenso geht. Suche nicht mehr, es gibt keine.
Die Verteilung der Rollen zwischen den beiden Geigen ist eine Angelegenheit der rohen Gewalt. Sie geht nur zum Schein in gesitteten Formen vor sich. Die beiden Gegner verbeugen sich voreinander, sie schieben den Part der ersten Geige zwischen sich hin und her und beteuern jeder den festen Entschluß, zweite Geige zu spielen. Aber die Entlarvung naht! Der Stärkere beginnt ein Gemurmel, aus dem man undeutlich die Worte versteht: ›Es ist ja eigentlich ganz gleich.‹ Schon sitzt er am ersten Pult! Der andere sucht vergeblich, sein Zusammenbrechen durch heftiges Stimmen zu verbergen. Es ist ein Ausschnitt aus dem Kampf ums Dasein!
Das Gesetz der Zuchtwahl hat es auf diese Weise bewirkt, daß die Rasse des ersten Geigers aus gewalttätigen, brutalen Naturen besteht. Man muß sich damit abfinden. Der Kenner begreift die Verzweiflung der zweiten Geige. Meistens steht ihr das Leben eines Babys bevor. Um eine Terz kleiner als die erste, trudelt sie an ihrer Hand durch die Gegend. Wenn die erste in den Freuden der Melodie schwelgt, darf die zweite sich seitenlang mit Figuren bespaßen, die in ihr unangenehme Erinnerungen an vielfach vergeblich geübte Etüden wecken. Kein Schrecknis der Kinderzeit bleibt ihr erspart. Eben noch spielte sie im Schatten langer Akkorde, da reißt sie eine rohe Hand ans grelle Licht; alles schweigt, sie soll die Melodie aufsagen. Ist es ein Wunder, wenn sie erschrickt und steckenbleibt? Man soll zweite Geige nur in seiner Jugend spielen. Der Stolz der Erwachsenen empört sich dagegen.
Die Bratsche ist eigentlich gar keine Bratsche! Es ist ein Geiger mit bitteren Erfahrungen. Auch er saß einst am Geigenpult – aber nicht lange. Der einmütige Protest der Zuhörer hat ihn vertrieben. Er spielte, so hoch er konnte; es war nicht hoch genug. Seine Läufe mochten noch so schnell sein, es gelang ihm nicht, über das Fehlen der vorgeschriebenen Notenzahl hinwegzutäuschen. Das Dienstmädchen des Hauses war ständig damit beschäftigt, fallengelassene Noten unter seinem Stuhle aufzulesen. Es ging nicht mehr. Da faßte er den Entschluß und rückte um einen Stuhl weiter zur Bratsche. Dort wirkt er in Frieden. Mögen die da oben sich noch so unziemlich gebärden, er sagt sein stilles, ernstes, ein bißchen wehmütiges Wort dazu. Und wenn er es nicht sagt, wo er es eigentlich sagen

sollte, so ist das auch nicht schlimm. Die Zuhörer merken es doch nicht, und die Mitspieler drücken ein Ohr zu. Sie behandeln ihn mit jener taktvollen Diskretion, die man einem heruntergekommenen Standesgenossen gegenüber anwendet. Er ist eine heroisch-tragische Natur.
Das Cello ist meistens gar nicht da. Es ist so selten, daß es grundsätzlich für jeden Abend drei Quartett-Verabredungen trifft für den Fall, daß eine abgesagt wird. Es wird aber nie abgesagt. Dann bleiben die beiden sitzengelassenen Verabredungen im Entwicklungsstadium unmöglicher Trios stecken, die eigentlich nichts anderes spielen können als Skat, und schimpfen auf die Institution des Cellos. Laßt eure Kinder Cello lernen, nichts als Cello, man wird sich um sie reißen. Sie sind jeden Abend ihres Lebens mit Tee und Kuchen versorgt und werden schnell heiraten. Wenn der Cellist wider seine Natur doch gekommen ist, beginnt er zu stimmen. Er stimmt ziemlich lange. Erst so und dann im Flageolett. Wenn er dann doch falsch spielt, sagt er, er müsse stimmen. Man wundert sich – aber man schweigt. Der Cellist ist sehr empfindlich.
Im Quartett wandert das Cello in den Höhen und Tiefen rüstig umher. Die Verbindungswege bilden die Läufe. Die hat der Cellist nicht gern. Wir auch nicht. Wenn sie in die Tiefe gehen, haben wir das Empfinden, der Cellist stürzt ab und versucht vergeblich, an den steilen Felswänden einen Halt zu finden. So erklären sich die wischenden Zwischengeräusche. Wir sind dann freudig überrascht, wenn er am Schluß immer noch in unserer Mitte weilt. Gott erhalte ihn! Er ist streng zu den Genossen, aber man kann ihn unschwer heiter stimmen, wenn man ihn bittet, etwas für Cello solo zu spielen. Das dauert lange, aber er tut es gerne und kommt vielleicht das nächstemal wieder.
Den Zuhörer soll man nicht bedauern, er hat es selbst gewollt! Er tut gut daran, begeistert zu sein. Das Haus ist doch zu, und allein wird er nicht heruntergebracht. Klugen Zuhörern verleiht der Selbsterhaltungstrieb erstaunliche Unterhaltungsgaben zur Verlängerung der Teepause. Man soll ihnen das nicht vergargen – es sind auch Menschen.«

NÜTZLICHES A—B—C

Alla tedeska: Wiener sog. Schnellwalzer, eine zu Beginn des Jahrhunderts sich durchsetzende Tanzform, die das Menuett und den (langsamen) Ländler verdrängte. Die jetzigen Ländler (die bekannten boarischen) sind eigentlich sog. »Neu-Deutsche«.

Bariolage: Ein Effekt, der durch Hervorbringen ein und desselben Tones auf zwei Saiten durch schnellen Saitenübergang des Bogens erreicht wird.

Cassation: Anderes Wort umstrittener Herkunft für Serenade oder Ständchen.

Damen: Soll man mit ihnen Quartett spielen? Diese Frage entscheiden viele Männer mit einem kategorischen: Niemals! Wer so denkt, soll es auch nicht. Denn ohne eine gewisse seelische Harmonie der Spieler ist ein harmonisches Zusammenspiel unmöglich. In Wahrheit gibt es genug Männer, die nichts können, und genug Frauen, die viel können, zumindest technisch. Aber im Grunde ist die Frage: »Soll man mit Damen musizieren?« mehr eine psychologische als musikalische und erinnert an den berühmten Streit, ob eine Stenotypistin hübsch sein soll oder nicht.

Eilen: Berüchtigte Anfänger-Krankheit. Tritt auf, sobald das Notenbild schwärzer wird, gleichgültig, ob es sich um ein Allegro oder ein Larghetto handelt. Steigert sich bei Anwesenheit von Zuhörern. Typisches Kennzeichen: der vom Eilen Befallene leugnet hartnäckig, daß er eile.

Furiant: Lebhafter böhmischer Tanz, bei Dvořák häufig.

Generalpause: Begrüßenswerte Einrichtung zur Sammlung der Kräfte und der verstreuten Mitspieler. Wann sie eigentlich zu Ende ist, wird Anfängern nie ganz klar, und der Wiedereinsatz bleibt dann eine reine Glückssache. Merke: ein Takt Pause ist nie kürzer als ein Notentakt, sondern genau so lang.

Hetzen: Vom Eilen (s. d.) unterscheidet sich das Hetzen dadurch, daß man den schnellen Satz von vornherein zu schnell anpackt. Die Feinheiten gehen verloren, der Höreindruck wird quälend. Heilmittel: man suche sich die schwierigste Stelle eines Satzes heraus und spiele den ganzen Satz in einem Tempo, in dem man diese Stelle noch eben bewältigen kann (schon von J. J. Quantz 1752 empfohlen!).

Instrument: Eine Frage, der immer zu viel Wichtigkeit beigelegt wird. Eine

Zeitlang hat man geglaubt, daß ein Quartett nur dann anständig klinge, wenn alle vier Instrumente von demselben Geigenbauer gefertigt seien. Das ist maßlos übertrieben. Ad absurdum wird diese Frage geführt durch folgende, immer wiederkehrende Situation: nach dem zweiten Quartett des Abends zeigt der erste Geiger Zeichen von Ungeduld: »Fällt Ihnen denn heute gar nichts auf?« Der erste Geiger wird einer sorgfältigen Untersuchung unterzogen, der Bratschist meint, er habe heute den Scheitel auf der anderen Seite. Nein! Eine neue Geige habe er, eine Gagliano. Kostet 12 000 Mark. Vom Geigenbauer geliehen. Der zweite Geiger stellt dann brummig fest: »Deswegen tatest du heute so unrein.« Cellist: »Ehrlich gesagt, mir ist auch nichts aufgefallen!« Am nächsten Abend spielt der Primarius wieder auf dem eigenen Instrument, dessen Mensur ihm vertraut ist, und es tut genau so schön.

Komponierende Mitglieder: Manchmal ereignet es sich auch in einem Liebhaberquartett, daß einer der Spieler, meist der Bratscher oder der Cellist, teils verschämt lachend, teils mit geschwelltem Selbstgefühl, ziemlich schlecht geschriebene Noten herauszieht und behauptet, er habe ein Streichquartett angefangen. Die nächste halbe Stunde bringen alle vier Spieler damit zu, undurchsichtige Gesichter zu machen und die vielen Schreibfehler auszumerzen. Es empfiehlt sich, solche Komponisten mit freundlicher Nachsicht zu behandeln, dann vergeht es eines Tages von selbst.

Lombardische Vorschläge: Vorschläge, die auf den genauen Einsatz der Zählzeit fallen: das Menuett-Trio in Mozarts d-moll-Quartett.

Menuett: Menuette, besonders bei Beethoven, Haydn und Mozart, gehen immer langsam, sofern eine schnellere Gangart durch zusätzliche Tempobezeichnung nicht ausdrücklich gefordert ist.

Notenschlüssel: Eigentlich ein Verlegertrick, um Papier zu sparen; denn wenn alle Noten brav am Liniensystem kleben, braucht man zwischen den Zeilen nur wenig Zwischenraum. Dient im Quartett ferner dazu, den Bratscher und Cellisten zu ärgern; denn für sie gibt es zwei bzw. drei Schlüssel, und wenn man mit diesen von Takt zu Takt wechselt (wie es die boshaften modernen Komponisten mit Vorliebe tun), kann man Wirkungen erzielen wie nach fünfzig Kniebeugen.

Opus: Seit Beethoven übliche Bezeichnung der zum Verlag gegebenen Kompositionen. Es ist durchaus trügerisch, von der Höhe der Opuszahl auf die tatsächlich geschaffene Reihenfolge schließen zu wollen, da die Opuszahlen häufig nicht vom Komponisten, sondern vom Verleger eingesetzt wurden. Dies gilt besonders für Schubert, aber auch für Beethoven; sogar bei Dvořák finden wir noch die Herausgabe früherer Werke unter einer irreführend hohen Opuszahl.

Pizzicato: Schon Berlioz rügt am Pizzicato, daß es zwar häufig verlangt, aber selten beherrscht wird. Die Kunst ist nämlich die, daß es klingt und zwar nicht nach Nägeln. Leider ist auf der E-Saite nach Einführung der Stahlsaiten ein anständiges pizz. nicht mehr möglich. In tieferen Lagen und langsamen Sätzen empfiehlt sich ein leichtes Beben mit dem Griff-Finger, wodurch ein Tragen des Tones erreicht wird.

Quatuor: In älterer Zeit die offizielle Bezeichnung für Quartett. Quatuor brillant siehe S. 66, Quatuor concertant siehe S. 67. Die Bezeichnung Quatuor périodique erinnert an die Blütezeiten des Liebhaberquartetts (1798 bis 1825), in der man Quartette laufend bestellen konnte, so wie man heute Monatshefte abonniert. Solche Quartett-Abonnements lieferte z. B. Ignaz Pleyel in Paris. Die Quartette erschienen meist in Lieferungen zu sechs Stück, ein Brauch, den Beethoven noch in seinem op. 18 beibehielt. Wer also Quatuors périodiques bestellt hatte – meist auf Pränumeration–, konnte mit dem stets frischen Eintreffen neuer Ware in regelmäßigen Zeitabständen rechnen. Er war der Mühe des Aussuchens und der Lektüre vorliegenden Buches gänzlich enthoben.

Rhythmus: War bekanntlich im Anfang und wird mit zwei h's geschrieben, was manche immer noch nicht wissen.

Scherzo: Sprich Skerzo, hat daher nichts mit Scherz zu tun, ja bedeutet, besonders bei Beethoven, oft das Gegenteil.

Transpiration: Nicht gesellschaftsfähiger, aber leider unübersehbarer Haut-Protest, dem man am besten durch rechtzeitiges Ausziehen der Röcke begegnet. Für die Hände soll Waschen gut sein; Magnesiumpuder eignet sich mehr für Reckturner.

Unisono: Eingebaute Kontrollstrecken, auf denen die Reinheit dadurch geprüft werden soll, daß man vier Leute die gleichen Töne spielen läßt. Unsichere Spieler haben diese Hinterlist längst erkannt und horchen erst ein bißchen nach dem Primarius, bis sie sich ganz trauen. So klingen unisoni oft recht anständig.

Volti subito: Schnell umwenden! Steht selten da, müßte aber öfters dastehen, hätte dann aber doch keinen Sinn, weil man keine Zeit hätte, es zu lesen. Streitfrage: gehört das affenartige Umwenden zur Musik? Spieler, die beim Umwenden herauskommen, pflegen sich damit zu entschuldigen, das sei nicht ihre Schuld. Zugegeben, daß es geradezu unmögliche Umwendestellen gibt: das wissen wir, aber weiß es der Hörer? Also gehört die Umblättertechnik zur Musik und ist notfalls zu üben. Man kann sich auch dadurch helfen, daß man die betreffende Seite an geeigneter Stelle waagrecht durchschneidet. Hat man dann im unteren Teil der Seite eine längere Pause, kann man den oberen Teil schon umblättern; das Umblättern des unteren Teiles holt man nach, wenn im oberen Teil der Kehrseite genug Pause ist.
Wiederholungen: Für die oft strittige Frage der Wiederholungen gilt allgemein folgendes: Wiederholungszeichen müssen immer als Regel gelten. Soll weitergegangen werden, wird dieses ausgemacht oder – schlechter – zugerufen. Aber bitte nie vor Zuhörern! Fast immer geht man weiter bei Wiederholungen, die ein zweimaliges Spielen der Durchführung verlangen. Bei ausgedehnten ersten Sätzen in der Sonatenform kann man auch die Reprise vor der Durchführung weglassen; dieses Verfahren stört aber die Symmetrie des Werkes, wenn die Durchführung selbst sehr lang ist. Bei Variationen, deren Thema aus zwei Wiederholungen besteht, muß man von vornherein darauf achten, ob nicht eine Variation später ausgeschrieben ist; in diesem Falle muß natürlich alles wiederholt werden. Ob man im gleichen Falle nur die erste Wiederholung macht, beim zweiten Teil aber weitergeht, ist Sache des musikalischen Geschmacks. Wir stehen ganz allgemein auf dem Standpunkt: immer wiederholen, wenn es vorgeschrieben ist, man verliert nichts dabei; beschweren sich die Nachbarn, naht die Polizeistunde oder die letzte Trambahn, kann man immer noch Ausnahmen machen. Menuetts und Scherzi sind immer zu wiederholen mit Ausnahme des zweiten Vortrags vom ersten Teil.
XYZ: Bekannte Buchstaben, bei denen man sich noch einmal trifft, um vor dem Eintritt ins Prestissimo endgültig voneinander Abschied zu nehmen.

HILFSBÜCHER

Auch der Notenleser soll das Bücherlesen nicht unterschätzen! Ich kann Ihnen da folgende Geschichte erzählen:
In meiner Jugend litt ich an einem sehr steifen rechten Handgelenk. Mein Lehrer war ganz verzweifelt, er packte mich am Arm, er preßte meine Hand, er hing sich mit ganzem Gewicht an meine steife Seite: das Handgelenk ging nicht. Er hat es dann resigniert aufgegeben und ich auch; ich kultivierte meinen Krampfzustand, so gut es ging, aber sehr gut ging es eben nicht.
Da fiel mir eines Tages ein Buch über Bogentechnik in die Hand. Halb gelangweilt, halb resigniert blätterte ich darin herum und stieß auf folgende Bemerkung:
»Selbstverständlich hängt die richtige Bogenführung zunächst davon ab, wie die Bogenstange gehalten wird. Es gibt darin gewisse Unterschiede, als Regel darf aber wohl gelten, daß Daumen und Zeigefinger führen, die übrigen balancieren. Der Zeige- bzw. Mittelfinger führt meist zwischen dem ersten und zweiten Glied, zum Mittelknöchel zu wird es schon bedenklich, mit dem Mittelknöchel selbst zu führen, wäre total falsch. Anmerkung: Ein Aufliegen der Bogenstange auf dem dritten und letzten Glied dürfte ja nie vorkommen, es erübrigt sich daher, hier auszuführen, daß eine solche Haltung das Geigen so gut wie unmöglich macht.«
Diese unmögliche Haltung war die meine!
Sie können nun sagen: das muß ja ein tüchtiger Lehrer gewesen sein, der das nicht gemerkt hat. Aber das gehört nicht hierher. Ich will damit nur sagen, daß es sich auch für Musizierer empfiehlt, Bücher zu lesen; manchmal steht doch etwas darin!
Nun schmeicheln sich zwar die Herausgeber dieses Buches, daß darin zu finden sei, was ein Musizierer vor allem braucht; aber wer es mit seiner Liebhaberei ein bißchen ernst nimmt, der möchte doch gelegentlich über dies und jenes ein wenig mehr wissen. Was gibt es da noch? fragt er, oder: wie hat sich das entwickelt? oder: wer war oder ist jener Komponist denn eigentlich? Wie steht jenes Werk in seiner Zeit? Deshalb seien hier ein paar Bücher genannt, die einem Wißbegierigen weiterzuhelfen vermögen.

ALTMANN, Wilhelm: Handbuch für Streichquartettspieler. (Max Hesses Verlag, Berlin 1928/31.) Das wertvollste interpretierende Handbuch für Liebhaber der Kammermusik, dem man weitere und erweiterte Auflagen wünscht. Altmann spricht darin nicht nur als der berühmte Musikforscher, sondern auch als praktischer Musizierer, der mit seinem Quartett einen großen Teil der Literatur selber gespielt hat. Er weist mit Recht darauf hin, daß es fast unmöglich ist, den Wert eines Werkes aus der Partitur allein bestimmen zu wollen. In vier Bänden werden alle Zusammenstellungen von Streichern und auch Bläsern vom Trio bis zum Nonett behandelt, und zwar historisch wie kritisch. Die Urteile sind durchweg treffend und maßvoll. Daß im »stillvergnügten Streichquartett« oft anders geurteilt wird, subjektiver vielleicht, liegt daran, daß hier mehr für den genießerischen Liebhaber gesprochen wird, bei Altmann für den ernsten Musiker.

– Ds.: Kleiner Führer durch die Streichquartette für Haus und Schule. (Deutscher Musikliteratur-Verlag, Berlin und Wunsiedel 1950.) Da der obengenannte, umfangreiche Altmannsche Führer überhaupt nicht mehr neu erscheinen kann, bietet diese Auswahl (168 Seiten) einen guten Ersatz. Die ältere Quartettliteratur wird gründlich genug behandelt (Haydn sind 16 Seiten gewidmet), von der neuesten sind immerhin die hervorstechenden Werke vertreten. Wir Stillvergnügten benützen das Bändchen jedenfalls mit Dank, wenn uns auch wundert, was Altmann alles für dankbar, hübsch usw. hält (eigentlich alles), so daß man am Schluß nicht weiß, was man denn nun, oder wenigstens, was man zuerst spielen soll. (Deshalb lassen wir unser »Stillvergnügtes« auch nicht weiter uferlos anwachsen.)

Reclams Kammermusikführer RENNER, Hans: unter Mitarbeit von Wilhelm Zentner, Anton Würz und Siegfried Greis (Reclam Verlag, Stuttgart). Ein 830 Seiten umfassendes Compendium von Orlando di Lasso bis Jean Françaix. Ist nach Komponisten chronologisch gruppiert und bespricht Entstehungsgeschichte und Inhalt der nach Besetzungen geordneten Kammermusikwerke, von der Violinsonate mit Klavier bis zur stärksten Besetzung. Die Besprechungen enthalten sich subjektiver Urteile. Ein angehängter »Geschichtlicher Überblick« ermöglicht die Erwähnung von Komponisten und Werken, die im Hauptteil keinen Platz finden konnten oder sollten. Ein Stichwortverzeichnis mit Fachwort-Erklärungen ermöglicht auch dem Laien die notwendige Orientierung.

RICHTER, Johannes Friedrich: Kammermusik-Katalog. Das Verzeichnis der von 1944–1958 veröffentlichten Werke (Friedrich Hofmeister, Frankfurt a.M. 1960) ist nach Besetzungen geordnet; Erscheinungsjahr und Verlag sind jeweils angegeben. Sämtliche Besetzungen vom Dezett bis zum Duo unter Einschluß von Gitarre und Handharmonika sowie mehrhändiger Klaviermusik sind darin enthalten.
STEIN, Franz A.: Verzeichnis der Kammermusikwerke von 1650 bis zur Gegenwart (DALP-Taschenbücher, Francke Verlag Bern und München, 1962). Ein wohlfeiles Büchlein, das alphabetisch nach Komponisten geordnet ist und keine Verlegernachweise und kritischen Bemerkungen enthält.
SCHUMANN, Otto: Schumanns Kammermusikbuch (Hermann Hübener Verlag, Wilhelmshaven, 1956) behandelt die Geschichte der Kammermusik und ist chronologisch nach Tonmeistern geordnet von Rosenmüller (frühes 17. Jahrhundert) bis Oliver Messiaen (geb. 1908). Die einzelnen Werke sind nach Art eines »Musikführers« ganz subjektiv besprochen. Praktische Hinweise für das Spielen fehlen. Eine Fachwörter-Erklärung und ein Register vervollständigen diese Veröffentlichung, die mehr für Zuhörer als für Musikanten gedacht ist.
VALENTIN, Erich: Musica Domestica (Hohner Verlag, Trossingen). Ein famoses Buch über Geschichte und Wesen der Hausmusik, das im Bücherregal jedes Musizierers stehen sollte. Von der Geschichte des Begriffes »Hausmusik« bis zu dem, was die Dichter zu diesem Gegenstand zu sagen haben, steht in dem inhaltsreichen Bändchen alles, was mit unserer uns liebgewordenen Tätigkeit zusammenhängt. Zugleich ein fesselndes Kapitel Kulturgeschichte!

WINKE FÜR DIE PRAXIS

Die Satzüberschriften: Im allgemeinen sind Hausmusikanten mit der italienischen Sprache soweit vertraut, daß der Sinn der meist in dieser Sprache ausgedrückten Überschriften ihnen geläufig ist. Jeder weiß, daß *Adagio, Lento, Largo* langsame, *Presto, Vivace* schnelle Tempi sind; dazwischen liegen *Andante* und *Moderato.* Zuweilen ergeben sich jedoch Streitfragen; so ist über dem langsamen

Satz einer Mozart-Symphonie (KV 338 in C-dur) zu lesen: Andante di molto. Das heißt aber nun nicht etwa langsamer als Andante, sondern das Gegenteil, denn Andante (von andare = gehen) gehört nach alter Auffassung zu den schnellen Tempi.

Eine Sonderstellung nimmt das *Allegro* ein. Das ist eigentlich gar keine Tempovorschrift, sondern eine Charakteristik. Denn Allegro heißt weiter nichts als: fröhlich, heiter. Derartige, den Stimmungsinhalt angebende Bezeichnungen stammen noch aus dem Barockzeitalter wie *Grave* (= ernst), *Affettuoso* (= liebevoll), *Soave* (= lieblich, sanft). Allegro bedeutet mithin in der Wiener Klassik ein verhältnismäßig schnelles Zeitmaß, weil man in fröhlicher Stimmung unwillkürlich ein solches bevorzugt. Weil die Wiener Klassiker wußten, daß Allegro keine Tempovorschrift ist, haben sie häufig Zusätze gemacht: *con brio* (=mit Schwung oder Feuer), *con fuoco* (= mit Feuer). Franz Schubert läßt das Menuett in seinem E-dur Streichquartett Allegro vivace spielen, woraus hervorgeht, daß er Allegro nicht als Tempovorschrift angesehen hat. Eine sehr merkwürdige Bezeichnung ist in diesem Zusammenhang die bei Joseph Haydn oft anzutreffende Vorschrift Allegro spirituoso (auch: con spirito), die wohl andeuten soll, daß solch ein Allegro besonders fein, geisterfüllt gearbeitet ist. Weitere gebräuchliche Zusätze sind *grazioso* (= anmutig, liebreizend) und *giocoso* (= heiter, lustig); letzterer zuweilen mit einer bis zur Derbheit reichenden Lust an musikalischen Späßen.

Spielvorschriften in den Stimmen: Die Mehrzahl betrifft die Lautstärke, mit der gespielt werden soll, auch Dynamik genannt. Da noch kein Hausmusikant auf die Idee gekommen ist, sie in »Phon« zu messen, erweist sie sich als abhängige Größe. Zunächst einmal vom Raum, in dem musiziert wird. Der Sinn eines wirksamen und vernünftigen dynamischen Spiels ist nun nicht etwa der, beim *pp* so gut wie unhörbar zu sein und beim *ff* den größtmöglichen Lärm zu machen, sondern zwischen einem tragenden *pp* und einem dem Musikzimmer angemessenen *ff* so differenziert abzustufen, daß ein *p, mp, mf, f* als Zwischenwert dargestellt werden kann. Dazu ist es natürlich nötig, daß sich die vier Spieler in der Lautstärke vollkommen angleichen.

Beim überleisen Spiel *(pp)* wird meist folgende Ungeschicklichkeit begangen: der Bogen gleitet locker und langsam geführt über die Saite, und nun macht aus

Symmetriegründen die greifende Hand das Gleiche, sie lockert sich und mindert den Druck des Greiffingers. Folge: der also erzeugte Ton wird heiser und verliert seine tragende Substanz. Das Gegenteil ist richtig; je leichter der Bogen geführt wird, desto stärker sei der Druck auf die Saite. Nur auf diese Weise ist ein überzeugendes und tragendes *pp* zu erreichen. Es besteht ein gewisser Unterschied, ob in einem Quartett alle vier gemeinsam *p* spielen, oder ob einer ganz allein eine Stelle *p* zu spielen hat; in diesem Falle kann und muß das *p* stärker sein, als wenn es im Verband *p* gespielt wird.

Während etwa bis zu Brahms und Dvořák die dynamischen Zeichen in allen Stimmen übereinstimmen, treffen wir in neueren Werken (z. B. bei Ravel und Pfitzner) unterschiedliche Stärkegrade-Bezeichnungen an; das setzt voraus, daß man sich über den Wert einer dynamischen Vorschrift untereinander geeinigt hat. Ist das nicht der Fall, so passen sich die *p*-Spieler sofort dem *mf*-Spieler an und der vom Komponisten angestrebte Effekt geht verloren. Als Quartettspieler gilt für Klassik und Romantik die Regel, immer etwas leiser zu sein als der Spieler der tragenden Melodie; sobald er diese nicht mehr vernimmt, ist er zu laut.

Übergänge von leisen zu lauten Stellen werden durch divergierende Linien (slogan: Scheren) oder durch »cresc.« (crescendo = anwachsend) verlangt. Hier wird meist der Fehler gemacht, daß viel zu früh und viel zu stark mit dem crescendo begonnen wird. Erstens wirkt ein solches nur, wenn es möglichst leise begonnen wird, und zweitens muß man es je nach Anzahl der Takte, über welche es sich erstreckt, dimensionieren. Sonst ist schon mehrere Takte vor dem dann folgenden *ff* ein Klangvolumen erzeugt, das entweder nicht mehr gesteigert werden kann oder zum »Holzen« (slogan: holzbrio) führt.

Noch wichtiger sind die gegenteiligen Vorschriften: convergierende Linien, dim. (= diminuendo = vermindernd, abnehmend) und decrescendo. Erfahrungsgemäß wird lieber ein crescendo als ein decrescendo gemacht. Dadurch landet man sehr bald auf einem Dauer-*mf* und verfällt alsdann in dynamische Monotonie. Bisweilen werden aber auch die Zeichen *p* oder *pp* durch italienische Wörter ersetzt, über die bei Unkundigen recht merkwürdige Vorstellungen herrschen. Als der Verfasser einmal mit einem Berufsorchester die kleine C-dur-Symphonie von Mozart (KV 338) einstudierte, in der unter den Stimmen des zweiten Satzes die Worte stehen »sotto voce«, fragte er die Streicher, was das bedeute. Erst verlegenes Gemurmel, dann meinte einer vom letzten Geigenpulte: »Na, ist doch klar: mit satter Stimme!« Das Gegenteil ist richtig: *sotto voce* (= unter der Stimme) ist leiser als der normale Klang. *Mezza voce* bedeutet: mit halber Stimme. Dagegen heißt *mesto* soviel wie traurig. Béla Bartók hat alle vier Sätze seines VI. Streichquartetts mit einer Einleitung versehen, die er mesto gespielt haben will. Der Verfasser eines Kammermusikführers hat aber hier »mezzo« gelesen und bezeichnet einen Marschsatz darin als »Halbmarsch«! Wenn so etwas schon am grünen Holze geschieht...!

Während *calmato* soviel bedeutet wie »beruhigt«, ist *tranquillo* keineswegs, wie vielfach angenommen wird – sogar von Komponisten! –, eine Verlangsamung des Tempos, sondern will besagen, daß man solche Stelle mit innerer Ruhe vorzutragen hat, ohne das Grundtempo aufzugeben. Ob man beim *calando* (= herabsteigend, abnehmend, sinkend) langsamer werden soll, muß das musikalische Gefühl entscheiden. Das gleiche gilt für *morendo* (= ersterbend) und *smorzando* (= immer mehr gedämpft, erlöschend). Eine ähnliche Vorschrift ist *perdendosi* (= sich verlierend), also immer schwächer werdend. Modifikationen des Grundtempos werden verlangt durch *accelerando* (= beschleunigend; bei den ersten Autos zu Anfang des Jahrhunderts hieß das Gaspedal noch accelerator) und *stringendo* (= drängend). Auch hier ist – ähnlich wie beim crescendo – Maß zu halten und richtig einzuteilen, besonders dann, wenn die Beschleunigung das Ziel eines neuen, schnelleren Zeitmaßes ansteuert. Andere italienische Ausdrücke, die bestimmte musikalische Energie-Demonstrationen vorschreiben, sind *marcato, risoluto, pesante* (= gewichtig) und *con forza* (gesteigert: con tutta forza = mit ganzer Kraft). Con forza ist eine der wenigen Vorschriften, die der in dieser Hinsicht äußerst sparsame Schubert im letzten Satz seines d-moll-Quartetts einmal benutzt.

Andere Spielvorschriften beziehen sich auf technische Dinge. So bedeutet *sul ponticello,* daß man die Saite in größtmöglicher Nähe des Stegs anstreichen soll, was einen mit Obertönen angereicherten Klang verursacht, der verblasen und recht eigenartig wirkt. *Sul tasto* bedeutet, daß der Bogen über dem Griffbrett anzugreifen hat. Ein auf solche Art erzeugter Ton ist obertonarm und substanzloser als ein normal erzeugter.

In den Stimmen sind ferner Spielvorschriften zu finden, mit denen der Hausmusikant wenig anfangen kann. Eine der häufigsten ist das Wort *dolce* (= süß, weich, sanft, hold). Wie stellt man aber solch ein dolce beispielsweise auf einer Bratsche dar? Meistens gar nicht. Man läßt es bei der Überlegung bewenden, daß man beim Spielen einer dolce-Partie an etwas Süßes, Weiches, Holdes denkt. Davon hat aber die gespielte Musik nichts, und so ist der Verfasser davon überzeugt, daß dolce im ausgehenden 18. Jahrhundert eine Vortragsmanier war, die ganz bewußt möglicherweise ein stärkeres Vibrato der linken Hand veranlaßte, jedenfalls aber eine vom gewöhnlichen Spiel sich abhebende Vortragsmanier gebot. Ähnliches gilt für *espressivo* (= ausdrucksvoll) oder *con espressione.* Irrtümer gibt es, wenn *animato* dasteht; hier wollen einige schneller werden. Das wird aber durch *agitato* verlangt. Animato heißt nur: beseelt.
Scherzando braucht wohl nicht erklärt zu werden (vergl. aber S. 42). *Lusingando* (= schmeichelnd) hat Brahms im ersten Satz seines a-moll-Quartetts einmal vorgeschrieben. Das *teneramente* in Beethovens a-moll-Quartett (erster Satz, zweites Seitenthema) hat nichts mit tenuto (s. weiter unten) zu tun, sondern bedeutet: zart, weich. Eine merkwürdige, in der Wiener Klassik bisweilen auftauchende Vorschrift ist *semplice* (= einfach, einfältig), es stellt den denkbar größten Gegensatz zu *spirituoso* dar und heißt soviel wie: naiv, ohne Emotionen vorzutragen. *Piacevole* (Beethoven: Violin-Sonate op. 12 Nr. 2, letzter Satz) heißt: angenehm, einnehmend, hübsch und erfordert etwas Koketterie im Vortrag.
Handelte es sich im Vorstehenden um Vorschriften psychologischer Natur, so gibt es hinwiederum auch solche, die sich auf die Technik beim Vortrag beziehen, und hier ist es nützlich, sich etwas eingehender zu unterrichten.
Viele Streicher, die über einen guten Springbogen verfügen, pflegen kurze Achtelnoten *spiccato* zu spielen. Sie verstehen darunter eine Strichart, die besser sautillé, saltato heißen sollte, denn spiccato heißt lediglich: scharf, deutlich und wird von Antonio Vivaldi bei Adagio-Überschriftten (Adagio spiccato) verwendet, hatte also einen ganz anderen Sinn. Das sautillé oder der Springbogen sollte bei Haydn und Mozart so gut wie gar nicht und noch bei Beethoven mit Vorsicht angewendet werden. Louis Spohr, der überragende deutsche Geiger in der ersten Hälfte des 19. Jahrhunderts, strich seine Geige immer nur mit liegen-

dem Bogen und nannte die von Frankreich zu uns herübergewanderte Springbogen-Technik eine Windbeutelei. Man sollte bei Haydn und Mozart Achtel-Staccati stets mit liegenden kurzen Bogenstrichen spielen *(détaché)*.
Von den Stricharten kurzer Notenwerte sei noch das *non ligato* erwähnt (Beethoven: Quartett in a-moll, op. 132, erster Satz), das keinesfalls ein staccato bedeutet, sondern vielmehr ein weiches Aneinanderreihen einzelner Striche.
Vom *con sordino* sei nur erwähnt, daß Mozart es in seinen Jugendwerken häufiger vorschreibt; in seinen Spätwerken ließ er aber nur selten mit Dämpfer spielen (Quintett in g-moll, KV 516, dritter Satz); merkwürdigerweise fehlt in der Petersschen Ausgabe die Bemerkung, den Dämpfer wieder zu entfernen. Max Reger verwendet den Dämpfer gerne kurzstreckig; im Klarinetten-Quintett (op. 146, zweiter Satz: Vivace) läßt er die Bratsche ohne, die anderen Streicher *mit* sordino spielen. Die Hauptsache beim Dämpfer ist, daß man ihn dabei hat; er sollte seinen Platz stets im Kolophonium-Kästchen haben.
Kopfzerbrechen bereitet manchem die Vorschrift *ten.* Dieses steht für tenuto und besagt, daß der Ton bis zum Ende des Notenwerts »stehen« muß, also keineswegs vorher schwinden darf. (Beispiel: Beethoven, nachkomponierter letzter Satz zum Quartett in B op. 130, erste Geige, im sechsten Takt). *Sostenuto* – meist im Zusammenhang mit langsamen Tempo-Vorschriften – bedeutet ebenfalls ein Aushalten der längeren Notenwerte.
Auch bei Beachtung aller dieser Hinweise gibt es beim Musizieren Situationen, in denen immer wieder die gleichen Mängel fühlbar werden. Diese sollen hier für fortgeschrittene Spieler kurz besprochen werden, um die Ursachen zu erkennen und gleichzeitig die Wirkungen – die schlechten! – zu beseitigen.
Verhältnismäßig häufig sind Oktaven in den Oberstimmen. Sie klingen scheußlich, wenn sie nicht glockenrein sind. Faustregel: die untere Oktave sei die etwas (!) stärker gespielte! Dann kann der oben Schwebende, meist in unsicheren Höhen sich Ergehende, anhand der unteren Oktave sich orientieren, was der Reinheit zugute kommt. Die obere Oktave sei nur das 4-Fuß-Register der unten liegenden Melodie!
Es ist weder eine Schande noch ein Eingriff in die Intentionen des Komponisten, wenn man statt schwer zu treffender Doppelgriffe nur den sonst nicht vertretenen Harmonieton beibehält und den zweiten, der ohnehin schon von einer

anderen Stimme gebracht wird, fortläßt. Auch eine andere Verteilung der Doppelgriffe kann unter Umständen Wunder wirken! So schreibt Dvořák im Mittelteil vom dritten Satz des G-dur-Quartetts op. 106 (D-dur, Ziffer 6) sehr unangenehme Doppelgriffe in der zweiten Geige vor. Diese Stelle wird kinderleicht, wenn der erste Geiger sich die unteren Noten der Terzen von der zweiten Geigenstimme (mit Bleistift!) in seine Stimme mithineinschreibt; Gewinn an Wohllaut und Sauberkeit wird diese kleine Mühe reichlich belohnen!

Bei schnellen Unisono-Läufen empfiehlt es sich, die ersten Noten aller durch Balken verbundenen Noten *zart* zu betonen; diese Gewohnheit verhilft zu rhythmischem Spiel und kann dann bei Fortgeschrittenen immer unauffälliger gemacht werden – bis es vom Zuhörer nicht mehr zu bemerken ist.

Wird – was verhältnismäßig häufig vorkommt – ein Melodiebruchstück an einen anderen Spieler hinübergereicht (Beispiel: Beethoven, cis-moll-Quartett, op 131 Nr. 4, Thema), dann muß die Note, die den Anschluß herstellt, also die letzte des »Hinüberreichenden«, solange ausgehalten werden, bis man die neu einsetzende des anderen Spielers hört; nur dann ist die Gewähr für die Kontinuität der Melodie gegeben.

Anhand bedeutender Beispiele haben sich viele Heimmusizierer angewöhnt, bei Nahtstellen der musikalischen Form, wie Rückleitung zum Hauptthema, Wiedereintritt des Rondothemas, daselbst nicht vorgeschriebene Ritardandi zu vollführen. Das ist durchaus gestattet; nur: sie müssen so unwägbar gering sein, daß sie gar nicht auffallen! Also: unmerklich überleiten, sonst wirkt es plump und lehrhaft und hat überdies den Nachteil, daß man das ursprünglich eingeschlagene Tempo verliert. Gar nicht am Platze indessen sind solche Vortragsnuancen, wenn das Thema überraschend wiedereintreten soll oder durch eine geläufige Passage herbeigezwungen wird oder gar durch größere Notenwerte eine Verlangsamung an sich vorgeschrieben ist; dann auf keinen Fall dem ausgeschriebenen Ritardando ein agogisches noch mal aufpfropfen!

Viel Wesens wird mitunter von gemeinsam ausgeführten Auf- und Abstrichen gemacht; solches ist nur bei Unisono-Gängen oder -Läufen unerläßlich. Bei einem öffentlich spielenden Berufler-Quartett mag es aus Schau-Gründen äußerst wichtig sein, für Heimmusikanten spielt das eine durchaus zweitrangige Rolle.

Man vermeide – besonders in den Mittelstimmen –, unnütz in hohe Lagen auf einer der drei unteren Saiten zu gehen. Ein sauberer Ton, in der ersten Lage gespielt, ist immer noch besser als ein in der 7. Position hervorgebrachter unreiner! (Und den angeblich besseren Klang vernimmt dabei nur meist sein eigener Erzeuger).

Im übrigen mache man sich unabhängig von Stricharten, Fingersätzen und sul G-Vorschriften, wenn man nicht ganz genau weiß, daß diese vom Komponisten stammen. Für gewöhnlich stammen diese nämlich von Müller oder Schulze; sie können allerdings auch Moser oder Hellmesberger heißen. Verhältnismäßig oft werden in diesen redigierten Ausgaben Flageolett-Töne untermischt mit anderen verlangt; Vorsicht ist geboten, da sich diese klanglich von gegriffenen Tönen stark unterscheiden. Die meisten originalen Flageolett-Vorschriften findet man bei Max Reger. Fingersätze und Bogenstriche waren dem Zeitgeschmack unterworfen und bedeuten für den unbefangenen Spieler häufig eine Erschwerung (besonders, wenn sie von früheren Kollegen unausradierbar hingeschrieben wurden!).

Sonderwink für Bratscher: verschiedentlich, wenn das Violoncello hoch geführt wird, bekommt die Bratsche Bässe zu spielen (Beispiel: Mozart, D-dur KV 575, Trio des Menuetto oder Schubert, Streichquintett C-dur, 1. Satz, erster Teil, Seitenthema in Es-dur, die Pizzicati). Diese müssen unter allen Umständen saftig gespielt werden – natürlich ohne dabei grob zu werden; auch ein Kontrabaß kann *p* spielen.

Im Zusammenspiel machen meist kurze auftaktige Notenwerte vor Schwerpunktnoten Schwierigkeiten (Beispiel: Schubert, Quintett C-dur, Trio vom Scherzo); Abhilfe: man spiele die kurze Note je nach Wert als Auftakt zur Hauptnote und versuche nicht etwa, sie vom letzten Zählschlag ausgehend als rhythmischen Wert zu bringen – sowas kann nicht gut gehen!

Es gibt sehr viele Stücke, in denen es entweder nach einem schweren Taktschlag erst losgeht oder wo der erste kleine Notenwert herübergebunden ist (besonders häufig bei Beethoven: op 18 Nr. 5, letzter Satz oder op. 59 Nr. 3 C-dur, Fuge). Hier wird regelmäßig zu spät mit der Bewegung angefangen beziehungsweise weitergegangen. Folge: führt in der Fuge beispielsweise zu fürchterlichem Wakkeln, wenn regelmäßig durchlaufende Achtel in anderen Stimmen mit den 3/8-Auftaktfiguren zusammengeraten. Man mache sich klar, wie kurz so ein erstes Achtel zeitlich ist, und fange unmittelbar hinter dem Taktschlag an weiterzugehen.

Hat eine oder haben mehrere Stimmen ein rhythmisches Begleitungsmelisma, so kann der Melodieträger nicht rubato spielen, wie es ihm gut dünkt; und zwar aus dem einfachen Grunde nicht, weil die anderen Spieler unmöglich wissen können, was der Melodiespieler im Sinne hat. Es ist eben die schwer zu lernende Kunst, eine Melodie zwar so zu spielen, daß sie rubato wirkt aber rhythmisch hundertprozentig korrekt ist (forderte schon Frédéric Chopin!).

Wenn ein Quartett, ein unbekanntes, beim ersten Spielen gar abscheulich tut, so muß das nicht unbedingt an der Komposition liegen!

Und noch eins: es kommt einmal jener Abend, wo ein Bandgerät aufgestellt wird und Aufnahmen gemacht werden. Durch kein anderes Mittel in der Welt kann eine solche Niedergeschlagenheit erwirkt werden wie durch Abhören einer derartigen Aufnahme! Der Grund ist leicht einzusehen: was man ansonsten im Lautsprecher hört, ist das Resultat vieler intensiver Arbeitsstunden von Beruflern, wobei noch Korrekturen und Schnitte zur vollkommenen Perfektion beitragen. Bisher hat der Liebhaber von der Membran des Wiedergabegerätes noch nie eine unvollkommene oder unfertige Leistung gehört. Aber der Vergleich drängt sich gleichsam mechanisch auf und hat für den Musikanten etwas Niederschmetterndes. Dagegen ist die Kontrolle eigenen Spiels beim Üben mittels Bandgerät von großem, erzieherischem Nutzen!

Es ist ein Segen, daß der Quartettler nicht dazu da ist, staunenerregende Leistungen zu vollbringen, sondern am Kunstwerk unmittelbar beteiligt zu sein. An diesem Glückszustand kann allerdings ein Tonbandgerät nicht teilhaben.

WEGWEISER DURCH DIE SPIELBARE QUARTETTLITERATUR
(früher Hei.-Verz.)

Dieser Teil wurde im Gegensatz zum Vorangegangenen einer vollständigen Neubearbeitung unterzogen.
Im Laufe der letzten drei Jahrzehnte stellte sich heraus, daß die von Liebhabern seinerzeit geäußerten Ansichten sich nicht immer als stichhaltig erwiesen und dem Informationsbedürfnis des Lesers zu wenig entgegenkamen.
Eine gewisse Schwierigkeit bei der Abfassung eines solchen Weg weisenden Führers besteht einmal darin, daß man die technischen und musikalischen Eigenschaften der zu beratenden Hausmusikanten nicht kennen kann, und zum zweiten, daß sich über Geschmack nicht streiten läßt. Subjektive Ansichten werden nur dann geäußert, wenn sie von der Mehrzahl der Mitspieler geteilt wurden. Ferner haben wir, um eine zeitliche Zuordnung zu ermöglichen, die Entstehungszeit, wo es ging, angegeben. Schließlich wird auch der Schwierigkeitsgrad der einzelnen Werke angedeutet.
Früher gab es einzelne Verlagskataloge, die durch Ziffern den Schwierigkeitsgrad der zum Kauf empfohlenen Instrumentalwerke anzugeben versuchten. Es stellte sich jedoch in vielen Fällen heraus, daß man dann anderer Ansicht war.
Dieses Verfahren kann nicht eindeutig sein, und wir bitten den Leser, sich nicht allzu fest darauf zu verlassen, denn dem einen fällt die gleiche Stelle recht leicht, mit der ein anderer sich weidlich abplagt. Zudem spalten sich die Schwierigkeiten auf; so gibt es technische Hürden, die an Geläufigkeit, Bogentechnik oder Intonation besondere Ansprüche stellen, und andrerseits jene Hindernisse, die das Zusammenspiel erschweren.
Nach längerem Überlegen haben wir uns nun doch entschlossen, das nur annähernd brauchbare Zahlen-Verfahren für unseren Wegweiser anzuwenden. Und zwar stehen nach den Besprechungstexten jeweils zwei Ziffern in einer Klammer. Die erste bezieht sich auf den technischen Schwierigkeitsgrad, die zweite auf den des Zusammenspiels. Es gibt nämlich ganz schlicht gesetzte Werke, die dem Spieler der ersten Geige nichtsdestoweniger erhebliche Schwierigkeiten machen – z. B.: Haydn, op. 17/6 in D, daraus das Largo mit sehr unangenehmen Terzgriffen. Hier muß die erste Ziffer höher gewählt werden als

die zweite, da dieses Werk im Zusammenspiel verhältnismäßig einfach ist. Wir sind nach folgendem Schema verfahren:

(1/1) ganz leicht (einige frühe Haydn- und Mozart-Quartette)

(2/2) für etwas »zusammengespielte« Hausmusikanten ohne weiteres vom Blatt zu spielen.

(3/3) es empfiehlt sich, die Stimmen vorher anzuschauen.

(4/4) hier muß geübt werden, wenn ein erträgliches Ergebnis erzielt werden soll.

(5/5) obere Grenze für Liebhaber; auch bei großer Erfahrung ist ohne intensives Studium nichts auszurichten.

(6/6) überaus schwierig auszuführende Musik, für den Liebhaber kaum in Frage kommend.

Die Ziffern sind natürlich meist ungleich; so würde das oben angeführte Haydn-Quartett die Ziffern (4/2) erhalten, wobei sich die 4 nur auf die Stimme des ersten Geigers bezieht. Auch der umgekehrte Fall ist möglich. So sind die acht Stücke op. 44 III von Paul Hindemith technisch ganz leicht – sie sind in der ersten Lage ausführbar –, jedoch im Zusammenspiel gar nicht so einfach; hier wäre (2/4) am Platze.

Sehr schwierige Werke wurden nur aufgenommen, wenn sie von den bedeutendsten Meistern geschaffen wurden. Hier kann der Plattenspieler erfolgreich herangezogen werden, denn der Liebhaber ist meist sehr stark daran interessiert, wie Berufsquartette solche ihm unzugängliche Werke wiedergeben; außerdem kann man mit der Partitur in der Hand dabei Nützliches profitieren.

Zu der ganzen Frage noch eine Bemerkung: ein Hausquartett ist stets so gut wie dessen technisch oder musikalisch schwächster Mitspieler. Das qualitative Niveau wird nicht etwa durch den besten, sondern den schwächsten Spieler bestimmt; ebenso wie beim Kolonne fahren das Tempo durch den Langsamsten angegeben wird!

Vom ersten Geiger verlangt man eine überdurchschnittliche Technik und jene Eignung, die ihn instand setzt zu »führen«, d. h. das Zeitmaß anzugeben und den Ablauf des Musizierens zu überwachen. Der zweite Geiger sollte ein hohes Anpassungsvermögen besitzen, jedoch auch die Möglichkeiten, hin und wieder hervorzutreten, herzhaft wahrnehmen. Vom Bratscher wird vor allem Musi-

kalität erwartet, vom Cellisten die Intonationssicherheit. Unreines Spiel auf dem Violoncello verdirbt die gesamte Intonation, weil in der klassischen und romantischen Musik die Oberstimmen oft die Partialtöne wiederzugeben haben. Stimmen diese nicht, so wissen die drei Oberstimmen nicht, auf welche Griffbrettstelle sie nun eigentlich hinlangen sollen.
Da die Intonationsschwierigkeiten zu den verbreitetsten Quartett-Krankheiten gehören, sei erwähnt, daß es ohne mehrstündige tägliche Übung so gut wie unmöglich ist, auf Anhieb den Ton zu treffen, speziell bei großen Intervallen. Man kann trotzdem rein spielen, wenn man es versteht, den Ton blitzschnell zu korrigieren. Um aber das zu können, muß man eine genaue Tonvorstellung des Kommenden haben, und da hapert's meistens. Man muß den angesteuerten Ton schon im Augenblick des Greifens gleichsam voraushören; nur so ist man in der Lage, die ganz kleine, aber notwendige Korrektur der Tonhöhe vorzunehmen. Manche helfen sich, indem sie möglichst schnell bis in die erforderliche Höhe mit dem Finger hinaufrutschen (portamento) und manchmal ist das auch angebracht; als Spielprinzip jedoch vollkommen unmöglich.
Im Wegweiser wurden verschiedene »Kürzel« angewendet, um stereotype, notwendige Wiederholungen zu vermeiden, und zwar bedeutet:

I II III usw.	= Erster, zweiter, dritter usw. Satz.
V.I	= erste Violine
V.II	= zweite Violine
Va	= Bratsche (Viola)
Vc	= Violoncello
op. x/y	= opus x, Nr. y
(2/3)	= Schwierigkeitsgrad (s. S. 56)
G. P.	= Generalpause

Ferner seien noch ein paar formtechnische Fachausdrücke erläutert, die als Orientierungshilfen für den Leser gedacht sind:

Kopfmotiv (Devise)	ein ein- oder zweitaktiges Motiv, das im Verlauf des Satzes häufig wiederkehrt (Beispiel: Beethoven, op 18/1 in F, I)

Themenvortrag	der Beginn eines Satzes mit dem Hauptthema
Seitenthema oder zweites Thema oder Kontrastthema	das zweite Hauptthema bei den Wiener Klassikern
Schlußgruppe	die letzten Takte vor einem Wiederholungs- oder Schlußzeichen.
Durchführung	in Sonaten-Sätzen (ersten Sätzen, bisweilen auch in Finales) jener Teil hinter dem ersten Wiederholungszeichen bis zur Rückkehr des Anfangs.
Reprise	Rückkehr des Anfangs.
Stretta	Schlußsteigerung
große Buchstaben	Dur-Tonarten (F = F-dur)
kleine Buchstaben	Moll-Tonarten (f = f-moll)

ALBRECHTSBERGER, Johann Georg (* 1736 zu Klosterneuburg, † 1809 in Wien)

Kompositionslehrer; berühmtester Schüler: Ludwig van Beethoven. Er schrieb sechs Quartettfugen, von denen eine, und zwar op. 21/1 in A, 1959 neu herausgegeben wurde. Treffliche, gut gesetzte Musik, die aus einem einleitenden Adagio und einer Fuga im alla breve-Takt besteht. (2/2)

ARRIAGA, Jean Chrisóstomo de (* 1806 in Bilbao, † 1826 zu Paris)

verließ im 16. Lebensjahr seine Heimat und setzte mit seiner frühreifen Begabung die Kapazitäten in Paris in Erstaunen. Im Alter von 16 Jahren schrieb er drei Quartette, die eine der erfreulichsten Ausgrabungen der letzten Zeit sind.

Nr. 1 in d (1824). Der erste Satz (Allegro) hat pathetischen Schwung, ist unkonventionell in der Tonsprache und hat ein Seitenthema, das an die besten Einfälle in Violinkonzerten von P. Rode erinnert. Merkwürdigerweise verzichtet der junge Komponist auf die Wiederholung des ersten Teiles. Das Adagio con espressione (II) hat langen Atem, sehr kleine Notenwerte und wirkt am schwächsten trotz seines hübschen pizzicato-Schlusses. Der Menuetto* (Allegro III) ist ein schnell zu spielendes Scherzo, das aus einem Kopfmotiv heraus entwickelt wird. Das etwas langsamer zu nehmende Trio hat den Charakter eines spanischen Tanzes. Der letzte Satz wird durch ein Adagio eingeleitet; dann folgt ein 6/8-Allegretto, das das einfallsreiche Werk schließlich mit einem Schuß Schubert zu Ende führt. (4/3)

Nr. 2 in A (1824) beginnt mit einem Allegro con brio, das entsprechend vorzutragen ist und keine besonderen Schwierigkeiten bietet. Besonders reizvoll ein Andante mit fünf Variationen (II), in welchen alle Instrumente solistisch verwendet werden. Die vierte Variation eine reizvolle pizzicato-Studie. In der Coda wird das liedartige Thema harmonisch in bezaubernder Weise umgedeutet. Für III benutzt Arriaga Menuetto und Scherzo gleichzeitig. IV wird wieder

* Menuetto (ital.) ist männlich

durch ein Andante ma non troppo eingeleitet, dem ein Allegro folgt, dessen Hauptthema aus einer Ouvertüre von Auber stammen könnte. (4/3)

Nr. 3 in Es (1824) ist nicht nur das schönste, sondern auch das interessanteste Werk. Der erste Satz (Allegro) gemahnt mit der Verarbeitung seines Kopfthemas an den ersten Satz von Beethovens op. 18/1 in F. Das Pastorale (Andantino, III) verfolgt das Programm der gleichnamigen Symphonie von Beethoven einschließlich Gewitter (Animé), das sich bei absteigender Chromatik beruhigt und den vorhergehenden bukolischen Frieden wieder aufleben läßt. Die Tonsprache dieses Satzes nähert sich bereits der Klangwelt des G-dur-Quartetts von Dvořák (op. 106, I). Der Menuetto ist wiederum ein Scherzo, das man ohne weiteres dem jungen Beethoven zuschreiben könnte. Das bedeutend langsamer zu spielende Trio hat Intermezzo-Charakter und besteht ausschließlich aus einem zweitaktigen rhythmischen Motiv, das in reizvoller Weise durchgeführt wird. Das abschließende Presto agitato zeichnet sich durch eigenartige und überzeugende Melodik aus; ein zweites Thema ist »con duolo« (= schmerzerfüllt) vorzutragen. Es ist kaum glaublich, daß ein 16jähriger Mensch solches schaffen konnte. (4/3)

BARTÓK, Béla (* 1881 zu Nagy Szent Miklós, † 1945 in New York)

Wer das Musikgeschehen der letzten 55 Jahre aufmerksam verfolgt hat, wird wohl erwarten, daß dieser Komponist zumindest mit seinen Quartetten die Gegenwart überdauern wird. Daher sei auch hier seines Schaffens gedacht, obwohl den meisten Hausmusikanten wegen der enormen Schwierigkeiten seine Kammermusik unzugänglich bleiben wird. Mit seinem

op. 7 (1908) knüpft er an Beethovens op. 131 I unmittelbar an und bisweilen lehnt er sich an gewisse Stellen der Quartette von Debussy und Ravel an. Der erste Satz (Lento) beginnt mit einem Kanon der beiden Geigen, der sich zum vierstimmigen Satz erweitert. Eine frei zu spielende, leidenschaftliche Zwischenpartie wird von der Bratsche eingeleitet. Die verkürzte Reprise führt in den zweiten Satz (Allegretto). Dieses Tempo wird durch ein anfängliches accelerando erreicht. Dieser Satz erfordert bereits große Erfahrung im Zusammenspiel und Beherrschen ungewohnter Tonfolgen und enger Intervallgriffe. In dem als

Introduzione bezeichneten Allegro haben Vc und V.I exponierte Kadenzen zu spielen. III (Allegro vivace) beginnt ziemlich wild und enthält eine kapriziöse kleine Fuge, großartig klingende Tonballungen und eine wirkungsvolle stretta. Die Tonsprache dieses Erstlings dürfte auch konventionell eingestellten Musikliebhabern bei näherer Beschäftigung gefallen. (5/5)

op. 17 (1920) ist ungleich schwerer zu spielen. Der erste Satz (Moderato) ist spielerisch-graziös und bietet schöne Klangeffekte auf tonaler Basis (z. B. bei Ziffer 9). Ein arabeskenartiges Motiv beherrscht diesen schönen Satz, den das Vc gedankenvoll beschließt. Das Allegro molto capriccioso (II) ist als Studie über die verminderte Quint, kleine und große Terz konzipiert und enthält einige äußerst schwierig korrekt wiederzugebende Zusammenspiel-Effekte. (Ziffer 13 ff und Sostenuto vor Ziffer 32). Die stretta dieses Satzes bildet ein Prestissimo, in dem V.I und Va in Oktaven ein virtuoses Feuerwerk von schnellen Gängen zu spielen haben, das auf der Schallplatte fasziniert, dem Liebhaber jedoch praktisch nicht mehr erreichbar ist. Ein elegisches Lento zitiert mehrfach in verbreiteter Form das Thema des ersten Satzes und krönt das musikalisch überzeugende Werk. (6/6)

Die Quartette
Nr. 3 (1927) und
Nr. 4 (1928) entziehen sich schon durch ihre spröde und schwer zu klärende Tonsprache dem musizierenden Liebhaber. Zu ihrer Wiedergabe ist das absolute Gehör unerläßlich. Da eine harmonische Zuordnung der einzelnen Stimmen fehlt, besitzt der Spieler keine Kontrolle darüber, ob er überhaupt noch »dabei« ist oder ob der Ton, den er gerade greift, auch wirklich stimmt. (6/6)

Nr. 5 (1934) ist wieder übersichtlicher als die beiden vorangegangenen. Aber hier sind technische und vor allem rhythmische Schwierigkeiten derart gehäuft, daß es für Leute, die nicht wöchentlich monatelang 24 Stunden daran üben können, so gut wie aussichtslos ist. Ansonsten handelt es sich um das umfangreichste und bei entsprechender Wiedergabe wohl auch überzeugendste Werk unter Bartóks Quartetten. (6/6)

Nr. 6 (1939) In seinem letzten Werk kehrt Bartók zu klassischer Anlage zurück.

Der reife Meister wollte wohl dartun, daß Tradition und Entwicklung des Streichquartettstils noch andere als experimentelle Lösungsversuche in diesem Jahrhundert gestatten. Er läßt allen vier Sätzen ein Mesto (= traurig) vorangehen, das anfangs von der Va solo bestritten wird. Das Vivace (I) ist in Sonatenform gehalten. Das zweite Mesto geht einem veritablen Marsch voran, dessen Mittelteil vom Vc bestritten wird, dessen Solo schwierig zu begleiten ist. Das dritte Mesto geht in eine Burletta (= kleiner Schabernack, Burleske) über, die mit groteskem Humor aufwartet und einen sehr eingängigen, cantablen Mittelteil hat. Im letzten Satz (IV) wird das einleitende Mesto zum thematischen Inhalt. Mit diesem todtraurigen, resignierenden Musikstück nahm Belá Bartók Abschied von einer Musikgattung, die sein gesamtes Schaffen begleitet hat. Dieses Quartett ist erfahrenen und technisch genügend geschulten Hausmusizierern neben dem op. 7 am ehesten zu empfehlen. (6/5)

BEECKE, Ignaz von (* 1733 zu Wimpfen, † 1803 in Wallerstein)

Autodidakt, Klavierspieler, Komponist und Kapellmeister in Diensten des Hofes von Oettingen-Wallerstein. War mit Haydn und Mozart befreundet und ein vielseitig gebildeter Mensch. Von seinen auf der Harburg lagernden Quartetten wurde

Nr. 6 in G (etwa 1780) 1960 veröffentlicht. Es ist angenehm zu spielen, dankbar für V. II und wartet mit liebenswürdigen Feinheiten allenthalben auf; geeignet für Freunde geschmackvoller Unterhaltung, die ein kleiner Zopf nicht stört. (2/1)

BEETHOVEN, Ludwig van (* 1770 zu Bonn, † 1827 in Wien)

Die Quartette op. 18/1–6 (1798–1800) sind 1801 erschienen und wurden noch im gleichen Jahre in der Allgemeinen Musikalischen Zeitung folgendermaßen besprochen: »Unter den neuen hier (Wien) erscheinenden Werken zeichnen sich vortreffliche Arbeiten von Beethoven aus. Drei Quartette geben einen vollgültigen Beweis für seine Kunst: doch müssen sie öfters und sehr gut gespielt werden, da sie sehr schwer auszuführen und keineswegs populair sind.«

op. 18/1 in F ist zwar nicht das zuerst entstandene, aber sicher das interessanteste Werk dieser Reihe. Das Allegro con brio (I) wandelt das Kopfmotiv vielfältig ab. Dieses muß mit einem vollen, weichen Viertel abgeschlossen werden und nicht etwa mit einem abgerissenen Achtel, wie es viele Anfänger hören lassen. Das Adagio (Affettuoso ed appassionato) ist mit größter innerer Ruhe anzugehen; die langen Pausen sollten strikt – gleichsam mit einem stummen Rhythmus – ausgezählt werden. Man hat solche im romantischen Zeitalter in der Wiedergabe verkürzt; das mindert aber die vom Komponisten beabsichtigten Spannungen, die die eigentliche Aufgabe dieser Pausen sein sollen. Das Scherzo (Allegro molto, III) ist bereits ein für Beethoven typisches; das Trio macht reichlichen Gebrauch von Schaukel-Oktaven, die er zeit seines Schaffens besonders gern angewendet hat, und enthält unbequeme Läufe für die V. I, für die man sich Fingersätze machen sollte. Das abschließende Allegro (IV) ist äußerst beweglich und trotzdem mit innerer Ruhe wiederzugeben; man gerät sonst ins »Hetzen« und ist nicht mehr in der Lage, schwierige hohe Stellen und die Sechzehntel-Triolen sauber zu bringen. Die Viola hat viel zu sagen und muß auf dem Posten sein. (4/3)

op. 18/2 in G ist – wie viele G-dur-Stücke Beethovens – ein fein ziseliertes Werk und hat von den Musikliebhabern den Beinamen *Komplimentier-Quartett* erhalten. Es entstand wohl als drittes der 18er Reihe und ist sicher das freundlichste von den sechsen. Technisch ist manches ziemlich schwierig, namentlich für die V. I, die im Allegro (I) Oktav- und Terzgriffe zu bewältigen hat. Bei dem Kopfmotiv lohnt es sich, die 5. Note der Zweiunddreißigstel-Figur für sich leicht zu betonen. Das Adagio cantabile (III) muß sehr ruhig genommen werden. In seinem Mittelteil (Allegro) tauchen bogentechnische Probleme auf; am besten zeichnet man sich Ab- und Aufstriche ein, um nicht damit durcheinander zu kommen. In der Reprise des Adagios kommt in der V. I eine lange Passage in Vierundsechzigsteln vor; die neunte Note jedes Balkens versehe man mit einem kleinen Akzent, was das sinngemäße Spiel erleichtert. Die Schwierigkeiten für die V. I häufen sich im Scherzo (Allegro, III), das recht kapriziös erklingen sollte. Der musizierfreudige letzte Satz (Allegro molto quasi presto) bereitet die geringsten Schwierigkeiten. Bei den ausgeschriebenen ritardandi sollte man unbedingt das Grundtempo einhalten; sonst wird's an beiden Stellen spannungslos. (4/3)

op. 18/3 in D ist möglicherweise als erstes der 18er Reihe geschrieben worden und trägt daher wohl auch am ehesten Haydnsche Züge. Das Allegro (I) ist sehr beweglich und bereitet keine besonderen Schwierigkeiten. V. I muß die hohen Triolenläufe zu Anfang der Schlußgruppe in der Lage spielen (also die A-Saite mitbenutzen); die sonst entstehende Rutscherei ist meist unerfreulich anzuhören. Das Andante con moto führt V. II an. Der zweite Gedanke ist auffallend dünn gesetzt und soll nach Beethoven pp gespielt werden; man lasse sich aber bei solchen Stellen nicht verleiten tonlos zu spielen, was immer als Verlegenheit gewertet wird. Außerdem mache man sich klar, daß die magere Satztechnik schon für dünnen Klang sorgt. Das Allegro (III) vertritt das Scherzo. Die Fermaten darin sind nicht allzu lang zu nehmen. Durch einheitliche Ausführung der *sf*-Akzente auf dem dritten Viertel erhält der Satz sein charakteristisches Gesicht. Das Minore sollte huschend mit schwächeren Akzenten auf der Eins des jeweiligen dritten Thementaktes wiedergegeben werden. Zauberhaft kann der letzte Satz wirken, wenn er mit Lockerheit in allen vier Stimmen geboten wird (Presto). Bei dem sich ins Nichts auflösenden Schluß möge man strikt Tempo halten. (4/3)

op. 18/4 in c ist wohl – wie das Trio in c op. 9/3 – das Beethoven am charakteristischsten spiegelnde Werk: das von pathetischem Schwung getragene Allegro ma non tanto (I) mit seinen starken Gegensätzen läßt das bereits erkennen. Das Scherzo (Andante scherzoso quasi allegretto, II) stellt einen Typus dar, in den Beethoven merkwürdigerweise verliebt war. Diese feinmechanischen Miniaturarbeiten finden wir bereits im Andante des Streichtrios op. 3 in Es (II) wie auch noch im Quartett op. 130, Andante con moto, man non troppo (III). Auch hier ist wichtig, an den dünn klingenden zweistimmigen Stellen nicht ängstlich mit der Tongebung zu sein. Beim Menuetto (Allegretto, III), der beileibe keiner ist, sondern ein Scherzo, ist darauf zu achten, daß Beethoven den Hauptteil nach dem Trio schneller gespielt haben will als zu Anfang (»La 2da volta si prende il tempo più allegro«). Das wird oft übersehen und hat mitunter zu Krach im Quartett geführt; ein bißchen Italienisch ist doch bisweilen nötig.

Der letzte Satz (Allegro), kompakt und schwungvoll zu spielen, darf nicht zu schnell begonnen werden, weil für das abschließende Prestissimo gespart werden muß. (4/2)

op. 18/5 in A entstand wahrscheinlich als viertes dieser Reihe. Wie viele A-dur-Werke der Wiener Klassik wirkt es weniger durch Ursprünglichkeit der thematischen Einfälle als durch die kammermusikalische Feinheit der Satztechnik. Eindeutig hat bei diesem Quartett das Mozartsche in A (KV 464) Pate gestanden, zumal sich Beethoven das Rondo in Partitur gesetzt hat, und zwar aus den Stimmen, denn käufliche Partituren gab es damals noch nicht. Der Menuetto (ohne Tempoangabe!) beginnt zweistimmig und ist diesmal wirklich ein solcher und zwar ein altfränkischer obendrein, der sich inmitten einmal direkt grimmig gebärdet (cresc. zum *ff*, auf Intonation achten!). Das Trio ist einer der wenigen Landler, die der Rheinländer den Österreichern schenkte. Ein besonders schöner Satz ist das Andante cantabile (III) mit fünf Variationen, von denen die zweite für die V. I bestimmt ist (das ist übrigens in den meisten Kammermusik-Variationen mit Violine in der Klassik der Fall!), die dritte eine originelle, wellende Begleitung in den Violinen aufweist, die vierte eine bezaubernde harmonische Umdeutung des Themas bringt, während die fünfte einen derben Bauerntanz (aber nicht übertreiben!) darstellt. Die Coda klingt mit einem Poco Adagio aus. Der Schlußsatz (Allegro) beginnt mit einem auftaktigen Motiv, das von allen Stimmen nacheinander gebracht wird. Hier ist wichtig, nicht zu hasten und rhythmisch äußerst präzis zu spielen. Das Kontrastthema beginnt mit ganzen Noten, die der frühe Beethoven an dieser Stelle häufig verwendet (vergl. letzten Satz der Violin-Sonate op. 23 in a). Gegen Ende der Durchführung eine zauberhaft klingende Stelle mit Bratschenpizzicati im *pp*. (4/3)

op. 18/6 in B hat einen sehr exaktes Zusammenspiel erfordernden ersten Satz (Allegro con brio) mit einer fein gearbeiteten Durchführung, in der die beiden unteren und oberen Instrumente miteinander paarweise dialogisieren. Das Adagio ma non troppo (II) bedient sich kleinster Notenwerte (u. a. 64stel-Sextolen) und ist sehr ruhig zu beginnen. Das Scherzo (Allegro) hat einen sehr eigenartigen Rhythmus, der durch zahlreiche sf noch weiterhin verunklart wird; jedoch prägt sich dieser vertrackte – aus einem verschobenen 3/4- und einem regulären 6/8-

Takt bestehende Rhythmus ganz leicht ein; sein Trio ist eine recht unangenehme Sache für den Primarius, der so etwas zweckmäßig vorher übt. Der letzte Satz trägt die Überschrift: La Malinconia; es ist bis jetzt nicht herausgekommen, was Beethoven veranlaßt haben mag, diesen Satz »Die Schwermut« zu nennen. Er gibt diesem Adagio die Vorschrift bei: »Dieses Stück muß mit größtem Zartgefühl gespielt werden«. Die verschiedenen harmonischen Rückungen erfordern Aufmerksamkeit bezüglich der Intonation. Unvermittelt schließt sich ein Allegretto quasi Allegro von Haydnscher Unbekümmertheit an, das noch zweimal von immer kürzer werdenden Zitaten des Adagios unterbrochen wird. Vielleicht wollte er dadurch ein psychologisches Programm andeuten, daß die Schwermut durch Heiterkeit besiegt werden kann. Schließlich wird das Rondo-Thema als Poco Adagio vorgetragen; aber dann endet ein Prestissimo mit abschließendem unisono dieses merkwürdige Stück. (4/4)

Rasumowsky-Quartette, op. 59

Jeder Quartettspieler weiß: es gibt Quartette, in welchen die V. I dauernd solo spielt und die drei anderen »begleiten«, also lediglich eine harmonische Folie abgeben. Mithin handelt es sich um kleine Violinkonzerte, die von einem Streichtrio begleitet werden. Diese Gattung wurde aus praktischen Gründen – so ein Streichtrio war an kleineren Orten schneller zu bekommen als ein Orchester – von den Violin-Virtuosen gepflegt; und selbst so bedeutende Musiker wie Louis Spohr haben solche »Quatuors brillants« mitunter geschrieben. Die Blütezeit dieser Gattung war etwa um das Jahr 1815. Sie hängt mit den Konzertreisen der damaligen Virtuosen zusammen; das Quatuor brillant ist keine Hausmusik mehr, sondern für das Konzertpodium gedacht. Nun müssen zwangsläufig Werke, die für die Hausmusik gedacht sind, eine andere Struktur haben als solche, die einer bunt zusammengesetzten Menge gefallen sollen. Das Quatuor brillant wird nicht mehr von Liebhabern gespielt, sondern von Berufskünstlern, die mit viel Arbeit und Disziplin das Äußerste an Wirkung aus ihren Werken herauszuholen suchen. Erst 1805 findet in Wien der erste öffentliche Quartettabend statt, der gegen Erstattung des Eintrittsgeldes von jedermann besucht werden kann. Bis dahin war jedes Kammermusikwerk nur in den Palästen des Hofes oder Adels und in den Musikzimmern der Bürger erklungen.

Jetzt erfolgt die Umstellung der Kammermusik auf den Konzertsaal. Der feine, intime Charakter weicht einer prächtigeren, klangvolleren und vor allem wirksameren Gestaltung. Die Form wird erweitert und die technischen Schwierigkeiten dem Können der Berufs-Virtuosen angepaßt. Beethovens op. 59 (1804 bis 1806) trägt dieser Entwicklung bereits Rechnung. Der Graf Rasumowsky, dem dieses Werk gewidmet ist, hatte ursprünglich selbst Quartett gespielt; jetzt hielt er sich ein vierköpfiges Ensemble von Berufsspielern. Ihr Primarius war der mit dem Leben und Schaffen Beethovens vielfach verknüpfte Geiger Ignaz Schuppanzigh, der sich noch mit Erfolg für die letzten Quartette Beethovens zäh einsetzte. Man sollte dabei nicht vergessen, daß damals selbst so bedeutende Musiker wie Spohr und C. M. v. Weber von Beethovens letzten Werken nicht viel wissen wollten. Für dieses Ensemble schrieb also Beethoven seine Quartette ab op. 59. Der Stil des Quatuor brillant vermochte Beethoven natürlich nicht zu fesseln; trotzdem hinterließ er seine Spuren: so in der virtuosen Kadenz am Ende des langsamen Satzes von op. 59/1. Im übrigen setzen die neuen Quartette den Stil des Quatuors concertant fort; alle vier Instrumente sind an der Darstellung des musikalischen Inhalts ihrer Eigenart entsprechend beteiligt.

op. 59/1 in F. Der erste Satz (Allegro) beginnt damit, daß das Vc das Hauptthema vorträgt, dann folgen thematische Gegenüberstellungen der beiden hohen und tiefen Instrumente. Dazwischen orchestrale Effekte, wie die an Holzbläser-Antworten gemahnende Stellen in halben Noten. Das Themen-Material ist ungewöhnlich reichhaltig. Eine Wiederholung des ersten Teils wird durch eine den Anfang wieder aufnehmende Vc-Passage vorgetäuscht, führt aber dann in eine ausgedehnte Durchführung, die der V. I eine schier endlose Passage in Achteln beschert und eine sichere Beherrschung des Griffbretts voraussetzt. Der Anfang der Reprise nach dem kleinen Fugato ist verschleiert; dieses Täuschungsmanöver hat Beethoven häufiger angewendet. Der erste Satz wird von Hausmusikanten meist leidlich bewältigt, zumal mit einem tüchtigen ersten Geiger; dagegen bietet der zweite Satz (Allegretto vivace e sempre scherzando) meist unüberwindliche Schwierigkeiten. Dieser Satz gehört zu jenen eng verzahnten Stickmuster-Sätzen, von denen beim c-moll-Quartett op. 18/4 schon gesprochen wurde. Selbst bei halbwegs gelungener Entflechtung des dicht gedrängten Motivspiels

bleibt das klangliche Ergebnis meist unbefriedigend. Der dritte Satz (Adagio molto e mesto) ist einer der schönsten und gehaltvollsten langsamen Sätze, die Beethoven uns geschenkt hat; leider kann man ihn nicht als Einzelstück spielen, da er in die bereits erwähnte Kadenz mündet, deren C-dur-Tonleitern in Gegenbewegung ein böses Vorzeichen für den letzten Satz sind. Das »Thème russe« (Allegro, IV) ist ein in jeder Beziehung für Hausmusikanten ungeeignetes Stück; abgesehen von technischen Stellen, gegen die das Violinkonzert ein Kinderspiel ist, gibt es Klippen für das Zusammenspiel beim Vortrag der Schlußgruppe. Die Verlängerung der letzten Note vor einem Taktstrich hat Beethoven durch einen Punkt *hinter* dem Taktstrich bezeichnet, was ungewohnt ist und die rhythmische Übersicht unnütz erschwert. Bei dieser Stelle tut man gut, sie erst mal ganz langsam zu spielen; dann stellt man fest, daß es sich hier um einen komplementären Rhythmus handelt; d. h. bei einer punktierten Achtelnote der beiden Geigen spielen Va und Vc zwei Sechzehntel und umgekehrt. So entsteht dann eine fortlaufende Sechzehntel-Bewegung, und es ist ziemlich schwierig, diese ganz gleichmäßig zu bringen. Meist wird hier geeilt, und dann herrscht schon nach den ersten Noten rhythmisches Chaos. Dieser Satz hat die schon von Haydn erfundene Verlangsamung des Hauptthemas (Adagio ma non troppo) kurz vor Schluß.
(5/5)

op. 59/2 in e ist ein feinnerviges und an das Zusammenspiel hohe Anforderungen stellendes Werk. Besonders die von Instrument zu Instrument hinüberwechselnden Sechzehntel-Läufe erfordern eine, Hausmusikanten nicht geläufige, rhythmische Präzision. In der Durchführung des Allegro (I) befindet sich eine Synkopen-Stelle für die beiden Geigen mit einem komplementären Rhythmus in den beiden Unterstimmen; sie leitet über zu einer Kette von Sextakkorden, die *ff* vorzutragen ist und dann wie ein concerto grosso klingt. Merkwürdigerweise schreibt Beethoven eine Wiederholung des zweiten Teiles vor; da diese so gut wie nie gemacht wird, gibt es viele alte Quartetthasen, die die vier Takte der prima volta-Klammer (Musikerjargon: Haus eins) noch nie gespielt haben. In der Coda hat die V. I eine Sechzehntel-Passage erhalten, welche auch von Brahms geschrieben sein könnte. Das Molto Adagio (II) soll nach Beethoven mit viel Empfindung vorgetragen werden. Neben der Intonation bietet dieser wunderbare Satz auch klanglich ziemliche Schwierigkeiten. Das Allegretto (III), dessen Anfang wiederum einen komplementären Rhythmus zwischen der V. I und den drei anderen Spielern aufweist, hat einen ganz eigenen Charakter und sollte locker und behutsam *(pp)* beginnen. Der Mittelteil, hier Maggiore (Dur) überschrieben, benutzt wiederum ein Thème russe. (Wer sich für diese russischen Zitate interessiert, sei auf des Verfassers »Mondscheinsonate, Katzenfuge und andere merkwürdige Titel und Geschichten über berühmte Musikwerke...« im Artemis Verlag aufmerksam gemacht, wo den Rasumowsky-Quartetten ein Kapitel gewidmet ist). In einer Kanonstelle vor Schluß findet sich eine schon für den späten Beethoven charakteristische Stelle mit klanglichen Härten. Das Finale (Presto) beginnt eigenartigerweise in C-dur und moduliert erst ab dem 6. Takt nach e-moll. Hier taucht die später von Beethoven mehrmals verwendete Technik auf, Motivbruchstücke sich jeweils ablösend durch alle vier Stimmen hin und her laufen zu lassen. Da dies aber nicht symmetrisch geschieht, stellt das Spielen solcher Lückenausfüllung große Anforderungen an das Zählen und die Geistesgegenwart. Meist wird hier »geschmissen«. Der virtuose Charakter dieses Satzes wird durch das Più presto der stretta noch unterstrichen. (5/5)

op. 59/3 in C hat eine Introduzione (Andante con moto), bei welcher empfohlen wird, ab Takt 10 alle Intervallschritte in den einzelnen Stimmen sehr bewußt, mit einem weichen Akzent und rhythmisch sehr präzis auszuführen, sonst kommt diese schöne Exposition leicht ins Wackeln und verpufft wirkungslos. Der Themenvortrag des Allegro vivace (I) ist ein Konzert für die V. I und erfordert eine überdurchschnittliche Griffbrett-Technik. Gegen Ende der Durchführung wiederum die komplementären Rhythmen, deren Tempo sich plötzlich verdoppelt (ja nicht eilen!). Das Andante con moto quasi Allegretto (II) ist mit seinen klangvollen Violoncello-Pizzicati und den sechsmaligen Bestätigungen der Schlußkadenz einer der schönsten und originellsten Mittelsätze Beethovens und unstreitig bedeutender als der korrespondierende Satz aus dessen siebenter Symphonie. Das zweite Thema ist heikel in der Intonation. Der Komponist wendet in diesem Satz mehrfach Doppelgriffe an; sie sind nicht schwierig und klingen gut, und das ist bei anderen Komponisten (ausgenommen A. Dvořák) durchaus nicht immer der Fall. Der Menuetto (III) ist Grazioso überschrieben, was oft nicht beachtet wird, wodurch dies traditionell gemeinte Stück zu schwerfällig gerät. Auch das Trio sollte mehr als launisches Capriccio, als ein Kraftstück aufgefaßt werden. Die Coda leitet in das Allegro molto (IV) über, das mit der Va solo beginnt und allgemein als Fuge bezeichnet wird; es handelt sich aber nicht um eine durchgeführte regelrechte Fuge. Hier ist – wie bereits erwähnt (S. 53f) – darauf zu achten, daß nach den halben Noten mit angebundenem Achtel rechtzeitig weitergegangen wird, was erfahrungsgemäß meist nicht der Fall ist. Dieser Satz bietet mit seiner flächigen und kompakten Anlage dem musikalischen Verständnis keinerlei Schwierigkeiten, ist jedoch gar nicht leicht darzustellen. Trotzdem erfreut er sich bei Liebhabern großer Beliebtheit. Meist geht die Va zu Beginn das Thema in zu forschem Zeitmaße an; dann ist kein Halten mehr und die Katastrophe unvermeidlich. Dieser Satz wurde schon ein paar Jahre nach Beethovens Tod in Berlin von einem großen Streichkörper gespielt und »machte den schönsten Effekt«, wie es in zeitgenössischen Presseberichten hieß. (5/5)

op. 74 in Es (1809). Waren die bisherigen Quartette Beethovens immer noch in Gruppen zu je 6 oder 3 erschienen, jetzt wird jedes Werk eine Individualität in Anlage und Tonsprache. Die nur hier in solchem Ausmaß vorkommenden Pizzicato-Stellen haben dem Ganzen den Namen *Harfenquartett* eingetragen. Die aufsteigenden Pizzicati von Va und Vc zu den an das Doppelkonzert von J. S. Bach erinnernden Harmonie-Achteln bieten einen hervorragenden Klangeffekt, haben aber mit dem Charakter einer Harfe wirklich nichts zu tun. Den Kopf des Werkes bildet ein Poco Adagio, das mit einem siebentaktigen chromatischen Gang ins Allegro (I) hinüberführt. Macht man hier ein Accelerando auf das schnelle Tempo zu – was Auffassungssache ist –, dann darf das nur in den letzten zwei Takten geschehen. Am Schluß der Durchführung haben die drei unteren Stimmen zu lang ausgehaltenen Doppelgriffen der V.I wiederum die akkordischen Pizzicati, deren Zeitwert sich immer mehr verkürzt; die dadurch angefachte Nervosität sollte nicht dazu verführen in die Reprise hineinzustürzen, denn V.I hat auf den letzten zwei Achteln einen Sprung von zwei und einer halben Oktave auszuführen, was die anderen Stimmen zum Nachgeben veranlassen sollte. In der Coda ein Scheidegruß an das Quatuor brillant in Gestalt einer mit Fingersatz-Problemen behafteten Arpeggio-Kadenz der V. I. Das Adagio ma non troppo ist ein Liedsatz von großer Eindringlichkeit, dessen Kontrastthema wegen der ungewohnten Tonart oft Intonationstrübungen zeitigt (as-moll). Der dritte Satz ist Presto überschrieben und soll laut Vorschrift »leggiermente« angefaßt werden. Außerdem gilt es die Vorzeichen genau zu beachten. Der Mittelteil soll Più presto, quasi prestissimo gespielt werden und Si ha s'immaginar la battuta di 6/8 bedeutet dabei, daß je zwei 3/4 Takte zusammen wie ein 6/8 Takt aufgefaßt werden sollen. Dabei ist wichtig, daß das Vc die ersten drei Noten als Auftakt empfindet. Dieser Satz hat den gleichen Bau wie das Allegretto aus op. 59/2 (III); was dort durch Wiederholungen verlangt wurde, ist jetzt ausgeschrieben. Beethoven wendet hier bei der letzten Wiederholung des Hauptteils einen dynamischen Effekt an, den er später häufiger wiederholt hat: er läßt ab dem 16. Takt nur noch *p* spielen. Die Coda verhallt im *pp* und leitet unmittelbar in den letzten Satz (Allegretto con Variazioni) über, der zwar ein hübsches Thema hat, dessen Variationen aber ein wenig akademisch sind. Die dritte scheint auf Robert Schumann Eindruck gemacht zu haben, der eine ähnliche Spielfigur im Scherzo seines Klavierquartetts op. 47 verwendet; die vierte ist ein schönes Bratschensolo und beim Un poco più vivace glaubt man bereits Brahms zu hören, wobei das Vc die Triolen rhythmisch sehr bestimmt, jedoch *pp* anzugeben hat. (5/5)

op. 95 in f (1810) ist das einzige Quartett, dem der Komponist einen besonderen Namen gegeben hat. Auf dem Autograph steht: »Quartett serioso/1810/im Monath october/Dem Herrn von Zmeskall gewidmet und/geschrieben von seinem Freunde LvBthvn«. Der Widmungsempfänger, dem bereits Haydn die sechs Quartette seines op. 20 zugeeignet hatte, war einer der zuverlässigsten und treuesten Freunde Beethovens, der auch von dem abgewiesenen Heiratsantrag Beethovens an Therese Malfatti wußte. Das Wort »ernst« bezieht sich auf den musikalischen Inhalt; Beethoven hat wohl kaum ein so »unwirsches« Musikstück geschrieben wie den ersten Satz (Allegro con brio) dieses op. 95. Dieser verfolgt zwar eine ähnliche Entwicklung eines Kopfmotivs wie sein op. 18/1 in F I, zeitigt jedoch hier ganz andere Ergebnisse. Konzentriert und knapp angelegt erklingen mehrfach lichtere Tonfolgen; sie werden aber stets von dem grollenden Kopfmotiv überrollt. Die V.I hat viele exponierte hohe Stellen und Oktavgriffe zu meistern. Einen starken Gegensatz dazu bildet das Allegretto ma non troppo (II). Es beginnt mit vier Solotakten des Vc, deren Abwärtsgang sehr bewußt vorzutragen ist. Ein kleines Fugato beauftragt die Va mit einem eigenartigen sich nach unten schlängelnden Thema, als Kontrapunkt läßt sich ein locker zu spielendes Sechzehntel-Motiv hören, und der ganze Satz ist so verspielt und liebenswürdig, daß man als Musikant das »serioso« bereits vergessen hat. Erst das »attacca subito« einsetzende Allegro assai vivace, ma serioso stellt die Grundstimmung wieder her. Den Mittelteil bildet ein choralartiges Thema, das von der V.I mit sehr unangenehmen Figuren gekrönt wird. Es empfiehlt sich, die Zwischenspiele möglichst auf der gleichen Saite auszuführen – natürlich nur bis zu den später auftretenden Sexten. Der letzte Satz wird durch ein ausdrucksstarkes kurzes Larghetto espressivo eingeleitet. Der letzte Takt leitet über zum Allegretto agitato, wobei die letzten Sechzehntel des Larghettos im ersten Takt des Allegretto agitato als Achtel stehen; oder mit anderen Worten: man darf als Hörer den Übergang überhaupt nicht merken. Vor allem ist das Allegretto nicht zu schnell zu spielen, denn es ist schwer zum Klingen zu bringen und enthält eine Menge heikler Stellen, zu denen auch jenes Miniatur-Gewitter einschließlich Blitze gehört, das im neunten Takte nach der ersten Fermate einsetzt. Zum Schluß spendet Beethoven einen seiner ebenso überraschenden wie genialen Einfälle: mit einem gänzlich unthematischen Allegro (molto leggieramente) beschließt er sein Quartett(o) serioso. (5/5)

op. 127 in Es (1825) eröffnet die Reihe seiner letzten fünf Meisterwerke, die nach dem Urteil aller wahren Musikfreunde bis heute einen einsamen Höhepunkt der Gattung Streichquartett darstellen. Die ersten drei sind dem Fürsten Nikolaus Galitzin in Petersburg gewidmet, dem offensichtlich Graf Rasumowsky gelegentlich einer Rußlandreise von Beethoven erzählt hatte und der daraufhin – ohne Beethoven je gesehen zu haben – den Auftrag auf eins, zwei oder drei Streichquartette erteilte. An diesem Quartett op. 127 hat Beethoven mit Unterbrechungen drei Jahre lang gearbeitet. Es behält die herkömmliche Form bei. Der erste Satz wird durch ein klangvolles Maestoso eingeleitet, das im Verlauf des Allegros (I) noch zweimal wiederkehrt. Für die V.I ist wichtig, im letzten Takte der Einleitung die Sextole und die vier 64stel rhythmisch sehr bestimmt vorzutragen, wobei zweckmäßig die vierte und fünfte Note zart zu betonen ist. Das erste Thema ist teneramente zu spielen (= zärtlich). Problematisch ist lediglich in diesem Satz die Partie vor dem dritten Maestoso, die meist klanglich nicht befriedigt. Zauberhaft die verschwebende Coda, die mit dem dritten Takt des Hauptthemas gespeist ist. Das Adagio, ma non troppo e molto cantabile hat als »Vorhang« einen vom Baß her aufgebauten Akkord, ein Einfall, den schon Haydn in op. 9/2 III vorwegnahm; das Thema beginnt erst mit dem 9. Achtel des zweiten vollen Taktes. Es handelt sich um Variationen, von denen die zweite einen stark verästelten Dialog beider Violinen enthält, die dritte (Adagio molto espressivo) enharmonisch notiert ist und die Coda stimmungsvoll abschließt. Für das Scherzando vivace (III), das mit vier pizzicato-Akkorden beginnt, ist es wichtig, die Sechzehntel jeweils mit Abstrich zu spielen; nur auf diese Weise kann der das ganze Stück beherrschende punktierte Rhythmus befriedigend ausgeführt werden. Ein mehrmals auftretendes eingeschobenes Allegro (2/4) sollte als Zählzeit einfach die Viertel des 3/4-Taktes beibehalten; keinesfalls langsamer werden! Die Coda – vom letzten Tempo I an – benötigt intensives Zählen (berühmte Schmeiß-Stelle!). Der Mittelteil (Presto) verlangt einen sehr guten ersten Geiger. Das Finale (IV) bietet keine unüberwindlichen Probleme. Ob die Forderung, das erste Thema – es beginnt im 5. Takt – auf der G-Saite zu spielen, von Beethoven stammt, erscheint fraglich. Die Bratsche hat einige nicht gerade bequem liegende Dreiklangs-Arpeggien zu meistern. Am Schluß versucht Beethoven das zu wiederholen, was ihm am Schluß seines op. 95 so einzigartig gelungen war: ein Allegro con moto (comodo), welches das rhythmisch umgebogene Hauptmotiv des Themas verwendet, soll den Satz beenden, und zwar auf eine nicht gerade überzeugende Weise; da fällt ihm 9 Takte vor Schluß etwas Wunderbares ein: eine *pp*-Stelle mit ausharmonisierten Triolen, die sehr exakt zu spielen ist und den Weg zu den Schlußakkorden freigibt. (5/5)

op. 130 in B (1826). Mit diesem Quartett sprengt Beethoven die vierteilige Form des Quartetts. In seiner ursprünglichen Form mit der Fuge, die jetzt als op. 133 einzeln geführt ist, als Finalsatz, muß dieses Werk den Zeitgenossen wie ein

Monstrum vorgekommen sein. Aus diesem Grunde hat der Komponist eingewilligt, für dieses Quartett einen neuen Schlußsatz zu schreiben, der wohl die letzte Kammermusik-Komposition Beethovens ist. Ein Adagio, ma non troppo leitet wiederum den ersten Satz (Allegro) ein und kehrt mehrmals späterhin wieder. Manchmal wird übersehen, daß beim ersten Tempo I Vc und Va die führende Stimme innehaben und entsprechend spielen müssen. Der Seitensatz steht in Ges und verlangt ein sauberes Intonieren. Merkwürdig berührt das Auftauchen vollständig themenfremder Melodik zu Anfang der Durchführung. Das Presto (II) gehört zu den genialsten Stücken, die Beethoven in dieser knappen Form geschrieben hat; sein Mittelteil stellt große Anforderungen in der Ausführung der Nachschläge auf dem zweiten Taktteil und der Bewältigung der ersten Violinstimme. Die drei Ansätze der V. I, wieder in den Hauptteil hineinzukommen, lassen es geraten erscheinen, daß der erste Geiger die genau auf die zweite Zählzeit fallende Note des chromatischen Abwärtsgangs zart betont, um den Unterstimmen eine Orientierung zu ermöglichen. Dieses Presto mußte bei der Uraufführung am 31. 3. 1826 auf Verlangen der Zuhörer wiederholt werden. Das Andante con moto, ma non troppo (III) wird am besten auf Achtel gespielt, denn es gehört zu jenen Sätzen, deren Inhalt an die Vorgänge im Innern eines kleinen Uhrwerks gemahnen. Als Spielvorschrift hat der Komponist zu Anfang »poco scherzoso« angemerkt. Die in V. II und Va auftauchenden Zweiunddreißigstel-Sextolen sollten in der Vorstellung auf der vierten Note eine unhörbare Markierung erhalten. Von besonderem Reiz ist die auch rhythmisch interessante, ziemlich ausgedehnte Coda. Das Allegro assai (Alla danza tedesca IV) ist nicht zu schnell zu nehmen; es handelt sich immerhin um einen Landler. Die schnell wechselnden dynamischen Vorschriften und Schweller sollten nicht übertrieben werden. Verblüffend ist die Selbstverständlichkeit, mit der Beethoven im 89. Takt plötzlich einen 2/4-Takt in den Unterstimmen spielen läßt, während die Geige ihren 3/4-Takt unbeirrt fortsetzt. In der Coda läßt Beethoven die Landler-Melodie einstimmig von unten nach oben und dann in umgekehrter Richtung durch alle vier Instrumente wandern, was mit einem gewissen Humor gespielt werden sollte. Die *Cavatina,* ein von der Gesangsmusik entlehnter Ausdruck, ist ein Gesang der V. I, welcher vom geschlossen musizierenden Streichtrio begleitet wird, das die Ritornelle bestreitet und die melodischen Wendungen der Solostimme aufnimmt oder nachahmt, also eine selbständige Funktion hat, wobei die V. II »führt«. Das Stück ist unbedingt auf Viertel zu spielen, sonst ist der höchst eigenartige Mittelteil, der durch die Bemerkung »beklemmt« in der V. I gekennzeichnet ist, nicht ausführbar. Das nachkomponierte Finale (Allegro) ist von Haydnscher Munterkeit, schenkte Borodin ein Thema für sein erstes Quartett und bietet kurz vor der Coda eine überaus heikle Stelle in verminderten Sextakkorden; hier stimmt meist kein Ton, und ohne erstklassige V. I ist es überhaupt nicht zu machen. Neuerdings spielt man als Schlußsatz häufig die ursprünglich dort stehende Fuge. Diese ist als op. 133 besonders aufgeführt (S. 80). (5/5)

op. 131 in cis (1826) erachtete Beethoven als sein bedeutendstes Quartett; die Hausmusikanten scheuen meist davor zurück, da es hinsichtlich seiner Struktur dem Verständnis gewisse Schwierigkeiten bereitet. Bei genauem Zusehen besteht auch dieses ausgedehnte Werk eigentlich nur aus vier Sätzen. Ein Adagio, ma non troppo e molto espressivo, eine ziemlich ausgedehnte, tiefsinnige Fuge (Nr. 1) leitet mit einer thematischen Anknüpfung in ein sanft wellendes Allegro molto vivace (Nr. 2) über, bei dessen kleinen ritardandi das Wort »poco« sehr wichtig ist. Wiederum geht es unmittelbar in Nr. 3 über: Allegro moderato/Adagio. Bei dem Adagio im sechsten Takt ist es wichtig, daß die Va das verlangsamte Tempo sehr deutlich angibt. Dieser nur 11 Takte umfassende Satz endet mit einer Zweiunddreißigstel-Passage und einem Rezitativ-Schluß der V. I, es bildet den Auftakt zu einem Thema mit Variationen. Das Thema wird von den beiden Geigen taktweise abwechselnd vorgetragen, wobei darauf zu achten ist, daß dies »nahtlos« erfolgt; erreicht wird dies durch gut ausgehaltene abschließende Achtel. Die zweite Variation (Più mosso) hat den Habitus eines geschwinden Marsches; die dritte: Andante moderato e lusinghiero (= schmeichelnd) hat im zweiten Teil einen in der Tiefe anhebenden Kanon, der leicht zyklopenhaft anstatt verführerisch wirkt. Die vierte Variation (Adagio) wird meist im Tempo verfehlt, und daher wird an dieser Stelle immer laut gezählt; das läßt sich vermeiden, wenn man einmal in die Partitur schaut und sich merkt, was die V. I im ersten Takt zu spielen hat. Noch heikler ist der Übergang zur fünften Variation (Allegretto), die in der Instrumentierung besonders originell ist: sie baut Akkorde von oben nach unten auf. Um das beim Spiel deutlich werden zu lassen, muß der später einsetzende untere Ton der Doppelgriffe sehr bestimmt einsetzen, was Ungeübten meist gewisse Schwierigkeiten macht. Die sechste Variation (Adagio, ma non troppo e semplice) enthält im zweiten Teil rollende Zweiunddreißigstel-Auftakte im forte; dieses *f* sollte möglichst weich und klangschön herauskommen. Am Schluß befinden sich Solokadenzen, die sotto voce zu spielen sind; ein vom Es-dur-Quartett op. 74 I her bekannter Effekt mit aufsteigenden Akkordketten der unteren drei Instrumente leitet in ein Allegretto über (Var. VII), das der ersten Geige eine endlose Trillerkette beschert; danach Wiederholung des Allegrettos, welches in eine kurze Coda ausläuft. Merkwürdig ist Beethovens Forderung »semplice« bei den beiden Final-Achteln der ersten Geige. Nach einer (kurzen) Fermate beginnt das Presto (Nr. 5), das meist schon beim ersten Molto poco adagio Schwierigkeiten macht; man muß hier entschlossen und bestimmt ein sinngemäßes Tempo nehmen. Das Kontrastthema ist piacevole (= gefällig) zu bringen und erfordert große Aufmerksamkeit bei der auf zwei Instrumente verteilten Begleitung in Vierteln. Vor der Rückkehr des Hauptthemas eine Aufteilung des Kopfmotivs pizzicato auf alle vier Instrumente; hier noch leicht, aber später an der Parallelstelle durch Ton-Repetition sehr erschwert. Der dritte Hauptteil wird analog dem Es-dur-Quartett op. 74 wieder durchwegs *pp* gespielt, bis ein plötzliches *f* den Satz ganz normal zu Ende kommen läßt. Nach einer kurzen Fermate setzt Nr. 6 (Adagio, quasi un poco andante) ein und leitet zum Abschluß-Allegro (Nr. 7) über, das im Typus an den Schlußsatz von Op. 59/2 erinnert. Über die Interpretation des Kontrastthemas in Halben muß man sich untereinander klar werden wegen der vielen agogischen Vorschriften. Kurz vor Schluß erscheint das Thema zum Poco Adagio verlangsamt. Die drei Schlußakkorde sind im verlangten Tempo unausführbar; überhaupt bleibt dem Liebhaber zumindest die klangliche Bewältigung dieses Werkes meist verwehrt, die auch Berufsmusikern hörbar zu schaffen macht. Zu den größten Verehrern dieses Werks gehörte Richard Wagner, der ein poetisches Programm dazu entwarf; der Musikfreund der heutigen Zeit wird eher grübeln, was der Komponist mit der Anlage dieses vielschichtigen Werkes wohl bezweckt haben mag, ein Geheimnis, das viele Kommentatoren besonders reizte, aber bisher nicht gelöst werden konnte. (6/6) op. 132 in a (1825). Wie man aus der Jahreszahl ersieht, ist dieses Werk *vor* dem B-dur-Quartett op. 130 entstanden. Ein assai sostenuto, dessen Intervallschritte im Verlauf des Allegro (I) oft wiederkehren, erweist sich damit als etwas anderes als die früheren langsamen Einleitungen. Da die halben Noten der letzteren als ganze Noten im Allegro erscheinen, kann man annehmen, daß das Allegro doppelt so schnell geht wie das assai sostenuto. Man beachte beim Spielen die Vorschriften »teneramente« (s. S. 50) und »non ligato«, was nicht etwa staccato bedeutet, sondern mit einem weichen détaché wiederzugeben ist, wobei man darauf achten muß, daß die abwechselnden Begleitungs-Triolen so gleichmäßig ausgeführt werden müssen, daß ein durchlaufender Triolenrhythmus zu hören ist. Der Satz ist übersichtlich gebaut und bietet keine besonderen Schwierigkeiten; Aufmerksamkeit ist geboten an einer *pp*-Stelle 14 Takte vor Schluß (morendo) wegen des abweichenden Rhythmus des Vc und bei den zwei Sechzehnteln der V. I im vorletzten Takt vor dem Schlußakkord, die verbreitert und abgewartet werden müssen. Das Allegro ma non tanto (II) wird von einem zweitaktigen Thema bestritten, das in den mannigfaltigsten Verformungen erscheint: im zweiten Teil mit einer zauberhaft wirkenden 2/4-Stelle im *pp* (nur zwei Violinen und Va) und zahlreichen kurzen Nachahmungen der thematischen zwei Achtel. Das Trio dieses Satzes ist eine Musette, in der ein gegen den Takt notierter deutscher Tanz vorkommt, bei dem auch erfahrene Spieler heimlich zu zählen pflegen. Das Thema stammt übrigens aus dem langsamen Satz von Beethovens zweiter Symphonie. Langen Atem, innere Ruhe und Gelöstheit beansprucht der heilige Dankgesang eines Genesenen an die Gottheit, in der lydischen Tonart (Molto Adagio, III). Dieses ist ein figurierter Choral; man verdeutlicht das dadurch, daß man jeweils vor Eintritt der halben Noten des Chorals in allen Stimmen eine unmerkliche Luftpause macht. Der zweimalige Kontrastteil: Neue Kraft fühlend (Andante) ist rhythmisch schwierig (besonders beim zweitenmal). Gefürchtet sind auch die beiden Übergänge vom D-dur-Teil in den immer reicher verzierten Choral, wobei man beachten muß, daß die V. II noch in das letzte punktierte c (mit dem Schweller) hinein einsetzen muß. Rätselraten verursacht ferner die Schreibweise des vorletzten Taktes (più *p*), deren halbe Noten im Rhythmus der Notierung während eines Bogenstrichs ganz zart durch Bogendruck zu markieren sind. Das Alla marcia, assai vivace ist ja nicht zu schnell zu nehmen, sonst leiden die durchwandernden Achtelfiguren. Ein attacca subito einsetzendes Rezitativ der V. I (Più allegro) leitet das Allegro appassionata ein (IV), dessen Begleitungs-Melisma der letzte Takt des Rezitativs bereits andeutet.

Dieser Satz ist wahrscheinlich von – Franz Schubert beeinflußt. Beethoven hörte Schuberts a-moll-Quartett im März 1824; im Herbst gleichen Jahres entwarf Beethoven das Allegro appassionata *seines* a-moll-Quartetts, das jenes schwebende Begleitungs-Melisma hat, das Schubert in vielerlei Gestalt meisterlich zu erfinden wußte. Nach einer raubautzigen Stelle mit vielen *sf* erfolgt eine verschleierte Rückleitung zum Hauptthema, die bereits von Brahms sein könnte. Das Vc hat sehr hoch liegende Kantilenen zu bewältigen und bemerkenswert ist eine katzenhaft schleichende Kanon-Stelle, die sempre *pp* zu spielen ist und schließlich mit einem crescendo und accelerando in das stürmende, abschließende Presto führt. Dieses Quartett ist von den vier letzten das eingängigste und geübten Hausmusikern durchaus erreichbare Stück, das Thomas Mann in seinem Faustus-Roman für das »höchste Werk« hält. (5/5)

op. 135 in F (1826) nimmt sich gegen die anderen vier Werke verhältnismäßig bescheiden aus; es ist viel traditioneller entworfen und ähnelt in mancher Beziehung der achten Symphonie, die auch nichts Exzeptionelles erstrebt. Das Allegretto (I) ist ein filigranhaftes, aus kurzen Motiven bestehendes Stück. Man muß sehr darauf achten, ob man Sechzehntel oder Zweiunddreißigstel zu spielen hat. Der durchsichtige und bisweilen dünne Instrumentalsatz zwingt zu äußerster Präzision im Zusammenspiel vor allem bei den Sechzehntel-Triolen im 44. und 45. Takte (*pp*). Das Vivace (II) wird am Anfang häufig verfehlt; man muß sich klar machen, wie herum die Akkorde in den Oberstimmen laufen und sich rhythmisch an das Vc halten, das die melodische Führung hat und diese Melodienoten auf eins und drei bringt. Im zweiten Teil liegt ab dem neunten Takt nach dem Teilzeichen die Melodie in der Va, was viele Bratscher nicht merken, weil sie da Doppelgriffe zu spielen haben. Im quasi Trio, nach der zweiten Wiederholung, hat die V.I große Sprünge zu machen und das nimmt schließlich ganz groteske Formen an, wenn die drei Unterstimmen unisono 48mal die Auftakt-Achtel-Figur zu spielen haben und die V.I dazu Seiltänzerkunststücke vollführt, die besonders kritisch werden, wenn auf einmal statt des leeren Saiten-a plötzlich ein h gespielt werden soll. Die ganze Stelle klingt mehr nach Strawinsky als nach Beethoven und dürfte der skurrilste Einfall sein, den Beethoven in seinen Quartetten angebracht hat. Das Lento assai, cantante e tranquillo ist sicher der wertvollste Satz. Er beginnt mit einem »aufgebauten« Akkord in zwei Takten; erst im dritten beginnt die ebenso schlichte wie eindringliche Melodie, deren Schlußfall vom Vc am Ende des 10. Taktes aufgenommen wird. Der Einsatz des cis-moll-Mittelteils bereitet keine Schwierigkeiten, wenn man sich vorstellt, daß es sich um einen des-moll-Teil (Più lento) handelt; man spiele also den ersten cis-moll-Akkord in allen Stimmen enharmonisch und er wird rein sein. Bei der Rückkehr in den Hauptteil verfahre man gleichermaßen; der Auftakt zu Tempo I wird in V. II und Va espressivo gespielt. Die Führung der V.II in den letzten 11 Takten erinnert an den Schluß des langsamen Satzes im Quintett von A. Bruckner. Der letzte Satz trägt die Überschrift »der schwer gefaßte Entschluß«. Ihm sind in Noten zwei Themata vorausgeschickt: Grave: Muß es sein? und Allegro: Es muß sein! Dazu gibt es mehrere Anekdoten. Am einleuchtendsten aber ist Beethovens Bemerkung in einem Briefe an den Verleger Schlesinger: »Sehen Sie, was ich für ein unglücklicher Mensch bin, nicht nur, daß es was schweres gewesen es zu schreiben, weil ich an etwas anderes viel größeres dachte, und es nur schrieb, weil ich es Ihnen versprochen und Geld brauchte und daß es mir hart ankam, können Sie aus dem ›Es muß sein‹ entziffern.« Die thematische Magerkeit des letzten Satzes unterstreicht das Selbstbekenntnis Beethovens. Zu Beginn des zweiten Teils erklingt ein unisono, das vom jungen Hindemith stammen könnte. Der Eintritt des zweiten Grave, ma non troppo tratto macht bisweilen Unbehagen, weil die beiden Geigen die Sechzehntel nicht erwischen. Am besten fährt man, wenn man die halben Takte des Allegros jetzt als Viertel weiterzählt; daß Beethoven mit diesem Verhältnis der beiden Zählzeiten rechnete, erkennt man am Auftakt des folgenden Allegros. Hier ersetzt ein Sechzehntel das sonst hier stehende Viertel: also vierfache Verbreiterung des Tempos im Grave. Es gehört schon viel Begeisterungsfähigkeit dazu, den Schluß dieses Satzes als Offenbarung zu empfinden. (5/5) op. 133 in B (1825) »Die große Fuge« wird von den Hausquartetten meist gemieden. Das liegt teils an ihrer Länge (741 Takte!), teils an ihrer herben Tonsprache in den ersten Durchführungsteilen. In den ersten Streichquartetten von Paul Hindemith gibt es Stellen, die bedeutend erfreulicher klingen als die erste Durchführung der Beethovenschen großen Fuge. Der Komponist ließ in der ersten Druckausgabe beifügen »Tantôt libre, tantôt recherchée« (bald frei, bald kunstvoll). Die ersten Takte sind als Overtura bezeichnet – ein Nachklang barocker Terminologie. Sie enthält die Exposition des Themas, das stark an die langsame Einleitung des a-moll-Quartetts (op. 132) erinnert. Die Fuge selbst beginnt im fünften Takt des B-dur-Allegros. Dieses wird beim Spiel verdeutlicht, indem man die Viertel-Pause auf dem zweiten Viertel des fünften Taktes etwas dehnt. Zu den schönsten Eingebungen gehört das Meno mosso e moderato in Ges-dur. Das dann im 6/8-Takt gehaltene Allegro molto e con brio ist eine wilde Jagd mit dem zerfetzten Thema, in das sich ein etwas leichtsinniges gesangliches Gebilde schüchtern einmischt. Nach einer stark gekürzten Wiederaufnahme des Meno mosso e moderato wird das Tempo gesteigert zu einem Allegro molto e con brio, in dem wieder jenes zugeschmuggelte hübsche 6/8-Thema auftritt. Darauf kurze Reminiszenzen an die verschiedenen Teile; dann wieder Allegro molto con brio, das mit einer gewaltigen Steigerung zum Schluß führt. Für ein eventuelles Studium dieses ausgeweiteten und kompliziert gebauten Stücks ist wichtig, daß zumindest einer im Verbande die Partitur beherrscht und den Ablauf kontrollieren kann, sonst ist die Beschäftigung damit ziemlich aussichtslos.

(5/6)

Der Vollständigkeit halber sei angemerkt, daß kurioserweise Beethoven die Klavier-Sonate op. 14/1 für Streichquartett gesetzt hat. Sie wurde dabei um einen Ton höher (F-dur) gesetzt und der Komponist schrieb noch stolz an den Verleger Breitkopf: »...und ich weiß gewiß, das macht mir so leicht nicht ein andrer nach...« (1802).

Boccherini, Luigi (* 1743 in Lucca, † 1805 zu Madrid)

Das Eigenartige an der schöpferischen Tätigkeit Boccherinis ist, daß ihm eine künstlerische Entwicklung versagt blieb; seine Kammermusikwerke schreiten zwar von der Zwei- zur Viersätzigkeit fort, auch die Anforderungen an die Technik erhöhen sich etwas, aber eine Entwicklung der Form blieb dem sympathischen Meister verwehrt. So sehr die Zeitgenossen ihn verehrt und geschätzt hatten, so schnell verblaßte sein Ruhm. Seine Musik lebt vom fein nuancierten Vortrag; Boccherini war übrigens streng, wenn es um die Befolgung seiner Spielvorschriften ging. War ein Spieler unberechtigt zu laut, so pflegte er zu ermahnen: »dell'olio amico, dell'olio«. Seine anmutige und meist knapp gefaßte Melodik wird häufig gleich noch einmal wiederholt, um einen liebenswürdigen melodischen Einfall gleichsam zu unterstreichen. Für Anfänger im Zusammenspiel ist Boccherini unbedingt zu empfehlen; bei keinem anderen Komponisten kann man so mühelos eine gewisse Kultur des musikalischen Vortrags auf erfreuliche Weise erlernen. Die Vielzahl seiner Werke, von denen nur ein kleiner Bruchteil in Form von Auswahl-Drucken vorliegt, zwingt zur Kürze und Zusammenfassung.

op. 1/1 in c (1761), vom Komponisten noch als »sinfonia« bezeichnet, wurde von uns mit Behagen gespielt. Spieler-Urteil: vergnüglich. (1/1)

op. 6/6 in A (1769) hat einen großartigen ersten Satz (Allegro brillante), eine mit Amoroso überschriebene Siciliana und einen rhythmisch reizvollen Schlußsatz (Allegro maestoso). Diente auch als Vorspielquartett. (2/2)

op. 8/5 in D (1769) hat nur zwei Sätze: ein entzückendes und witziges Presto, dem ein gefälliges Rondo (Allegro) folgt. (2/2)

op. 10/2 in d (1770) beginnt mit einem Grave, das in ein bewegtes Allegro (I) führt; das Larghetto hat den Charakter eines Sicilianos und der Schlußsatz ist ein Trommelstück mit vielen punktierten Sechzehnteln. Spieler-Urteil: originell. (2/2)

op. 24/2 in D (1777) ist erfreulich zu spielen; das gilt namentlich für die ersten beiden Sätze. (2/2) op. 24/5 in D (1777) beginnt mit einem etwas skurrilen Moderato, mit bezaubernden Einfällen, bei denen man unwillkürlich an Jean Paul denkt. Das Grave (II) hat Tiefe und der Schlußsatz (Allegro assai) ist originell und spielfreudig. (3/2)

op. 27/2 in g (1777). Dieses op. 27 (auch als op. 24 seinerzeit gedruckt) nannte Boccherini: »Quartetti concertanti«. Der erste Satz (Allegro assai) ist originell, das Adagio (II) hat symphonischen Charakter und eine kleine, ganz leichte Kadenz in der V. I; V. II tritt mehrmals mit kleinen Soli hervor. Im abschließenden Menuetto leitet wiederum eine kleine Kadenz vom Trio in den Hauptteil zurück. (2/2)

op. 32/4 in A (1778) ist zweisätzig, besteht aus einem Larghetto und Minuetto con moto und ist in der Erfindung matter als seine Vorgänger. (2/2)

op. 33/5 in g (1780). Das Allegro commodo (I) soll laut Boccherini soave gespielt werden, gibt sich jedoch später pathetisch; das hübsch klingende Andantino ist durchwegs sotto voce zu spielen (II). Der Minuetto con moto ist altfränkisch, der Schlußsatz Haydnisch und enthält kurz vor Schluß ein »Capriccio« der V. I mit arpeggierenden Akkorden. (3/2)

op. 33/6 in A (1780) ist ehemals vom Brüsseler Streichquartett und neuerdings vom Köckert-Quartett gern öffentlich gespielt worden. Das Allegro (I) besteht aus amüsanten Kurz-Motiven, ein Andantino lentarello * (II) macht reichlich Gebrauch von einem etwas grämlichen chromatischen Abwärtsgang und der Minuetto con moto vom Klang der leeren E-Saite (sulla prima). Letzteres ist ein Unikum in der Quartett-Literatur. Das Trio hat einen spanischen Tanzrhythmus. Das Finale (Presto assai) führt das erfreuliche Stück rasant à la Haydn zu Ende. (2/2)

op. 39/1 in C (um 1785) wird von Experten nicht für echt gehalten, ist jedoch ein fein gearbeitetes originelles Quartett mit vier herkömmlichen Sätzen: Allegro con moto – Minuetto – Adagio -- Finale. (3/2)

* ital. umgangssprachlich: gemächlich.

op. 39 in A (um 1785) ist ein Konzert für die V. I und für die andern ziemlich langweilig. (3/2)

op. 41 in c (um 1785) hat uns seinerzeit recht befriedigt. (3/2)

op. 41 in C ist ein wenig »sekkant«, wie man in Wien seinerzeit zu sagen pflegte und das besonders für das Vc (Boccherini war Violoncellist). Es dürfte bei sorgfältiger, ausgefeilter Wiedergabe seine Wirkung nicht verfehlen. (3/3)

op. 44/4 in G hat den Untertitel: La Tiranna Spagnola. Der gebürtige Italiener wollte wohl damit seiner Wahlheimat eine Aufmerksamkeit erweisen. Diese spanische Tyrannin ist ein ansprechendes Vortragsstück, jedoch ohne kammermusikalische Qualitäten. (2/2)

op. 48/2 in h ist ein Quartettino mit erfreulicher und aparter Musik. (2/2)

op. 58/2 in Es wurde wegen seines letzten Satzes seinerzeit »Weihnachtsquartett« genannt. (2/2)
PS. Im Februar 1781 schrieb Boccherini an den Wiener Verleger Artaria, er möge doch Haydn mitteilen, »daß er einer der leidenschaftlichsten Schätzer und Bewunderer seines Genius und seiner musikalischen Werke sei, die in hohem Grade jene Auszeichnung verdienen, die ihnen zuteil werde.« Der, wie Boccherini aus Lucca stammende, Geiger Giuseppe Puppo, ein witziger Kopf, bemerkte einmal: Boccherini sei »Haydns Frau«.

Borodin, Alexander (*1833 in Petersburg, † 1887 ebenda)

war Chemiker und Mediziner, komponierte bedächtig und in tadelloser, etwas glatter Satztechnik. Er gehörte zur Gruppe der »Novatoren« und komponierte zwei Streichquartette:

Nr. 1 in A (1878) »angeregt durch ein Thema von Beethoven« aus dem Schlußsatz des op. 130 in B, den Beethoven für die große Fuge nachkomponiert hatte (s. S. 75). Es taucht gleich nach dem einleitenden Moderato als erstes Thema des Allegros (I) auf. Dieses ist breit angelegt und keineswegs schwierig zu spielen. Es endet mit Flageolett-Tönen in allen vier Stimmen. Da die russischen Komponisten solche gerne und häufig verwenden, der Hausmusikant hier jedoch anstatt der gewünschten hohen Töne meist recht merkwürdige Geräusche produziert, sei daran erinnert, daß der erste Finger bei den künstlichen Flageoletts fest aufgesetzt werden muß, während der den Schwingungsknoten bewirkende ganz leicht und möglichst spitz die Saite berühren soll. Das abgegriffene Intervall muß natürlich haargenau richtig sein. Das Wichtigste ist nun aber, daß der Bogen – speziell bei künstlichen Flageoletts – ganz nahe am Steg geführt werden muß, da sonst die partiell schwingende Saite einfach nicht ansprechen kann. Nach dem etwas bläßlichen Andante, in welches ein Fugato eingebaut ist, erfrischt die Spieler ein keckes Scherzo (III), dessen Trio wiederum mit Flageolett-Klängen gespickt ist. Ein kurzes Andante leitet den Schlußsatz (Allegro risoluto) ein, in dem Volkstanzmelodien, die an Borodins berühmte Polowetzer Tänze aus »Fürst Igor« gemahnen, einen temperamentvollen Abschluß bilden. (4/3)

Nr. 2 in D (1880) ist etwas gröber in den Mitteln als das erste, jedoch das bekanntere und beliebtere. Das Allegro moderato (I) ist schwungvoll wiederzugeben; das Scherzo (Allegro, II) hat etwas wesenverwandtes mit dem dritten Satz des c-moll-Quartetts von Brahms, geht aber bedeutend schneller. Das Meno mosso (molto cantabile e dolce) ist tatsächlich sehr süß und hat einige poco rit.-Stellen, die den weichen Charakter dieser slawischen Musik wirksam unterstreichen. Reizvolle Coda (Vivace). Das Nachtstück (Notturno, Andante, III) zierte im ersten Drittel unseres Jahrhunderts die Caféhaus-Programme; die etwas aufdringliche Melodik des Hauptgedankens wird kompensiert durch einen Kontrast-Teil mit Sechzehntel-Skalen, die bestimmt (risoluto) und ruhig zu spielen sind. Das Finale wird mit einem Andante eröffnet, das im Verlaufe des Vivace mehrmals wiederkehrt. Die aus Achteln bestehende Fuge hat ein Kontrastthema, in welchem ein sehr einprägsames chromatisches Motiv hervorsticht. Das Quartett ist bis auf ein paar hohe Stellen der V. I, die unbedingt schönklingend gebracht werden müssen, verhältnismäßig einfach. (4/3)

Brahms, Johannes (* 1833 in Hamburg, † 1897 zu Wien)

Zusammenfassend kann man sagen, daß Brahms für Streicher zwar dankbar, jedoch keineswegs bequem zu schreiben wußte.

Laut eigener Aussage hat Brahms nicht weniger als 26 Quartett-Entwürfe in den Ofen gesteckt, bis er sich entschloß – immerhin schon 40 Jahre alt – die ersten Quartette op. 51 herauszugeben. Die Entwürfe dazu gehen bis ins Jahr 1865 zurück.

op. 51/1 in c (1873) wird von Liebhabern mit bewundernswertem Mut angegangen, wobei übersehen wird, welche Zusammenspiel-Probleme bereits die Durchführung des ersten Satzes (Allegro) bietet. Für die Va gibt es zudem darin zwei Solo-Oktavstellen, von denen die zweite besonders unangenehm ist. Die erste Geige muß sich die Achtelläufe der Schlußgruppen hinsichtlich des Fingersatzes vorher ansehen. Die letzten vier Takte des in cis-moll notierten Teils müssen vor Inangriffnahme des ganzen Satzes zuerst langsam gründlich auseinander genommen werden. NB.: Der Anfang dieses Abschnitts erinnert an das sogenannte »Natur«-Motiv im Rheingold, dessen autographe Partitur Brahms besaß. Die Romanze (Poco Adagio, II) ist mit ihrem dreistimmigen Hornsatz, bei dem einem Wagners Walhall-Motiv unwillkürlich einfällt, von beglückendem Klang. Bei dem stockenden Seitenthema (dolce) darf man sich durch den Achtel-Rhythmus der melodieführenden Stimme nicht beirren lassen. Im sechsten Takt vor Schluß greift die V.I die Noten zweckmäßig wie E-dur (3. Lage). Das Allegretto molto moderato e commodo gehört zu jenen pastellartigen Sätzen, die den Sohn des Hamburger Kontrabassisten von einer zarten und sensiblen Seite her zeigen (III). Im zweiten Teil befindet sich eine Partie mit Sechzehntel-Triolen (*p*, dolce lusingando = schmeichelnd), wo unbedingt gezählt werden muß. Das Trio (Un poco più animato), ein beschleunigter Landler, bekommt seine Grundfarbe durch die V.II, die eine Bariolage – auf dem eingestrichnen a – etwas hervortretend spielen sollte. Aus dieser gehen auch die zwei Takte Rückleitung in den Hauptteil hervor. Dieser Übergang macht Schwierigkeiten, weil der Takt offensichtlich nicht stimmt: es fehlt ein Achtel. Es ist jedoch klar, daß das Auftaktachtel des Hauptteils als das letzte Viertel des unvollendeten letzten Taktes vom Trio zu gelten hat. Auch das Finale (Allegro) macht trotz seines etwas kompakten und dennoch durchsichtigen Satzes dem Hausquartett zu schaffen; es enthält in dem Teil vor dem dritten Thema (poco tranquillo) zum ersten Mal eine Achtel-Figur, die schwer sauber zu bekommen ist. Den klanglichen Höhepunkt bildet die *f*-Stelle von dem letzten Doppelstrich, wo alle vier Instrumente hochgeführt sind und synkopierte Noten spielen. Ansonsten sollte man in diesem Satz alle *p* Vortragszeichen gewissenhaft wahrnehmen. (4/4)

op. 51/2 in a (1873). Dieses Quartett geht wie das erste auf ältere Entwürfe zurück. Es ist weniger dramatisch als jenes, jedoch feiner in der kammermusikalischen Ausformung. Der erste Satz (Allegro non troppo) benutzt thematisch eine Folge von Tönen, die den Anfangsbuchstaben der Devise von Joseph Joachim entnommen sind: »Frei, aber einsam« = F – A – E. An die Griffbrett-Sicherheit von V. I und Va werden erhebliche Anforderungen gestellt; die Umspielungen des zweiten Themas (molto *p* e sempre mezza voce, grazioso ed animato) werden obendrein noch »lusingando« verlangt. Das ritardando, das zu Anfang des 3/2-Taktes vorgeschrieben ist, muß vorsichtig dosiert werden – es zieht sich über volle sechs Takte hin! Für die Va sind schon die ersten 12 Takte (Vierteltriolen) alles andere wie einfach und verlangen ausgetüftelte Fingersätze. Das Andante moderato (II) hat als Kontrast einen kanonischen Dialog zwischen V. I und Vc, der in den Mittelstimmen von 32tel-Tremolos harmonisch ergänzt wird. Bei genauem Spiel der verschiedenen Schleifer, die an den Eingangssatz barocker Ouvertüren erinnern, und sauber intonierten Doppelgriffen von V. II und Va klingt diese Episode erträglich. Leider tut sie das selten. Im siebenten Takt vor Schluß erfordern vier abwärts sinkende Tongirlanden mit Ablösung ruhiges und genaues Spiel. Es ist schade, daß dieser so schöne Satz der klanglichen Darstellung ziemlich große Schwierigkeiten bereitet. III (Quasi Minuetto, moderato) atmet zu Beginn Schubertschen Geist (vgl. den Menuetto-Satz aus dessen a-moll-Quartett). Hier ist ein möglichst ruhiger Vortrag der eingestreuten Triolen anzustreben – auch wenn diese mit Achteln zusammentreffen. Das quasi Trio hat F. Mendelssohn zum Paten, enthält eine höchst diffizile und exponierte Bratschenstelle und erfordert ein gemäßigtes Tempo, sonst sind die Synkopen der Schlußgruppe nicht mehr herauszubringen (Allegretto vivace). Das Finale (Allegro non assai) hat im Hauptthema einen interessanten und überzeugenden Rhythmus (zweimal 3/4 = dreimal 2/4), setzt auch sonst – speziell an jenen Stellen, wo die drei Oberstimmen zusammen Synkopen spielen und das Vc glatte Viertel bringt – sicheres rhythmisches Gefühl voraus. Einer der überzeugendsten Schlußsätze von Brahms! (5/5)

op. 67 in B (1876). Am 9. August dieses Jahres schreibt Brahms an den Physiologen und Musikfreund Th. Wilhelm Engelmann in Utrecht: »Ich gebe nächstens wohl ein Streichquartett heraus u. brauche vielleicht einen Mediziner dazu (wie zu den ersten). Dieses 4tett nun sieht etwas Ihrer Frau ähnlich – sehr niedlich – aber genial! ... Violoncello-Solo kommt nicht vor, aber ein so zärtliches Bratschensolo, daß Sie dem zu Gefallen noch das Instrument wechseln!« (Zur Klammer: die beiden op. 51-Quartette waren dem hervorragenden Mediziner Dr. Theodor Billroth in Wien gewidmet). Also hat Brahms auch mit diesem heiteren opus durchaus an Liebhaber gedacht, aber leicht ist es keinesfalls. Bereitet schon gleich am Anfang des ersten Satzes (Vivace) die Gegenüberstellung von 6/8- und 3/4-Takt ungeübteren Spielern rhythmische Nöte, so sind die Sechzehntel-Figuren beim zweiten Thema für Violine und Va grifftechnisch höchst unangenehm. Berüchtigt sind die letzten Takte vor dem Wiederholungszeichen und vor Schluß; Stellen, an denen auch mit langsamem Üben nichts zu erreichen ist. Die eingestreuten 2/4-Takte sind natürlich genau so lang, wie die 6/8-Takte; nur der Rhythmus ändert sich, das Zeitmaß bleibt das gleiche. Zu Beginn des Andante (II) befindet sich ein »Vorhang« von zwei Takten, erst dann beginnt das Thema. Als Kontrast erscheint plötzlich ein barocker Ouvertüren-Eingang, wie ihn Lully in die Oper einführte, mit Schleifern und kleinen Notenwerten, bei deren Klängen der König in seiner Loge Platz nahm. Bei diesen 12 Takten vermißt man geradezu die Vorschrift: maestoso. Der Übergang (ritard. un poco) zum in tempo (dolce e grazioso, D-dur) verunglückt meistens; ratsam: ein Blick in die Partitur, die immer zur Hand sein sollte. Ein das Scherzo vertretendes Agitato (III) schenkt der Va ein ausgedehntes Solo, auf das Brahms in seinem oben mitgeteilten Briefe wohl anspielt. Zu üben ist eine Duett-Stelle von V. I und Va, der sich Umspielungsfiguren der V. I anschließen, die recht unangenehm zu greifen sind. Das Trio ist ein duftiges Gebilde, welches entsprechend zu behandeln ist. Beim Poco Allegretto con Variazioni ist auf die Phrasierung zu achten; man sollte das Anfangsthema (die zwei letzten Takte mit einem Achtel Auftakt) vom Vorhergehenden deutlich absetzen. Leider sind die Variationen alles andere als leicht; alle Spieler sollten ihre Stimme gut vorbereiten (Fingersätze) und eine Ges-dur-Variante ist schwer sauber zu bekommen. Das Doppio Movimento ist nicht ganz wörtlich zu nehmen; es entspricht dem Tempo des ersten Satzes, dessen Kopfthema darin zitiert wird. (5/5)

BRUCKNER, Anton (* 1824 in Ansfelden, † 1896 in Wien)

ohne opus (1862) in c. Immerhin war Bruckner schon 38 Jahre alt, als er den ersten Versuch machte, Kammermusik zu schreiben. Er hat die Arbeiten dieser Jahre, nach gründlichen Studien in der Satzkunst, als »Schularbeiten« abgetan. Trotzdem sei dieses Werk den Hausmusikanten ans Herz gelegt. Es ist nicht besonders schwierig und spielt sich gut. Interessant ist der erste Satz (Allegro moderato), während das Andante (II) mit einer as-moll-Periode sichere Intonation verlangt. Besonders reizvoll das Scherzo (Presto, III) mit einem gemütlichen Landler als Trio. Das Rondo (Schnell, IV) hat hübsche dreistimmige Sätze, erfordert Gewandtheit im Greifen und endet mit der gleichen Tonfolge wie Pfitzners Palestrina! Mit dem Quintett hält dieses Werk keinen Vergleich aus. (3/2)

CHERUBINI, Luigi (*1760 zu Florenz, † 1842 in Paris)

Beethoven hat seine theatralischen Werke hoch geschätzt, seine Kammermusik konnte er aus zeitlichen Gründen nicht kennen, da Cherubini sie bis auf sein erstes Quartett erst in späteren Jahren schrieb. Er fesselt weniger durch eingängliche Melodik, als durch satztechnisches Können. Am schwungvollsten ist sein Erstling geraten.

Nr. 1 in Es (1814) beginnt mit einem einleitenden Adagio, an welches sich ein Allegro agitato (I) anschließt. Ein variiertes Larghetto sostenuto (II) enthält eine dreistimmige Veränderung des Themas und eine interessante harmonische Sequenz. Den Höhepunkt bildet das Scherzo (III), dessen Trio auf Mendelssohn weist. Ein temperamentvolles Finale (Allegro assai) mit einem wirkungsvollen Kontrast-Thema läßt erkennen, welche musikalischen Anregungen der Komponist aus Wien mitgenommen hat, als er 1805 dort weilte, um Haydn eine goldene Ehren-Medaille zu überreichen und Beethovens Bekanntschaft zu machen. 3/4

Nr. 2 in C (1829) ist die Umarbeitung einer Symphonie in C, die der Komponist 1815 in London komponiert hatte. Lediglich der langsame Satz wurde neu geschrieben (Lento, II). Erfreuliche Musik, wenn auch die ursprüngliche symphonische Anlage allenthalben durchschimmert. 3/3

Nr. 3 in d (1834) gilt als das beste der insgesamt sechs Quartette. Der erste Satz (Allegro commodo) hat ein fortreißendes Haupt- und ein italienisches Seiten-Thema, das Larghetto (II) bietet schöne melodische Einfälle und leidenschaftliche Passagen. Das Scherzo (Allegro, III) prunkt mit kontrapunktischen Feinheiten und das Finale erfreut mit einem fröhlichen Kraftakt. 4/3

Nr. 4 in E ist zwar auch 1834 entstanden, zeigt aber deutlich, daß sein Schöpfer an Einfallskraft verloren hat, die Satzkunst des 74jährigen jedoch unverändert geblieben ist. 4/3

Nr. 5 in F liegt in Neudrucken nicht vor; ebenso:

Nr. 6 in a, das Cherubini als 77jähriger vollendete und von Wilhelm Altmann recht gelobt wird.

Debussy, Claude (* 1862 in St. Germain en Laye, † 1918 in Paris)

In der über 200jährigen Geschichte des Streichquartetts könnte man zwei Stilrichtungen feststellen: die eine versucht, mit vier gleichberechtigten Instrumenten ein vierstimmiges Flechtwerk zu erzeugen (Haydns Quartettfugen, Beethovens späte Quartette, P. Hindemith, B. Bartók), die andere möchte das klangliche Spezifikum der vier Streichinstrumente hervorkehren. Wenn wir von den Anfangswerken Haydns einmal absehen, dürfte Franz Schubert der erste bedeutende Meister gewesen sein, der mit seinem letzten Quartett in G-dur entschlossen die zweite Richtung einschlug. Ihm folgten Grieg und Smetana (erstes Quartett in e-moll), jedoch blieb es Debussy vorbehalten, dieses Prinzip durch seine höchst persönliche Tonsprache neu zu beleben. Man hat ein Ier Quatuor – ein zweites blieb in den Entwürfen stecken – als den Auftakt zum französischen Impressionismus bezeichnet; das trifft allerdings nur bedingt zu.

op. 10 in g (1893). Der erste Satz (Animé et très décidé) folgt der klassischen Sonatenform, fordert der V. I saubere Oktav-Technik ab und lebt von einem sehr charakteristischen Kopfthema, das sich durch alle vier Sätze zieht. Man kann diesen Satz kaum sinngemäß wiedergeben, wenn nicht mindestens einer der vier Spieler eine genaue Vorstellung von den agogischen Nuancen hat. Dazu kommen recht ungewohnte Tonfolgen (beispielsweise die Achtel-Triolen im Tempo rubato, Fis-dur) und Kenntnis der französischen Sprache, denn das Quartett enthält recht viele Spielvorschriften. Der zweite Satz (Assez vif et bien rhythmé) bedient sich im Hauptteil vieler und sehr schnell zu spielender pizzicati – beim Üben tun einem sehr bald die gepeinigten Fingerkuppen weh. Der Schluß dieses quasi Scherzos ist zauberhaft. Das And^{no}. (= Andantino) doucement expressiv ist im Hauptteil ganz schlicht gehalten und durchaus spielbar. Der Mittelteil (Un peu plus vite) enthält im 5. und 8. Takt Quintgriffe in den beiden Geigen, die man besser als Oktavgriffe umlegt, da sogenannte Barré-Griffe in hoher Lage selten rein zu bekommen sind. Die Coda dieses Satzes gehört zu den klangschönsten Partien dieses Werks. Der letzte Satz ist formal wenig übersichtlich, stellt erhebliche Anforderungen an Intonationssicherheit und wirkt nur bei entsprechendem Elan, der eine virtuose Beherrschung aller vier Instrumente voraussetzt. Der musikalische Wert dieses einzigartigen Werkes kann nicht hoch genug angesetzt werden. (6/5)

Ditters von Dittersdorf, Carl
(* 1739 zu Wien, † 1799 in Schloß Rothlhotta [Böhmen])

Ein liebenswürdiger Kleinmeister, befreundet mit Haydn und Mozart, mit denen er an der V. I Quartett spielte. Gefühlstiefe und komplizierte Satztechnik findet man in seiner Musik weniger als eine gepflegte und frohsinnige Unterhaltung, die er mit originellen Einfällen zu würzen weiß. Von seinen sechs Quartetten, die er 1788 bei Artaria drucken ließ, sind nur noch diese im Handel:

Nr. 1 in D beginnt mit einem ausgedehnten Moderato in herkömmlicher Schreibart; das Menuett (Moderato, II) umschließt ein Alternativo (= Abwechslung, steht hier statt Trio) in moll. Das Finale (Allegro) hat ein originelles Sechzehntel-Thema, das neckisch in seinen Bauelementen jeweils mit einem kurzen Vorschlag schließt. Ein eingeschobenes Minore hat anfangs den gleichen Melodietypus wie das Seitenthema aus Beethovens Streichtrio in G (op. 9/1, I). Originell mit primitiven Mitteln ist der vertröpfelnde Schluß. (2/1)

Nr. 4 in C ist etwas anspruchsvoller für die V. I und beginnt mit einem Allegro, das beim zweiten Thema Haydn zitiert (Vogelquartett, op. 33/3, I) und ziemlich ausgedehnt ist. Der Menuetto (Allegro assai, II) ist natürlich ein Scherzo; der Alternativ-Teil beginnt mit einem lustigen Zwiefachen-Rhythmus und benutzt eine Schmuckfloskel aus dem Hauptteil. Wenn man die Coda hinter sich hat, muß man sagen: einfacher und origineller geht's nicht! Das Andante e con gusto (III) hat ein nettes Thema; die Variationen darüber sind schematisch. Dagegen gefiel ihm seine Coda zum Scherzo so gut, daß er sie am Schluß unversehens nochmal spielen läßt! (3/1)

Nr. 6 in Es dürfte vielen Hausmusikanten geläufig sein, weil es schon früh als Neudruck vorlag. Das Allegro (I) ist hübsch zu spielen und erfordert bedeutend mehr Erfahrung im Zusammenspiel als die vorstehenden Werke. Ein Andante (II) in G wurde vom damaligen Herausgeber aus einem anderen Quartett entnommen und eingefügt, weil ein anständiges Streichquartett eben vier Sätze zu haben hatte. Der Menuetto (Non troppo presto) trägt Mozartsche Züge und hat ein Landler-Alternativo. Das Finale (Allegro vivace) entspricht im Typus dem Finale des Es-dur-Quartetts von Haydn (op. 33/2) und huscht in virtuoser Manier einher. Als Kontrast dient ein feuriges Primas-Solo der V. I. (3/2)

Dvořák, Antonin (* 1841 zu Nelahoceves a. d. Moldau, † in Prag 1904)

Sohn eines Gastwirts und Metzgers, erlernte das Metzger-Handwerk (Lehrbrief vom 2. 11. 1856) und gleichzeitig Geige, Klavier und Orgel. Als Organist und Bratscher im Interimstheater zu Prag komponierte er fleißig. Schließlich wurde der Heimat und Natur liebende Lokomotiven-Enthusiast Doktor in Cambridge und eine internationale Musikgröße. Das ist ein Schicksal, das an Joseph Haydn erinnert. Dvořák ist eine der glücklichsten Synthesen zwischen Naturtalent und bewußt gestaltender Kraft, welche die zweite Hälfte des vorigen Jahrhunderts hervorgebracht hat. Trotzdem sich Dvořák auf allen Gebieten der musikalischen Kompositionen betätigte, ist seine Kammermusik doch wohl das Bedeutendste, was er uns hinterlassen hat. Seine Meisterschaft im Streichquartettsatz erreichte er genau so langsam wie Brahms; seine Erstlinge: op. 2, 9, 10, 12 werden kaum gespielt; erst

op. 16 in a (1874), zu dessen Niederschrift der Komponist ganze 10 Tage benötigte, vermag in seiner Gesamtheit zu fesseln. Das Allegro ma non troppo (I) ist formstreng aufgebaut; sein liebliches Hauptthema wird schon bald im Kanon zwischen V. I und Vc geführt, das Seitenthema (Un poco più mosso) ist melodisch weniger prägnant, und wird in der Durchführung (nach dem Doppelstrich) auch weniger verwendet als das Hauptthema. Dieser Satz birgt bis auf ein paar Tonart-Ausweichungen und nicht gerade bequem liegende Doppelgriffe keine besonderen Schwierigkeiten. Das Andante cantabile (II) hat einige sauber zu spielende Ablösungsfiguren und ist verhältnismäßig einfach gehalten. Das Allegro scherzando (III) hat originellen Rhythmus und ein schönes cantables Trio. Beim Spiel ist auf die vielen dynamischen Zeichen, die man jedoch nicht klanglich übertreiben sollte, zu achten, die dem Ganzen erst die richtige Würze geben. Das Finale (Allegro, ma non troppo) lebt von einem auftaktigen Triolen-Rhythmus und zeigt mit seinem Gesangsthema (*p*, dolce), welchen melodischen Wert eine A-dur-Tonleiter haben kann. Der Satz enthält viele kraftmeierische Partien und ist etwas zu ausgedehnt. (4/3)

op. 80 in E (1876) hatte ursprünglich die op.-Nr. 27, wurde elf Jahre nach seiner Entstehung von Dvořák einer Durchsicht unterzogen und dann erst veröffentlicht. Es ist ein wenig eckig und weist einige Klippen für das Zusammenspiel auf. Es entstand nach dem Tode des ältesten Töchterleins des Komponisten und weicht häufig nach moll-Tonarten aus. In diesem Werk kämpft immer noch der Kompositionsschüler mit dem ihm angeborenen Naturtalent. Dieses Quartett ist nichts für Anfänger. (4/4)

op. 34 in d (1877) Johannes Brahms gewidmet. Dieser im März 1878 an den Komponisten: »...die Widmung des Quartetts würde ich als eine mir widerfahrene Ehre empfinden.« Dieses Werk läßt Dvořáks Neigung zu dem von ihm scheu verehrten Schubert allenthalben erkennen. Das Allegro (I) zeigt das deutlich mit dem etwas sehnsüchtigen Anfangsthema, besonders wenn die V. I das Thema in V. II mit dem oberen Quintton überschimmert. Böhmisch ist das terzelnde zweite Thema, in welchem der Achtelauftakt im vierten Takte unmerklich gedehnt voll ausgespielt werden muß. Überhaupt gehört zu diesen Partien bei Dvořák ein Schuß böhmischen Musikantentums, das leider nicht jedem gegeben ist. Verschiedene Stellen erfordern genaue und kontrollierte Intonation, besonders die durch Achtelpausen getrennten Akkordschläge im *ff*. Im zweiten Satz Alla Polka (Allegretto scherzando) ist Dvořák zum erstenmal überzeugend ganz er selbst; dieser Satz ist die Krone des Werkes und muß sehr musikantisch gespielt werden; die agogischen Nuancen in der Koda ergeben sich dann wie von selbst. Das Trio ist mit seinem Dvořák-Seufzer im vierten Takt und dem Kurzschluß auf den drei Sechzehnteln im 24. Takt ebenfalls ein großartig stilisiertes Volksmusikstück. Schade, daß die klangschöne Wiedergabe der Doppelgriffe zu Beginn des Adagios (III) erhebliche Schwierigkeiten macht. Auch die rhythmische Zerfaserung der drei Unterstimmen erleichtert das Spiel des melodisch sehr schönen Satzes keineswegs. Das Finale (Poco allegro) fällt dagegen stark ab. Hat das erste Thema noch eingängige rhythmische Reize, so wirkt der Vortrag des zweiten Themas bisweilen geradezu dürftig; das liegt aber nicht am Thema! (3/3)

op. 51 in Es (1879) entstand auf Anregung von Jean Becker, dem Führer des damals berühmten »Florentiner« Streichquartetts. Dieses Werk zeigt den Komponisten in allen vier Sätzen als einen vollkommen eigenständigen Künstler und erlaubt am ehesten, erfolgreich in die Technik und das Wesen seiner Kammermusik einzudringen. Das Allegro ma non troppo (I) beginnt mit einer wallenden Achtel-Arpeggie, die rhythmisch sehr genau sein und bei der die Bratsche den oberen Ton des Doppelgriffs im ersten und zweiten Takt sehr deutlich bringen muß. Der Satz ist teils fließend, teils rhythmisch prägnant vorzutragen. Das Seitenthema kommt merkwürdigerweise schon in einem Violin-Duett von Viotti vor und wird mit leggiero zu spielenden Passagen der V. I überspielt. Diese Stellen liegen zwar ziemlich hoch, aber gut in der Hand. Sehr schön die Coda mit ihrem elegischen Ausklang. II ist eine Dumka; »Elegie« hat der Komponist hinzugefügt. Die Dumka ist eine Singballade oder ein lyrisches Lied ursprünglich ukrainischer Herkunft. Dieser Satz besteht aus zwei alternierenden Tempi, von denen das Vivace rhythmisch knifflig, wenngleich ganz natürlich ist. Mitunter treffen 2/8- und 3/8-Rhythmen zusammen, und dann heißt's: zählen! Das gilt auch für den Übergang zum neuerlichen Andante con moto und zum Schluß-Vivace. Der Schluß dieses Satzes ist schlichtweg genial! Die Romanze (III) erfordert sauber zu intonierende Doppelgriffe in allen vier Stimmen und ist einer der schönsten langsamen Sätze Dvořáks. Das Finale (Allegro assai) ist ein stilisierter böhmisch-mährischer Springtanz (Skocná), der von allen Spielern sehr lockere Bogenführung verlangt. Das Kontrastthema ist etwas nachdenklich vorzutragen. Kein accelerando auf Tempo I zu! Die Durchführung vor dem letzten Vortrag des Rondothemas ist turbulent und muß sorgsam studiert werden. (5/4)

op. 61 in C (1882) ist großräumiger und vor allem ungleich schwerer als das vorige. Dvořák schrieb im November 1881 an einen Freund: »Ich habe in der Zeitung gelesen, daß Hellmesberger mein Quartett, das noch nicht existiert, am 15. Dezember aufführen wird! Es bleibt mir nichts übrig, als es zu komponieren.« Dieses Werk ist von Alec Robertson in seinem Buche: A. Dvořák, Leben und Werk kritisiert worden; darin wird angemerkt, daß es rückschauend zu Beethoven und Schubert entworfen sei und mehr Bewunderung als Liebe verdiene. Vertieft man sich in dieses C-dur-Quartett, so wird man gewahr, wie fraglich solche subjektiven Werturteile sein können. Das Allegro (I) erweist sich als kraftvoll und interessant; es hat ein zartes Kontrastthema und eine interessante Durchführung. Allerdings sind schon hier die Anforderungen an die Spieler ziemlich hoch gesteckt. Schwer ist Intonation und Zusammenspiel im Poco adagio e molto cantabile (II), das nur sehr erfahrenen Quartettlern Freude machen dürfte. Das Scherzo (III) stellt technische Aufgaben, die Wendigkeit verlangen. Das Trio ist tatsächlich anfangs Schubert verhaftet, wird aber zusehends komplizierter im Satz und hat eine zwar kurze, aber treffliche Überleitung zum Hauptteil in den letzten vier Takten. Das Finale (Vivace) ist allerdings auch geübten Geigern kaum zugänglich; es enthält herrliche melodische Einfälle und eine geradezu halsbrecherische Sechzehntelpassage gegen Schluß in der V.I.

Auch die übrigen drei Stimmen sind nicht einfach; so werden der V. II verschiedene hochgelegene Stellen abverlangt und im Zusammenspiel ist manches recht knifflig. (6/6)

op. 96 in F (1893) ist unstreitig das bekannteste und bei den Heimmusizierern das beliebteste Quartett. Es wurde in Spillville im Staate Iowa (USA) geschrieben, wohin sich Dvořák als damaliger Direktor des National-Konservatoriums von New York zur Erholung zurückgezogen hatte. Diesen Urlaubsort hatte sich der Komponist ausgesucht, weil es eine böhmische Siedlung war. Am dritten Tage seines dortigen Aufenthaltes begann er die Komposition des F-dur-Quartetts; in weiteren drei Tagen lagen alle vier Sätze im Konzept fertig vor und unter den letzten Takten stand von des Meisters Hand: »Gott sei Dank. Ich bin zufrieden. Es ist schnell gegangen.« Es ist das unkomplizierteste und wirksamste unter seinen Brüdern und wohl allen Quartettlern wohlbekannt. Der erste Satz zeugt mit seiner eindringlichen Thematik vom Heimweh, das den Meister in der neuen Welt nie losließ. Der langsame Satz mit der wellenden Bratschen-Bewegung und dem leidenschaftlichen Duett der beiden Geigen sollte etwas rubato gespielt werden, wobei der Va die Aufgabe zufällt, das Tempo entsprechend zu modifizieren. Das Scherzo (III) soll dem Meister ein »verdammter Vogel (rot, nur mit schwarzen Flügeln)« eingegeben haben, der ihm mit seinem ewigen Gezwitscher auf die Nerven gegangen war. Dieser Satz ist im Zusammenspiel nicht ganz einfach. Das Finale erfordert eine lockere Bogentechnik in den Mittelstimmen und hat als Kontrastthema eine – womöglich parodistisch gemeinte – etwas ordinäre Melodie, die von der V. I mit sauberen Doppelgriffen gespielt werden muß. Das Ganze muß von Temperament und Musikantentum sprühen. (3/3)

op. 105 in As (1896). Wegen seiner Intonations-Schwierigkeiten ist dieses Werk von Liebhabern gemieden; beginnt doch schon die Einleitung in as-moll. Hat man dieses Adagio ma non troppo erst einmal gemeistert, kann man sich an der Einfallskraft des Allegro appassionato (I) und seiner ziselierten Struktur recht erfreuen, wobei man die zahlreichen Tempo-Modifikationen genau beachten muß. In der Coda befinden sich die schönsten Nonen-Akkorde, welche die Quartettliteratur des vorigen Jahrhunderts aufzuweisen hat. Das Molto vivace ist ein Furiant und im 3/4-Takt notiert, hat aber nach Art dieses Tanzes immer wieder

2/4-Rhythmus, was in den letzten vier Takten vor der ersten Wiederholung von den Spielern durch entsprechende Betonung (Akzente) verdeutlicht werden sollte. Dazu ist zu sagen, daß die Komponisten bis zum Ende des vorigen Jahrhunderts in solchen Fällen nicht in einem fort Taktwechsel vorschrieben, sondern es der Intelligenz der Ausführenden überließen, wie man solche Rhythmusverschiebungen interpretiert. Das zärtlich wirkende Trio bringt ein Duett zwischen V. I und Vc. Man darf hier nur ganze Takte zählen, weil darin Duolen, Quartolen und Quintolen vorkommen, die mit ruhiger Sicherheit darzubieten sind. Die V. II bestreitet die Rückleitung zum Hauptteil, dessen erste 12 Takte dem Trio angehängt sind; infolgedessen geht die Reprise erst mit dem 13. Takt an. Überraschend der Schlußton, den alle vier gemeinsam zu spielen haben. Das Lento e molto cantabile (III) hat herrliche melodische Eingebungen, die bisweilen von der V. II wiederholt werden, wobei die V. I höher gelegene Gegenmelodien singt; alles ist in Klangzauber getaucht. Im Kontrastteil beginnt das Vc einen Orgelpunkt im Triolenrhythmus vorzutragen, über welchen sich eine groß angelegte Steigerung erhebt. Bei der Reprise des Anfangs muß die zweite Geige rhythmisch sehr genau und bewußt und obendrein »scherzando« ihre kleinen Notenwerte bringen. Die Coda benutzt noch einmal den Triolen-Orgelpunkt. Das Allegro non tanto (IV) beginnt poco sostenuto, um dann mit Hilfe des stringendos erst das Hauptzeitmaß zu gewinnen. Beim Spiel ist wichtig, daß die der herrschenden Sechzehntelfigur jeweils folgenden Viertel ihrem Wert nach gut ausgehalten werden. Vor dem ersten Seitenthema stehen zwei alle vier Instrumente durchlaufende Ablösungsfiguren; die in Sechzehntel ist durch gemeinsame Anschlußtöne verzahnt, die in Achteln jedoch nicht; daher sind die zweiten Achtel gut auszuhalten. Der Satz birgt schöne Einfälle und Themen, ist aber in den Mittelstimmen reich bestückt mit kleinen Notenwerten, die sehr präzis gebracht werden wollen. Man tut gut, beim eigenen Spiel sehr aufmerksam zu verfolgen, was die Partner jeweils zum Besten geben. (5/5)

op. 106 in G (1896) wurde eher vollendet, aber später begonnen als das in As, dessen Einleitung Dvořák noch in Amerika schrieb. Das Allegro moderato (I) ist ein stark aufgegliedertes Stück, dessen Tempo sich nach der Ausführungsmöglichkeit der Zweiunddreißigstel richten muß; hier läßt ein Naturfreund die

Vogelstimmen seiner Heimat reichlich zu Wort kommen. Daher: Auflockerung der Spieltechnik. Schwerfälliger Vortrag zerstört den Reiz dieses kammermusikalischen Satzes mit seinen aparten melodischen Einfällen. Das Adagio ma non troppo (II) besteht aus Variationen, die große Ansprüche an Intonations-Sicherheit und die korrekte Wiedergabe kleinster Notenwerte an rhythmisch exponierten Orten stellt. Die Stauung der in den Variationen vorbereiteten Spannungen entlädt sich in einer »grandioso«-Partie in C-dur. Das Molto vivace (III) ist eine sehr bewegte »caccia« (Jagdstück). Das zweite Thema des Hauptteils, in welchem die beiden Geigen einen Kanon anstimmen, hat eine rhythmisch komplementäre Begleitung in den beiden Unterstimmen, die bei dem raschen Tempo rhythmische Stabilität beider Spieler voraussetzen. Im As-dur-Teil müssen ganze Takte gezählt werden, weil darin Duolen, Quartolen und 6/8-Noten vorkommen. Im Trio (Un poco meno mosso), das von Schubertscher Schlichtheit ist, kann sich die V. II die Doppelgriffe am Anfang erleichtern (s. S. 52). Das Finale beginnt mit einem Andante sostenuto, das accelerando in das Allegro con fuoco übergeht. Im Es-dur-Teil, welchem wiederum eine ablösende, pizzicato vorzutragende, achttaktige Passage vorangeht, haben alle vier Instrumente eine Sechzehntelbegleitung zu spielen, die sehr unangenehm in der Hand liegt und zu der man sich unbedingt einen brauchbaren Fingersatz zurechtlegen muß. Leider ist Dvořák dann auf die Idee verfallen, Themen der anderen Sätze zu zitieren; das geschieht nicht immer sehr glücklich und klingt bisweilen ein wenig mager. Diesen Satz in einer logisch zwingenden Weise vorzutragen dürfte für Liebhaber zumeist unerreichbar sein. (5/6)

Da es genügend Dvořák-Fans gibt, seien noch die
Zwei Walzer, op. 54/1 u. 4 wenigstens erwähnt, die er 1880 komponierte und dann für Streichquartett setzte. Mit Wiener Charme vorgetragen sind die zwei Stücke eine hübsche Zugabe für Vorspielabende. (3/3)

Françaix, Jean (* 1912 in Le Mans [Nordfrankreich])

Man spricht diesen liebenswürdigen Komponisten »franßäx« aus. Von den modernen französischen Tondichtern ist er neben Ibert und Milhaud derjenige, der den »esprit« dieser Nation geradezu verkörpert. Sein Streichquartett in G (ohne opus-Zahl) aus dem Jahre 1934 ist bei aller Durchsichtigkeit des Satzes technisch alles andere wie einfach; so muß die V. I in Griff-Oktaven und in der hohen Lage vollkommen sicher sein. Das Allegretto vivace (I) besteht aus kurzen, einprägsamen Motiven, die sich sofort als »Ohrwürmer« einnisten. Das Andante (II) variiert das Hauptmotiv des ersten Satzes und ist reich an hochgelegenen Terzdoppelgriffen in der V. I. Das Scherzo (Presto, III) bedient sich im verzwackten Rhythmus ausgiebig des pizzicatos (darin ähneln sich viele französischen Scherzi!). Das Allegretto moderato (IV) beginnt harmlos und nett wie ein frühes Stück von Haydn, zitiert Themen aus dem ersten Satz um schließlich in eine ganz schlichte Volksweise zu münden. Alles sehr unterhaltsam und geistreich, aber für uns schwer zum Klingen zu bringen. (5/5)

Franck, César (*1822 in Lüttich, † 1890 zu Paris)

in D (1889) wurde ein Jahr vor seinem Tode vollendet und ist infolgedessen ein reifes Werk des Großvaters der französischen Schule. Die vier Sätze des ausgedehnten Werks stellen für Liebhaber kaum zu lösende Aufgaben, was Intonation, Doppelgriff-Technik und die Gestaltung des außerordentlich langen Finales anbetrifft. Der zugänglichste Satz ist das Scherzo (Vivace, II). Vom Komponisten der ehemals so beliebten, melodisch blühenden Violin-Sonate ist in diesem Alterswerk nichts mehr geblieben. (5/5)

Glasunoff, Alexander (* 1865 in Petersburg, † 1936 zu Boulogne bei Paris)

Seine Streichquartette zeichnen sich durch hervorragende Satztechnik und durchdachte kammermusikalische Gestaltung aus. Die Stimmen erscheinen auf den ersten Blick als nicht besonders schwer; beim Zusammenspiel ergeben sich erst die wahren Schwierigkeiten. Wer Gelegenheit hat, möge zu seinem

op. 1 in D (1882) greifen, das sich als originelles »Sturm-und-Drang«-Werk präsentiert und sich mit überraschenden harmonischen Kurzschlüssen recht russisch gibt. (4/4) op. 26 in G (1888) hat sein Schöpfer »Quatuor slave« genannt. Das knapp gefaßte Moderato (I) ist durchaus spielbar; das gleiche gilt für das schlichte Interludium (Moderato, II). Der dritte Satz heißt Alla Mazurka (Allegretto) und bietet hübsche Melodik. Das Finale (Allegro moderato) ist ein slavisches Fest. Da es sich hier um ein russisches handelt, dauert es ziemlich lange. (4/4)

Aus Glasunoffs früherer Schaffenszeit stammen die
Fünf Novelletten op. 15 (1886), die allen etwas Fortgeschrittenen hiermit recht empfohlen werden. I. Alla Spagnuola wartet mit einer rhythmisch interessanten Hauptmelodie auf; II. Orientale (Allegro con brio) ist ein faszinierender Tscherkessen-Tanz. III. Interludium in modo antico (Andante) ist ein schlichtes lyrisches Stück in der dorischen Kirchentonart. IV. Valse erweist sich als »weanerisch«-elegant und ist auch so vorzutragen. Das abschließende All'Ungherese verlangt im »Lassu« (Andantino sostenuto. Capriccioso) einen quasi improvisierenden zigeunerischen Vortragsstil, über den nun leider nicht jeder Primarius verfügt, der zudem noch in sehr hoch liegender Kantilene griffsicher sein muß. Es ist kein musikalisches Verbrechen bei einer solchen Suite beim Vorspielen einen Satz auszulassen. (4/3)

Etwas anspruchsvoller in mancher Beziehung ist die
Suite in C op. 35 (1887). I. Introduction et Fugue (Andante/Allegro moderato) ist einfach zu spielen, II. Scherzo (Allegro) hat flüssig zu spielende Quintolen in größerer Anzahl und ein zierlich anhebendes Scherzando. Der Satz nimmt dann später an dickerer Setzweise zu, was in der V. I zu einer sehr ausgedehnten Akkord-Arpeggio-Passage führt, die ziemlich anstrengend zu spielen ist, wenn es noch erträglich klingen soll. III. Orientale (Andante mit häufigem Più mosso) bevorzugt den vorderasiatischen Teil des Orients (Muezzin-Rufe). IV. besteht aus charakterisierenden Variationen über ein volksliedartiges Thema, mit entsprechenden Überschriften. Einzelne Teile sind ziemlich schwierig zu spielen, wie beispielsweise die »Alla Polacca«-Variation; die letzte bestreitet ein sehr eleganter Wiener Walzer. (4/4)

GRAINGER, Percy Aldridge
(* 1882 in Brighton bei Melbourne [Australien], † 1961 zu New York)

Was der so reichhaltigen Streichquartett-Literatur ermangelt, sind sog. Zugaben, Musikstücke kleinen Formats, die unsere Fähigkeiten zum guten Schluß noch einmal ins rechte Licht stellen und uns erlauben, nach abgearbeitetem Pensum das »Eingespieltsein« auszukosten und sich einen allseits befriedigenden Abgang zu sichern. Manche behelfen sich, indem sie in der großen Haydn-Ausgabe unschlüssig längere Zeit herumblättern, um einen geeigneten Satz herauszuklauben. Manchmal finden sie auch einen, der dann, weil er nicht eigens studiert wurde, schlecht geht und so bleibt der beabsichtigte Effekt meist aus. Deshalb lieber gleich: Molly on the shore (Molly am Gestade) aus den British Folk Settings von Grainger. Es ist ein ausgezeichnet gesetztes, tänzerisches Drei-Minuten-Stück, das technisch unkompliziert, bei sorgsamer Beachtung der Vortragszeichen ganz große Wirkung tut. (3/3)

GRIEG, Edvard Hagerup (* 1843 Bergen, † 1907 ebenda)

Dieser Komponist gehört zu jenen hochtalentierten Meistern des ausgehenden 19. Jahrhunderts, die einmal Weltgeltung hatten und über die eine undankbare Nachwelt aus Unkenntnis allzu hart zu urteilen pflegt. Er hat das Verdienst, die skandinavische Volksmusik mit ihren melodischen, rhythmischen und harmonischen Eigentümlichkeiten in der Kunstmusik heimisch gemacht zu haben. Seine Schwäche war allerdings, den großen Formen mit wenigen Ausnahmen aus dem Wege zu gehen. Neben seinen Violin-Sonaten, einer Sonate für Violoncello und Klavier komponierte er drei Streichquartette, von denen das erste in d (1861) verloren ist.

op. 27 in g (1877/78) ist zwar ein großangelegtes und sehr ernst gemeintes Werk, besitzt aber keine besonderen kammermusikalischen Feinheiten, das Intermezzo (Allegro molto marcato, III) vielleicht ausgenommen. Der Klang dieses sehr füllig instrumentierten Stückes sprengt vielfach die dem Quartettsatz gezogenen Grenzen. Die Tonsprache ist originell und spezifisch Grieg. Viele Doppelgriffe – auch in den Mittelstimmen – erschweren die Wiedergabe. Auch die Ausdehnung des Ganzen in den Ecksätzen, von denen das Finale ein temperamentvoller Saltarello ist, wird viele Heimmusizierer abschrecken. (5/4)

Unvollendetes Quartett in F (1891). Es ist bedauerlich, daß der Komponist es nicht zu Ende führte, denn der Satz ist hier viel quartettmäßiger als im vorigen. Das Allegro vivace e grazioso (I) hat eine langsame Einleitung und ist gut zu spielen; das Allegro scherzando ist ein norwegischer Springtanz und eine willkommene Zugabe. Allerdings ist Routine im Zusammenspiel eine wichtige Voraussetzung für das Gelingen. (4/4)

GYROWETZ, Adalbert (* 1763 in Budweis [Böhmen], † 1850 zu Wien)

Dieser Kleinmeister war ein gebildeter, weitgereister und beliebter Musiker, den Goethe in Italien des Umgangs würdigte, der als guter Violinist mit dem Grafen Rasumowsky Quartett spielte und sein Leben in einer vergnüglich zu lesenden Autobiographie geschildert hat. In Paris wurden Werke von ihm unter Haydns Namen gedruckt. Von seinen Streichquartetten, insgesamt 43 Stück, ist z. Z. nur ein einziges neu herausgegeben:

op. 3/1 in D (ca. 1790) ist für Liebhaber geschrieben, stellt kein Problem dar, hat aber solistische Partien für alle vier Instrumente und ist überaus liebenswürdig. Natürlich darf man darin keinerlei »Tiefe« ausloten wollen. Man nehme dieses Haydn hörige Werk als das, was es ist und sein will: gepflegte Unterhaltung, die sich ganz besonders an ehrgeizige Anfänger wendet. (3/2)

HAYDN, Joseph (eigentlich: Franz Joseph) (* 1732 in Rohrau, † 1809 in Wien)

Haydn gilt als der wahre Schöpfer und das gültige Muster unserer Gattung. Er ist aber nicht etwa der »Erfinder« des Streichquartetts, denn es hat schon vor seinen ersten Versuchen solche gegeben, und Haydns Erstlinge unterscheiden sich kaum vorteilhaft von den Kompositionen seiner Vorgänger. Sein Verdienst ist es, den Kunstwert dieser Gattung erkannt zu haben und diese in hochinteressanter Art und Weise so zu entwickeln, daß Mozart und Beethoven an seine späteren Schöpfungen unmittelbar anknüpfen konnten. Joh. Friedrich Rochlitz hat die Bemerkung Mozarts überliefert: »... denn ich habe von Haydn erst gelernt, wie man Quartette schreiben müsse.« Bei der in den landläufigen Ausgaben sinnlosen Reihenfolge übersieht man bei der Vielzahl herrlichster Werke oft den logischen Weg, den Haydn bis zur Meisterschaft zurücklegte. Wer sich dafür besonders interessiert, kann sich in den biographischen Werken über Haydn noch genauer orientieren. Für Streichquartett-Neulinge gibt es nichts Besseres, als die gesamten Quartette vom ersten bis zum letzten durchzuspielen, und zwar jeden Abend nur eines. Dazu muß man allerdings wissen, in welcher Reihenfolge man vorgehen soll und das ist bei der Peters-Ausgabe dadurch erschwert, daß jedes Quartett doppelt, ja dreifach numeriert ist. Man kann sich dabei an die Opus-Zahlen halten, die sich diesmal als zuverlässig erweisen. Dann gibt es noch jene aus dem vorigen Jahrhundert stammende, heute ganz sinnlos gewordene Teilung in »berühmte« Quartette und solche, die das nicht sind. Die damaligen Herausgeber haben sich dabei auf ihren romantisch orientierten Geschmack verlassen, der heute durchaus nicht mehr gefragt ist. Abgesehen von den Frühwerken op. 1 und 2, die weder Streichquartette sind noch welche sein wollen, sind alle folgenden in ihrer Art Meisterwerke und derart individuell verschieden in ihrer Tonsprache, Gestaltung und Form, daß immer dann, wenn man einmal zu einem seltener gespielten Werk greift, man bedauert, dieses bisher nicht häufiger gespielt zu haben. Wir haben bei der Numerierung der Werke nur die Opuszahlen und zusätzlich die von dem Haydnforscher Anthony van Hoboken ermittelte chronologische Numerierung übernommen (Thematisch-bibliographisches Werkverzeichnis), der die Streichquartette in der Gruppe III angeführt hat.

Die Quartette op. 1 (1755?)

In den ersten Druckausgaben wurden diese sechs Werke »Simphonies«, »Quatuors dialogués« genannt; Haydn soll sie als »Quadri« bezeichnet haben. Es handelt sich um Cassationen oder Divertimenti, kenntlich an der Fünfzahl der Sätze mit je zwei Menuetten. Nach älterer Überlieferung soll dieses op. 1 im Schloß Weinzierl bei Wieselburg in Niederösterreich entstanden sein, wo der 23jährige Haydn als Gast von Karl Joseph von Fürnberg, einem geadelten

Mediziner und großen Musikfreund, mit dem Pfarrer, dem Gutsverwalter und einem Cellisten namens Albrechtsberger Quartett gespielt haben soll. Die Musikwissenschaftler sprechen teils von früherer, teils von späterer Entstehungszeit. In diesen Erstlingen zeigt sich mitunter ein heiterer, in der österreichischen Landschaft heimischer Ton. Erfreulich für die V.II ist deren Beteiligung am melodischen Geschehen, was auf die Stimmführungs-Praxis der barocken Trio-Sonate zurückgeht. Dafür ist die Va meist mit dem Baß (Vc) zusammengeführt und hat nichts Selbstständiges auszusagen; sie wirkt oft wie eine Füllstimme zum Generalbaß.

op. 1/1 in B (III/1) Einem gestrafften Presto (I) folgt der erste Menuetto (II), welcher ein dialogisierendes Trio hat: die beiden Geigen in Terzen unterhalten sich mit den in Oktaven spielenden Unterstimmen; in den beiden letzten Takten läßt sich zum ersten Male die Va melodisch vernehmen. Das Adagio (III) beginnt mit einem Orgelpunkt-Vorhang von vier Takten. Dann: Geigensolo mit Sechzehntel-Begleitung. Die großen Intervallschritte des Solisten bedeuteten damals Leidenschaft. Im zweiten Menuetto finden wir schon andeutungsweise jene kanonische Führung der beiden Geigen gegen die beiden Unterstimmen, der wir in späteren Werken wieder begegnen. Ein Presto (V) läßt die beiden Mittelstimmen zweistimmig gegen die erste Geige antreten. – Es ist übrigens nicht gesagt, daß dieses Werk das erste ist, das Haydn schrieb, denn die Reihenfolge dieses op. 1 wurde mehrfach von den Verlegern geändert. (1/1)

op. 1/2 in Es (III/2). Das Allegro molto (I) läßt im Schlußsätzchen die beiden Mittelstimmen miteinander solistisch hören und hin und wieder tut sich die Va mit der V.I zusammen. Der erste Menuetto hat im zweiten Teil zwei Takte, in denen die Va führt; in seinem Trio ertönen lange Orgelpunkte in Achteln in V.II und Va. Das Adagio (III) gehört der V.I, die in den Mittelstimmen von nachschlagenden Sechzehnteln begleitet wird; zu Anfang des zweiten Teils ein unwirsches unisono von einem Takt. Der zweite Menuetto (IV) ist altfränkisch; im zweiten Teil des Trios tritt die Va hervor, sie ist sogar über die V.I geführt. Das knapp gehaltene Presto (V) enthält bereits die für Haydn auch späterhin so charakteristischen Synkopen in den beiden Mittelstimmen zu einem Orgelpunkt in Sechzehnteln der V.I. (2/1) op. 1/3 in D (III/3) beginnt zum ersten Mal mit einem Adagio, einem Duett der beiden Geigen, das von Harmonie spendenden Achteln der beiden Unterstimmen begleitet wird. 14 Takte vor Schluß hat die Va eine ausdrücklich mit einem »dolce« versehene kleine Gegenmelodie. Im Trio des Menuetto (II) deutet sich bereits größere Beweglichkeit des Vc. an. Das Presto (III) bringt eine neuartige Stimmgruppierung: V. I und Va dialogisieren mit V. II und Vc in jeweils zweistimmigen zweitaktigen Motiven. Im Mittelteil (ohne Vorzeichen, steht aber in d-moll!) erfordern die Schleifer einen deutlichen Akzent auf der Anfangs-Note und müssen ganz prall gespielt werden. Der zweite Menuetto ist zweistimmig in Oktaven und hat ein im schönsten Kammerstil gehaltenes Trio: im *pp* spielen V. I und Va eine Melodie, welche aus einer langsamen Tonleiter besteht und werden anmutig durch lockere Achtel abwechselnd von V. II und Vc begleitet; das ist schon richtiger Quartett-Stil. Heiterer vergnüglicher Schlußsatz (Presto). (2/2)

op. 1/4 in G (III/4) beginnt mit einem aus kurzen Motiven zusammengesetzten Presto, wobei auf die Verzierungen zu achten ist. Die dreifachen Zweiunddreißigstel-Vorschläge verschmelzen mit der Hauptnote zu einer viergliedrigen Zweiunddreißigstel-Figur. Die Sechzehntel-Vorschläge werden mit Akzent auf dem Vorschlag als Sechzehntel gespielt. Im Menuetto (II) ist ebenfalls auf die Vorschläge zu achten: im vorletzten Takt des ersten Teils befindet sich ein kurzer, im vierten Takt des zweiten Teils ein langer Vorschlag (zwei Viertel-Noten spielen). Im Trio ein noch von Beethoven im c-moll-Quartett anzutreffender Effekt: Akkordschläge der V. I antworten auf das Spiel der drei anderen Instrumente. Das Adagio (III) ist anfangs ein Echostück; die V. II ahmt eine Oktave tiefer die Schlußwendungen der V. I nach, im zweiten Teil sogar vierstimmige Akkorde. Der zweite Menuetto ist anfangs wieder zweistimmig; im Trio spielen die beiden Geigen einen freien Kanon. Im Presto (V) ist die Partie der V. I bereits technisch etwas anspruchsvoll; im e-moll-Teil gibt es ein Duo der Geigen, in welchem Achtel wechselseitig gespielt werden müssen; für solche immer wieder vorkommenden Stellen ist es wichtig, daß der Rhythmus »steht« – meist wird da getrieben. (3/1)

op. 1/5 in B (III/5) soll ursprünglich eine Symphonie mit Oboen und Hörnern gewesen sein. Dieses nur dreisätzige Werk wurde der ersten Quartett-Ausgabe dieser Reihe, die ursprünglich nur aus vier Stücken bestand, angefügt und ist wohl kaum von Haydn selbst für Quartett umgeschrieben worden. Es ist nichtsdestoweniger vergnüglich zu spielen und hat im letzten Satz (Allegro molto) eine Sechzehntel-Motorik, die noch aus dem Hochbarock zu stammen scheint. (2/1)

op. 1/6 in C (III/6) Das Presto assai (I) ist eine schnelle Gigue, die darin vorkommenden Vorschläge sind sehr kurz und akzentuiert wiederzugeben. Im Menuetto (II) tauchen zum ersten Male »lombardische« Vorschläge auf; die übrigen klein notierten Vorschläge sind lang. Im Trio übernimmt die Va bei einer zweitaktigen Antwort auf ein zweistimmiges Geigen-Motiv die Führung. Das Adagio (III) ist die erste con sordino zu spielende Geigen-Serenade mit pizzicato-Begleitung. Bei dem zweistimmigen Menuetto müssen sich die beiden Geiger über die Ausführung der Vorschläge einigen; so ist im letzten Takte vor der Wiederholung (und allen Parallelstellen) der Vorschlag als Halbe und die Hauptnote auf drei anstatt der Pause zu spielen. Auch diese eigenartige Schreibweise ist noch ein barockes Überbleibsel. Das spritzige Finale (V) mit der originellen stop-Stelle im 12. und 14. Takt hat Praller mit Vorschlag auf einem Achtel, was vier Zweiunddreißigstel auf den beiden Noten abwechselnd bedeutet. (2/2)

Die Streichquartette op. 2

entsprechen, was Spielbarkeit und Formung anbetrifft, dem opus 1. Über die Entstehungszeit ist nichts genaueres bekannt. Erstdrucke erfolgten in den 60er Jahren des 18. Jahrhunderts.

op. 2/1 in A (III/7) beginnt mit einem Allegro, in welchem eine auftaktige Sechzehntel-Figur eine dominierende Rolle spielt. Der Anfang der Durchführung läßt alle vier Stimmen von oben nach unten nacheinander einsetzen, wodurch die Vierstimmigkeit hervorgehoben wird; auch dieser Effekt hat späterhin Schule gemacht (Beethoven: op. 18/5 in c IV.). Der Menuetto (II) ist einmal wieder zweistimmig. Sein Trio wird von einem zweitaktigen Motiv der V.I bestritten, das klanglich in origineller Weise begleitet wird: die beiden Unterstimmen spielen pizzicato und die V. II hat eine stereotype Achtelfigur. Das Poco adagio ist ein mit Sechzehnteltriolen unterlegtes Violinsolo, das im zweiten Teil von der Klangfarbe der tiefen G-Saite Gebrauch macht. Im Trio des Menuetts (IV) ist der Beginn der ausgeschriebenen Verzierung auf den Punkt der vorangehenden Achtelnote zu legen. Das abschließende Allegro molto stellt die V. II im ersten Teil mehrfach auffallend heraus. 12 Takte vor Schluß finden wir einen kleinen Dialog zwischen den beiden oberen und unteren Stimmen, was später ein Spezifikum des klassischen Quartettsatzes wird. (2/2)

op. 2/2 in E (III/8) Für diese – bei Liebhabern keineswegs beliebte – Tonart hat Haydn in jungen Jahren eine gewisse Vorliebe gehabt. Das Allegro beginnt in der V. I mit einem Kopfthema, von dem jedoch in der Folge wenig Gebrauch gemacht wird. Der Vorschlag im 16. Takt des Menuetto (II) hat die Länge eines Viertels. Im Trio das erste Melodie-Solo des Vc in den letzten acht Takten. Das Adagio beginnt mit einem von der V. II angestimmten Ritornell, das die V. I zweimal aufnimmt und fortführt. Dieses Solo ist recht anspruchsvoll: exponierte Terzgänge und gebrochene Dreiklangketten bis zum dreigestrichenen a. Zudem sollte der Geiger bei den zwei Fermaten auf dem dafür typischen Quartsextakkord sein Improvisationstalent beweisen. Im zweiten Teil des Menuetto (IV) wird von der V. II verlangt, den Ton h in Achteln abwechselnd auf zwei Saiten anzugeben. Diesen Effekt hat Haydn geliebt und im letzten Satz des sog. Froschquartetts (op. 50/6, IV) zum gestaltenden Prinzip erhoben. Das erforderliche starke Recken des vierten Fingers war damals auf den enger mensurierten Instrumenten leichter auszuführen als heute. Es geht noch am ehesten, wenn man das h mit dem vierten Finger auf der D-Saite zuerst greift und dann erst den ersten Finger auf der A-Saite zurücksetzt. Überhaupt ist fraglich, ob Haydn mit dieser Spielmanier lediglich die verschiedene Klangfarbe zweier Saiten haben wollte oder mit gewissen Frequenzunterschieden beider Töne gerechnet hat, denn nur diese können zur Bezeichnung »Froschquartett« geführt haben! Im Trio dieses Menuetts ein Violinsolo mit sparsamer Begleitung; auch diese Spielart werden wir bei Haydn noch häufig antreffen. In dem munteren Finale verblüffen »Abwärts«-Arpeggien der V. I; wohl für einen guten Geiger geschrieben. (3/2) op. 2/3 in Es (III/9) war ursprünglich ein »Divertimento a sei Stromenti«: vier Streicher, Kontrabaß und zwei Hörner. Dieses wurde ohne Wissen und Billigung Haydns zum Streichquartett umgeformt und gedruckt. So gleicht dieses Werk eher einem Orchesterstück als einem Quartett; ist aber trotzdem unterhaltsam und spielfreudig. Das Adagio (III) ist original, weil in langsamen Sätzen die Bläser meist »tacet« hatten und wird in allen vier Stimmen mit Dämpfern gespielt. Die weggelassenen Hörner hört man deutlich im Menuetto (IV), das variiert ist. In der ersten Veränderung spielt die Bratsche, wohl in Stellvertretung für das erste Horn, die Melodie. Auch in dem frischen und beweglichen Finale (Allegro) ist die Va etwas bevorzugt behandelt. (2/2)

op. 2/4 in F (III/10). Das einleitende Presto fordert von der V. I wie bei allen F-dur Stücken die Beherrschung der zweiten Lage. Das Menuett hat ein originell geformtes Trio (II), das Adagio non troppo hat eine ziemlich eintönige Achtelbegleitung, das zweite Menuett bereits Scherzo-Charakter. Das Allegro führt die Synkope als melodiebildendes Element ein und die beiden Geigen hoch hinauf. Außer einem *f* am Anfang fehlen dynamische Vorzeichen! (2/2)

op. 2/5 in D (III/11) ist wiederum ein Divertimento (bzw. Cassation) für Streicher und Hörner; quartettistische Feinheiten sind da nicht zu erwarten. Das einleitende Presto hat zum erstenmal einen Kunstgriff, der späterhin häufig auftaucht: eine Adagio-Bremse von drei Takten, die mezza voce zu spielen ist und dem »retardierenden Moment« in der klassischen Tragödie entspricht. Im Trio des Menuetts, in welchem V. I ein kleines zweitaktiges Motiv durchführt, werden in der Reprise die Rollen vertauscht; Vc. übernimmt den Part der V. II. Das Largo cantabile; alla breve ist ein Violinsolo aber diesmal mit synkopierter Begleitung in den Mittelstimmen. Die »alla breve«-Vorschrift kann Ursache von Mißverständnissen sein. Sie bedeutet in der Wiener Klassik keinesfalls Verdoppelung des Tempos, sondern besagt lediglich, daß die rhythmischen Schwerpunkte immer nur auf eins und drei liegen. Originell ist das Trio des Menuetto (IV) mit einem Duett der Mittelstimmen, bei dem die Bratsche führt. Das Finale (Presto) ist von lakonischer Kürze und ein Miniatur-Perpetuum mobile. (2/2)

op. 2/6 in B (III/12) beginnt mit einem etwas schematisch variierten Adagio. Der Menuetto (II) mit vielen gemeinsamen lombardischen Vorschlägen, die auf dem Sechzehntel einen weichen Akzent verlangen, führt Doppelgriffe der V. I ein, auf welche die drei unteren Stimmen antworten. Das Trio erhält seinen Charakter durch Triolenbewegung und verschiedene *fp*-Akzente. In dem kleinen Presto (III) tauchen wieder solistische Doppelgriffe in der V. I auf. Im Trio des zweiten Menuettos läßt Haydn das melodische Geschehen gleichsam erstarren, um dann mit einem unwirschen *f* dreinzufahren. Ein bewegliches, präzises Zusammenspiel forderndes Presto beschließt. (2/2)

Mit diesem Quartett ist die Gruppe der Divertimenti oder Cassationen abgeschlossen. Schon hier hat Haydn immer wieder versucht einen Typus zu schaffen, auf dem er dann weiterbauen konnte, vornehmlich auf dem Gebiet der Rollen-Verteilung, der Instrumentierung.

Die Quartette op. 3

deren Echtheit allerdings nicht ganz feststeht*, setzt die Entwicklung fort. Sie besitzen nur noch jeweils vier statt fünf Sätze; ein Menuett steht jetzt für deren zwei.

op. 3/1 in E (III/13) beginnt mit einem Kopfmotiv (Allegro molto) und hat ein stark kontrastierendes Seitenthema (sempre *p*). Duftig instrumentiert und rhythmisch abwechslungsreich hat es den Charakter eines schnellen Marsches. Das Menuett ist altfränkisch und hat bisweilen Gegenüberstellungen von Triolen und Achteln in verschiedenen Stellen, wobei man sich angewöhnen muß, die Triolen stets ruhig auszuspielen. Das Trio hat eine bezaubernde vierstimmige pizzicato-Stelle in beiden Teilen. Das Andantino grazioso ist eine Violin-Serenade, die von den beiden Unterstimmen pizzicato und der V. II mit Alberti-Bässen begleitet wird. Das abschließende Presto hat einen volksliedhaft-schlichten 12taktigen Vorhang. Das Rondo wird nur von der V. I bestritten und höchst einfach und mitunter pizzicato begleitet. Dann schließt der Anfangs-Gedanke *pp* das Presto ab. (2/1)

* Nach den neuesten Forschungen hat Pater Romanus Hofstetter von Kloster Amorbach sie komponiert (Alan Tyson und H. C. Robbins Landon im Haydn Year Book 1965).

op. 3/2 in C (III/14) hat nur drei Sätze. Eine Fantasia con Variazioni (Andante, I) ist steif und schematisch; in Variation III soll der erste Teil erst *f* und bei der Wiederholung *p* gespielt werden, in Variation V hat die Va eine charakteristische rhythmische Figur durchlaufend zu bringen. Im zweiten Teil spielen die beiden Oberstimmen in Oktaven mit den beiden Unterstimmen einen Quintkanon; danach liegt die erste Geige unter einer hohen ausgehaltenen g-Oktave von V. II und Va. Als Trio spielen wir hier zum ersten Mal einen richtigen Landler. Ein abschließendes Presto ist abwechslungsreich und sehr ausgedehnt.

(2/2)

op. 3/3 in G (III/15) ist merkwürdigerweise unter die »berühmten« geraten. Im Presto (I) wird das zweite Thema unter hochgelegenen Haltetönen der V. I von den Mittelstimmen vorgetragen; dann hat die V. I eine Sechzehntel-Solostelle, die bei der Reprise ein wenig unangenehm liegt. Der Schluß ist streng im Tempo zu spielen, damit er richtig wirkt. Im Largo hat die V. I solo zu spielen und muß dabei mit einer unangenehmen längeren Oktav-Stelle rechnen. In Takt 47 übernimmt die Va den Baß (s. S. 53). Auch hier finden sich unter hohen Haltetönen der V. I melodische Terzen der Mittelstimmen. Der Menuetto (III) ist anfangs eine Musette, die in den ersten acht Takten nur von V. I und Vc gespielt wird; im zweiten Teil übernimmt die Va diese Stelle, deren Schwierigkeit darin besteht, daß die leere D-Saite nicht durchgängig benutzt werden kann und die Melodiestimme gegenüber dem auszuhaltenden Ton etwas lautstärker wiedergegeben werden muß; in der Praxis verhält es sich meist umgekehrt. Dieses Menuett hat das »Florentiner Quartett« in das »Lerchen-Quartett« (op. 64/5) eingeschmuggelt und als »Dudelsack-Menuett« erfolgreich verkauft. Das Trio ist vorwiegend dreistimmig und recht originell. Das spielfrohe Presto (IV) hat ein lustiges Quarten-Signal in der V. I und verlangt genaues Zusammenspiel bei zügigem Tempo. (3/2)

op. 3/4 in B (III/16) ist die Niete in dieser Folge. Der erste Satz (Allegro moderato) wirkt wie ein notdürftig zum Quartett erweitertes Violin-Duo. Dann leitet ein Adagio ein Presto ein, das mehr von Routine als von Einfall zeugt. Von Haydn ist hier nichts mehr zu spüren. (1/1) op. 3/5 in F (III/17) gehört auch zu den »berühmten«, aber das wohl nur wegen der »Serenade« (Andante cantabile, II), die jedem Quartettler bekannt ist. Das einleitende Presto arbeitet mit einem Signal als Kopfmotiv, dem ein unisono der übrigen Stimmen jeweils antwortet. Hübsch das Seitenthema, das übrige ist nett, aber belanglos. Das Trio des Menuetto (III) macht seinem Namen Ehre: es ist ein Trio der beiden Violinen mit dem Vc. Ein Scherzando (ohne Tempoangabe) beschließt; es ist kleingliedrig und hat ein kurios-lustiges Ostinato im Baß, der hier von Va und Vc in Oktaven gespielt wird. (2/2)

op. 3/6 in A (III/18) beginnt mit einem Presto, das in der Faktur mit gleichartigen Sätzen aus op. 2 keinen Vergleich aushält. Das Adagio ist ein Violinsolo mit Streichtrio-Begleitung; bei den Ritornellen führt die V.II. Auch hier hat man das Gefühl, daß originelle Einfälle durch landläufige Floskeln und viele kleine Notenwerte ersetzt werden. Im Menuetto (III) erklingt in den ersten vier Takten im pizzicato der Anfang des Liedes: »Eahna achte müassen's sein, wann's an Saubärn wolln schneidn.« Über dieses Lied hat Haydn ein Capriccio für Klavier geschrieben; auch Mozart hat es in seinem »Galimathias musicum« (1766) aufklingen lassen, es muß damals eine recht beliebte Melodie gewesen sein. Das Schluß-Presto ist von einfachster Bauart und schließt im *pp*. (3/2)

Die Quartette op. 9

Haydn soll dem Wiener Verleger Domenico Artaria gesagt haben, daß seine Quartette erst mit dem 19. Werk begännen. Sollte dies auf Wahrheit beruhen, so wären die sechs Quartette op. 9 (III/19–24) der wahre Anfang des Ausbaus dieser Kunstform. Da die sechs Quartette op. 3 um 1767 geschrieben sein sollen und op. 2 gegenüber keine wesentliche Fortentwicklung erkennen lassen, wird um so wahrscheinlicher, daß op. 3 gar nicht von Haydn ist. Opus 9 erschien 1769 und weist gegenüber den ersten 12 Quartetten ganz erhebliche Fortschritte auf. Für das Verständnis der in der ersten Violinstimme angewendeten Technik ist wichtig, daß Haydn in Esterház einen vortrefflichen Violinisten, Aloysio Lodovici Tomasini vorfand, den der Fürst 1757 aus Italien als Kammerdiener und Geiger mitgebracht hatte. Haydn konnte erreichen, daß Tomasini nur noch als

Musiker beschäftigt wurde und bald zum Konzertmeister aufrückte. Für diesen sind die Violinstimmen bestimmt gewesen, die sicherlich der Technik und der Spielart Tomasinis angepaßt wurden.

op. 9/1 in C (III/19) beginnt mit einem Moderato, dessen Melodik aus der empfindsamen Zeit zu stammen scheint; dafür sind die Stimmen bereits stark individualisiert. Zu Beginn des zweiten Teils teilen sich Va und V. II in ein fortlaufendes Begleitungsmelisma, das aus gebrochenen Akkorden besteht und besondere Aufmerksamkeit bezüglich der klanglichen Kontinuität erfordert. Der Menuetto (II) erhält hier zum ersten Male eine Tempobezeichnung: Allegretto. Das Trio in moll treibt einen Viertakter durch fünf Tonarten und geht ohne Wiederholung des zweiten Teils über einen Orgelpunkt in den wiederholten Hauptteil über. Das Adagio (III) ist ein Siciliano mit hervortretender V. I, das Finale (Presto) ist sehr lebendig, macht wirkungsvoll von der Chromatik Gebrauch und sorgt für originellen Abschluß. (3/2)

op. 9/2 in Es (III/20) zählt zu den »berühmten«, dabei ist das einleitende Moderato bis auf die virtuos geführte V. I verhältnismäßig einfach gehalten und in der musikalischen Diktion bisweilen zopfig. Ein gleichartig schlichtes Menuett besteht aus je 10 Takten und hat jedesmal den gleichen Baß, ein Kuriosum! In dem ebenfalls eigenartigen Trio müssen V. II und Va in die fortlaufenden Triolen der V. I »einsteigen«. Solches glückt nur, wenn der Bogen schon vorher auf die Saite aufgesetzt wird, damit man sofort loslegen kann, denn die Aufmerksamkeit ist an sich schon zweigeteilt: man muß einerseits auf den herrschenden Rhythmus achten und andrerseits auf die Art und Weise eingehen, wie die V. I ihre Triolen bringt. So etwas geht nur gut, wenn man sich anpaßt. Das Adagio beginnt mit einem klanglichen Effekt, dem noch der späte Beethoven mehrfach gehuldigt hat, einen Akkord durch zeitlich aufeinanderfolgendes Einsetzen von unten nach oben aufzubauen. Hier geschieht das in Achtel-Abständen und ist gar nicht leicht in der Ausführung, da das Tempo anfangs keineswegs allen Beteiligten klar sein kann. Möglich daß Haydn an die arpeggierenden Akkorde eines Cembalos gedacht hat, denn es handelt sich hier um ein Rezitativ, mit dem die V. I ein Cantabile vorbereitet, eine Koloratur-Arie gewissermaßen mit einer zu improvisierenden Kadenz im viertletzten Takte. Die drei unteren Stimmen haben außer einer nachschlagenden Achtelbegleitung nichts zu melden. Das beschließende Allegro molto (IV) beschäftigt alle Vier mit Sechzehnteln, V. I und Vc mit Synkopen und die V. I außerdem mit einem uns schon bekannten Quarten-Signal (op. 3/3, IV). (3/3)

op. 9/3 in G (III/21). Im Allegro moderato (I) sieht es anfangs so aus, als sei dieser Satz der Doppelgriff geübten, geläufigen Hand des Signore Tomasini aufgeopfert; im 11. Takt des Durchführungsteils melden sich auch die anderen drei Instrumente, die Freude ist aber nur kurz. Im Menuetto (Allegretto) wird eine anfängliche Spannung erzeugt, der eine kleine tändelnde »ridiculus mus« antwortet; so etwas muß mit Humor beim Spielen verdeutlicht werden. Im Trio greift Haydn zu einem Kunstmittel, das ebenfalls Schule gemacht hat: das *fz* auf einen schlechten Taktteil. Der zweite Gedanke des Largo (III) macht reichlich Gebrauch von Sechzehntel-Triolen (Hauptsache dabei: ruhig ausspielen!). Daß diese Triolen thematisch sind, erkennt man an der Vc-Stimme im letzten Takt. Zwei Quartsextakkorde mit Fermate erfordern kurze Kadenzen. Ein sehr launiges Finale (Presto) treibt mit kleinen Motiven munteres, nie erlahmendes Spiel, an dem ein plötzlich einfallendes Vc gebührenden Anteil nimmt. (3/2)

op. 9/4 in d (III/22) ist Haydns erstes Quartett in moll. Das Allegro moderato beteiligt alle vier Instrumente an der Darstellung des ziemlich aufgefaserten Inhaltes, dessen leicht resignierender Charakter durch die letzten vier Takte vollends offenbar wird. Der Menuetto nimmt diese Stimmung auf und ist formal in eigentümlicher Weise verdehnt, indem eine Vierer-Taktgruppe noch einmal wieder aufgenommen wird. Dazu kontrastiert wirkungsvoll das Dur-Trio, das nur von den Geigen bestritten wird, die einen dreistimmigen Satz vorführen, wobei die V. I im zweiten Teil bei Wiedergabe des vierten Taktes in Schwierigkeiten kommt, falls sie sich nicht zur 2. Lage entschlossen hat. Das Adagio cantabile (III) ist ein neuer Typus von langsamen Sätzen; auch die absolute Vorherrschaft der V. I ist nunmehr gebrochen. Das Presto (IV) sprüht von heiterer Laune und weist besten Kammermusikstil auf. Eine die Stimmen durchlaufende Ablösungsfigur verlangt beim zweiten Mal erhöhte Aufmerksamkeit, weil sie plötzlich umgekehrt verläuft und dazu noch einen anderen Rhythmus aufweist.

Von Takt 21 an muß die V. I in die fünfte Lage gehen. Spielerurteil: ganz großartiges Stück. (3/3)

op. 9/5 in B (III/23). Das Poco Adagio ist das Thema für vier Variationen; in der ersten tut sich die V. I hervor, in der zweiten konzertieren die drei unteren Stimmen miteinander, zu deren Spiel die V. I lediglich jeweils einen Harmonieton in Sextolen repetiert, die dritte gehört einer recht hurtigen V. I und die letzte bringt wieder das Thema, dessen Teilwiederholungen dann ausgeschmückt werden. Ein polterndes Unisono beschließt. Der Menuetto (Allegretto, II) hat wieder zahlreiche Doppelschläge, die hier jedoch als Zweiunddreißigstel ausgeführt werden müssen, so daß für die Hauptnote noch etwa ein Achtel übrigbleibt, und schließt ein Trio ein, das im zweiten Teil durch Sforzati auf dem dritten Viertel einen eigenartigen Charakter bekommt. Im Largo cantabile (III) versucht Haydn überraschend ein neues Gestaltungsprinzip: ab dem 13. Takte durchzieht den ganzen Satz eine charakteristische Sechzehntelfigur, in deren Wiedergabe sich die unteren drei Instrumente teilen. Dieses Melisma gibt dem ganzen Satz eine eigentümliche – an Passions-Arien von J. S. Bach gemahnende – Stimmung. Ein lustiges Presto, welches mit Sext- und Quintsprüngen nicht geizt und die V. I einmal sehr hoch hinaufsteigen läßt, dient als Kehraus. Der erste und letzte Satz wurden als Duett für zwei Violinen von den beiden Oistrachs auf Schallplatte gespielt. (3/3)

op. 9/6 in A (III/24). In dem lockeren, leicht hingeworfenen Presto (I) huldigt der Komponist wiederum der Vorliebe für über den Taktstrich hinübergezogene Achtel-Synkopen, ansonst muß man unwillkürlich an Boccherini denken. Im Menuetto (II) herrscht ein abwärts rollendes, auftaktiges Sechzehntel-Motiv; das Trio in moll läßt die beiden Unterstimmen mit dem Themenvortrag beginnen, hat eine resignierende Haltung und endet über die neapolitanische Sext. Im Adagio (III) regiert das melodische Geschehen eine halbtaktige Floskel, die den ganzen Satz sehr einheitlich zusammenhält, mithin wird auf ein kontrastierendes Element verzichtet. Ein Tonleiter-Allegro (IV) ist nur mehr ein »Feder ausspritzen« (nur 54 Takte). (3/2)

Die Quartette op. 17 (Neuwirth-Quartette)

Diese Gruppe mag in den Jahren 1769–71 entstanden sein; das Autograph befand sich im Besitz der Familie Neuwirth zu Wien, wo Haydn beim Hausquartett zu bratschen pflegte. Er hat auch diese Quartette noch als »Divertimenti a quattro« bezeichnet. Die Entstehungszeit fällt mit der Geburt Beethovens und der Komposition von Mozarts erstem Streichquartett zusammen.

op. 17/1 in E (III/25) hat einen kitzligen Satz am Anfang (Moderato), der erst in der Durchführung die drei Unterstimmen individualisiert beschäftigt; dabei ist eine längere Passage des Vc unter Vorhalt-Harmonien der anderen gegen Schluß derselben bemerkenswert. Im Trio des Menuetto (Allegretto, II) macht Haydn wiederum von Vorhalten regen Gebrauch; im viert- und drittletzten Takte ein durch sforzati betonter 2/4-Takt. Das Adagio (III) hat Siciliano-Rhythmus; der Thema-Vortrag kadenziert über den neapolitanischen Sextakkord (F-dur in e-moll). Das Seitenthema steht in G-dur und führt in der V. II eine charakteristische Triolenfigur ein, die fortan das Stück bis in den Schlußtakt hinein begleitet. Das springlebendige Presto (IV) erfordert überall lange Vorschläge, beteiligt alle vier Stimmen und hat eine schöne verklingende Coda.

(3/2)

op. 17/2 in F (III/26) beschäftigt im Moderato (I) V. II mit lebhafter Figuration im Hauptteil und das Vc nebst der Viola in der Durchführung, wo ein zweitaktiges neues Motiv durch die drei Oberstimmen wandert. Die erste Geige ist technisch schwierig und ergeht sich in Oktaven und hohen Tönen. Kurz vor der Reprise eine ruhige, sinkende, harmonische Sequenz von zauberhafter Wirkung. Der Menuetto (Allegretto) nähert sich im Hauptteil dem Scherzo-Typus und bietet mit dem Eingang des etwas melancholischen Trios etwas Neues: der erste Takt des Trios knüpft motivisch an die beiden letzten Takte des Menuetto wörtlich an.* Der zweite Teil des Trios führt ohne Wiederholung in das Menuett zurück. Das Adagio (III) ist diesmal ein reines Solo der V. I, die das Thema bei der Wiederholung »sopra una corda«, mithin auf der G-Saite zu spielen hat.

* vergleiche damit den Übergang zum Trio in Mozarts Quintett in g (KV 516).

Bei den zahlreichen chromatischen Gängen empfiehlt es sich, diese sehr deutlich mit einer betonten Exaktheit zu spielen, um ein »Verschmieren« zu vermeiden. Merkwürdig ist im Mittelteil eine 12taktige Episode vor der Reprise, in der langnotige Harmonien von einer Triolen-Figur der Va untermalt werden, die fast solistisch zu spielen ist. Das Allegro di molto (IV) zwingt die V.I auf der D-Saite bis zum zweigestrichenen g zu klettern, um das Schaukeln mit der leeren G-Saite zu ermöglichen (Vorübung: Fiorillo-Etüde Nr. 28). In Takt 62 ein späterhin häufig vorkommender Effekt: ein unisono wird von der V.I mit Nebennoten versehen. Spielerurteil: interessantes, spielfreudiges Stück. (3/3)

op. 17/3 in Es (III/27). Die Variationen des Andante grazioso sind hauptsächlich der V.I zugewiesen; in der zweiten meldet sich in den Mittelstimmen ein eigensinniges rhythmisches Kurzmotiv zu Wort, und in der Var. IV hat das Vc eine das Fagott suggerierende Figuration der Baßstimme zu vollführen. Im Menuetto (Allegretto, II) treibt ein Motiv mit Achteln sein munteres Spiel, wobei der Viertelauftakt wegen seines Punktes über der Note immer etwas abgesetzt werden muß; es ist erstaunlich, was Haydn mit diesem kleinen Einfall erreicht. Im Trio stimmt die V.II mit den Unterstimmen einen Bauernleier-Landler an, dazu ergeht sich die V.I in schaukelnden Achtelfiguren, für deren Wiedergabe die zweite Lage förderlich ist. Das Adagio ist ein Violinsolo, welches durch seine Modulation nach Ges-dur überrascht; mit Ausnahme der V.II, die sich hin und wieder der V.I anschließt, wird hier nur begleitet. Im sehr lebendigen Allegro molto (IV) verbraucht Haydn bereits angewendete Rezepte; die Durchführung klingt wie eine Fuge aus dem »Wohltemperierten Klavier« von Bach. Das Kopfmotiv des Satzes wandert im übrigen in reizvoller Weise durch alle Stimmen. (3/3)

op. 17/4 in c (III/28) ist das einzige Quartett Haydns in dieser Tonart, bei der man sogleich an Beethoven denkt. Das Moderato (I) gibt sich flächig, jedoch ausdrucksmäßig recht gewichtig. Kurz vor der Reprise eine ebenso überraschende wie bezaubernde harmonische Sequenz in halben Noten von allen vier Stimmen (dolce). Leiser, in Dur verhallender Schluß. Im Menuetto (II) nach dem Schluß noch einmal den Anfang spielen zu lassen, ist eine neue Pointe Haydns. Das dazugehörige Trio mit seinen akzentuierten Synkopen in V.I und V.II weist auf Schubert hin (vgl.: Quintett op. 163, III, 16 Takte vor der Reprise). Das Adagio cantabile (III) gehört wieder zu jenen langsamen Sätzen, in welchen Haydn ein charakteristisches Begleitungs-Melisma ausgiebig verwendet und zwar so, daß es schließlich sogar Besitz von der Führungsstimme (V. I) ergreift und auf solche Weise den ganzen Satz beherrscht. Das letzte Allegro ist vorweggenommener Beethoven, treibt ein interessantes Spiel mit dem kurzen Kopfmotiv und stellt, was Doppelgriffe und Höhe anbelangt, hohe Anforderungen an das Können des ersten Geigers. (3/3)

op. 17/5 in G (III/29) gehört zu den »berühmten« und beginnt wie die meisten Werke dieser Gruppe mit einem Moderato. Dieses ist mit seinen vielen Synkopen, lombardischen Vorschlägen und Sechzehnteltriolen ziemlich fitzlich zu spielen; am Schluß der Durchführung eine längere Solopartie der V. I mit Stützakkorden auf dem 4. Viertel. Die Doppelgriff-Stellen liegen gut in der Hand. Der Menuetto (II) beherbergt zweimal einen »Nacheinand«, einen rhythmischen Kanon im Abstand von nur einem Viertel. Das Trio nimmt den Schluß des Menuettos auf und formt – jetzt in moll – daraus ein neues zweitaktiges Motiv, welches das ganze Trio durchzieht. Für das Adagio (III) hat sich Haydn etwas Besonderes einfallen lassen: nach einem einleitenden Ritornell singt die V. I ein Rezitativ, dem dann ein schlicht in Achteln begleitetes Arioso folgt; dann dasselbe noch einmal in anderer Tonart und gesteigertem Ausdruck – dieser Rezitativbeginn erinnert an das Baßsolo in der Neunten von Beethoven – und dann folgt das Arioso in verkürzter Form. IV ist ein amüsantes Presto, darin spielt ein humoristischer Oktavsprung in Va und Vc eine große Rolle. Dieser Satz ist aus einem Motiv herausentwickelt und schleicht sich mit diesem auf den Lippen leise davon. Spielerurteil: originelles Stück. (3/2)

op. 17/6 in D (III/30). Das einleitende Presto hat als erstes ein Allerweltsthema, das in der Wiener Klassik unzähligemal anzutreffen ist. Haydns Humor: die immer mehr beschnittene Wiederholung des letzten Taktes vom ersten Thema vor Beginn des zweiten. Im Menuetto (II) sind stets lange Vorschläge (Viertel) zu spielen; das Trio ist ein Solo der V. I in Triolen und soll dolce gespielt werden, so verbietet sich eine gesprungene Strichart von selbst; also: weiches détaché. Das Largo (III) hat wiederum ein Begleitungsmelisma, das im Schlußsatz von der

V. I in Doppelgriffen übernommen wird und viel Doppelgriff-Technik verlangt. Zwei Kadenzen auf Quartsext-Akkorden sind dem ersten Geiger überlassen. Das abschließende Presto ist ein Meisterstück des Quartettsatzes: es hetzt das Kopfmotiv durch alle Stimmen, bis schließlich nur noch die letzte Terz der Umkehrung in den beiden Geigen übrigbleibt. (3/3)

Die Quartette op. 20 (1772)

werden auch »Sonnenquartette« genannt, weil die Ausgabe bei Hummel (Johann Julius Hummel, Musikverleger und Kgl. Kommerzienrat, nicht zu verwechseln mit Johann Nepomuk Hummel) auf dem Titelblatte eine Sonne zeigte. Es wäre viel sinnvoller, sie »Zmeskall-Quartette« zu nennen, denn Haydn widmete sie Nicolaus Zmeskall von Domanovetz, der damals noch Sekretär der ungarischen Hofkanzlei in Wien war. Er ist der nämliche, dem Beethoven sein Quartetto serioso in f-moll widmete (s. d.). Zmeskall war ein eifriger Dilettant auf dem Violoncello und komponierte auch. Er ist womöglich auch der Besteller dieser Gruppe, in der das Vc etwas bevorzugt behandelt ist. Das Autograph dieser Quartette war im Besitz von Johannes Brahms; und aus der Urschrift geht hervor, daß Haydn auch sie »Divertimenti« genannt hat.

op. 20/1 in Es (III/31). Das Allegro moderato (I) ist ein fein gearbeiteter Satz; das Thema der Schlußgruppe bringt das Vc solo und ist hierbei im Violinschlüssel notiert. In der Durchführung Dreiklangs-Akkorde in Sechzehnteln von Vc und V. I. Das Menuett (Allegretto) ist eigenartig; am Ende des Trios wird die Rückleitung ins Menuett motivisch vorbereitet. Der Komponist läßt diese fünf Takte mit einem Quintsext-Akkord über e ausklingen, worauf man einen Anfang in f-moll erwartet; das Menuett beginnt jedoch in Es-dur. Das Affetuoso e sostenuto (III) stellt einen vollkommen neuen Typus eines langsamen Satzes dar; er ist ganz schlicht gesetzt und eine melancholische Klage. Das Finale (Presto) ist ein rasantes Synkopenstück. (2/2)

op. 20/2 in C (III/32). Das Moderato (I) geht gleich mit einem Vc-Solo an, ist sehr kammermusikalisch gearbeitet und beschäftigt alle vier Instrumente fast gleichmäßig. Lediglich eine lange Sechzehntel-Partie der V. II ist ein wenig ermüdend und anstrengend zu spielen. Das Adagio (II) überrascht durch einen unisono-Vortrag des Themas, welches vom Vc unter gleichmäßig pochenden Sechzehnteln der drei Oberstimmen *p* gespielt wird; das ist schon Bruckners Instrumentations-Praxis. Der Satz geht – auch das ist neu – unmittelbar in den Menuetto (Allegretto) über, der Musette-Charakter durch viele Liege-Töne erhält. Der zweite Teil des Trios führt ohne Wiederholung in den Hauptteil zurück. Der letzte Satz ist eine Fuga a IV Soggetti (mit vier Subjekten; so nannte man Fugenthemata damals). Das klingt gelehrter, als es in Wirklichkeit ist, denn zwei dieser soggetti erweisen sich als Kontrapunkte der beiden Hauptthemen. Als beherrschend stellt sich ein chromatisch absteigendes Terzmotiv heraus, dessen Umkehrung Haydn anzeigt mit »al rovescio«. Die ganze Fuge ist bis zum plötzlich einsetzenden *f* sotto voce zu spielen. (Hier hört die Fuge auch auf, eine solche zu sein!) Da in den Fugen, beispielsweise im »Wohltemperierten Klavier«, keine Vortragszeichen stehen, hat Haydn wohl angenommen, daß man sie leise spielen müsse und daher sotto voce vorgeschrieben; die Erfahrung lehrt, daß es gar nicht einfach ist, während des Spielens leise zu bleiben. Hier hilft nur sehr genaues Spiel und heimliches Zählen. (3/3)

op. 20/3 in g (III/33) hat, statt der vielen Moderato-Sätze der vorausgegangenen Quartette, ein Allegro con spirito als ersten Satz, der temperamentvoll ist, eine merkwürdige sopra una corda-Stelle für die V. I und einen originellen Schluß hat. Das Menuett hat einen perdendosi Schluß, bei dem das kadenzierende Motiv dreimal wiederholt wird. Man darf dabei nicht zu leise beginnen, sonst kriegt man die drei dynamischen Abstufungen nicht heraus. Mit dem Trio hat Haydn auf den Parallelsatz in op. 17/3 zurückgegriffen. Das Poco Adagio (III) bietet wieder Neues: nach dem schlichten Vortrag eines liedartigen Themas setzt das Vc solistisch mit einem Sechzehntel-Melisma ein, das weiterhin den ganzen Satz beherrscht. Im fünften Takt vor dem Doppelstrich ein skurriler Einfall: ganz allein auf weiter Flur ein *f*-Dezimenklang der V. I und sodann im *p* drei Sextolen-Auftakte (ruhig ausspielen, Zeit lassen!) zu einer Bariolagen-Figur. Am Schluß ist letztere der Va anvertraut. Praktiker Haydn: die Dezime ist hier als Terz für die beiden Geigen gesetzt! Das Finale (Allegro molto): von Temperament wie von feinster Satzkunst zeugt dieses Stück, in welchem die Sechzehntel-Figur des zweiten Taktes immer mehr an Bedeutung gewinnt. Ein harmonisch-orientierter Halt in Halben (sotto voce) kehrt vor Schluß verkürzt wieder, und das Vc läßt mit dem Anfangsmotiv der V. I das Ganze in der Tiefe vermurmeln. Dieses Quartett hat ungarischen Charakter und ist ein hochoriginelles, schönes Werk. (3/3)

op. 20/4 in D (III/34). Das Allegro di molto (I) lebt fast ausschließlich von den drei tongleichen Vierteln des ersten Taktes und weist sorgsamste Setzkunst auf. Das Un poco Adagio affettuoso mit vier Variationen läßt in der ersten Veränderung V. II und Va, in der zweiten das Vc und erst in der dritten die V. I solistisch hervortreten. Var. IV bringt noch einmal das Thema, jedoch ohne Wiederholungen; daran schließt sich eine Coda, die eine geradezu unheimlich wirkende harmonische Sequenz, die gleichsam nach unten abrutscht, birgt. Der Menuetto (Allegretto alla zingarese) ist rhythmisch recht verzwickt: die vorgetäuschten durch sforzati markierten Zweiviertel-Takte sind noch um ein Viertel in den zwei Ober- und Unterstimmen gegeneinander verschoben und das ist außerdem noch im 3/4-Takt notiert. Nur die letzten beiden Takte haben 3/4-Rhythmus. Das Trio ist ein meist wohl-geübtes Vc-Solo, Herrn Zmeskall zu Ehren. Dieses herrliche Quartett wird gekrönt durch den Schlußsatz (Presto scherzando) mit seiner verminderten Quart in der V. I (solo, als Doppelgriff) und den Juchzern der V. II in der Schlußgruppe. Dieser Satz ist bedeutend ungarischer als das berühmte Rondo all ongarese aus dem G-dur Klaviertrio. (3/3)

op. 20/5 in f (III/35). Das Allegro moderato (I) ist sehr einfach im Satz; nur der V. II ist eine etwas hervortretende Begleitung anvertraut. Dieser Satz hat eine längere Coda (nach dem zweiten Teilzeichen). Das ernste, in der melodiösen Erfindung bläßliche Menuett geht unmittelbar in das Trio über. Daher schließt die letzte Wiederholung des Hauptteils (da capo) mit der Fermate im sog. Haus eins. Das Adagio (III) mit Siciliano-Charakter soll staccato begleitet werden; über die Ausführung muß man sich in den drei unteren Stimmen einigen. Das ten. (tenuto) im siebenten Takte bedeutet lediglich, daß hier legato gespielt werden soll. Das m. v. (mezza voce) steht im ganzen Satz für *p*. Bei einer langen Passage in Zweiunddreißigsteln steht die merkwürdige Vorschrift »per figuram retardationis«, welche bedeutet, daß ein verzögerndes rubato-Spiel gewünscht wird. Das Finale ist eine »Fuga a due soggetti«, von denen das eine barocke angeblich von Händel schon benutzt wurde, während das andere Thema einen tändelnden Charakter hat. Diese Gegenüberstellung gibt der Fuge einen besonderen Reiz. Durch »al rovescio« hat der Komponist die Umkehrung, durch »in canone« die Engführung deutlich gemacht. Diese Fuge ist strenger als die in op. 20/2 und beweist das durch zwei Orgelpunkte. (2/3)

op. 20/6 in A (III/36) beginnt mit einem Allegro di molto e Scherzando, das recht frisch angepackt werden sollte. In der Schlußgruppe taucht ein kurzes amüsantes und apart harmonisiertes Sätzchen auf, dem unangenehme Doppelgriffe der V. I unmittelbar folgen. In den letzten fünf Takten vernimmt man mal wieder den Klang einer Musette. Das Adagio.Cantabile (II) ist eine nach älteren Mustern angelegte Gesangs-Szene der V. I, die die V. II mit anstrengendem Begleitungs-Melisma beschäftigt. Der Menuetto (Allegretto) ist knapp und einfach; der erste Teil vom Trio wird »sopra una corda« verlangt und ist demnach auf der tiefsten Saite zu spielen. Die abschließende »Fuga a 3 Sogetti« hat eigentlich nur deren zwei; das dritte Thema ist lediglich ein Kontrapunkt zum zweiten. Durch das kapriziös-barocke Hauptthema ist diese Fuge die fröhlichste von den dreien und mündet in einen kraftvollen Unisono-Schluß. (3/3)

Zusammenfassend läßt sich sagen, daß Haydn mit dieser Reihe den instrumentalen Stil bereits vollkommen entwickelt hat. Nicht umsonst hat Beethoven sich das erste Quartett in Es eigenhändig abgeschrieben. Verschiedene Quartette wurden bei Gluck in häuslichem Kreise gespielt. Die Fugen erklären sich aus der Vorliebe des Kaisers Josephs II. für diese Kunstform; auch Mozart hat mit seinen Quartetten aus dem Jahre 1773 darauf Rücksicht genommen.

Die Quartette op. 33 (1778–81)

werden verschiedenartig benannt: Jungfern-Quartette nach einem Mädchen vor einem Säulenstumpf in der Ausgabe von Hummel; Gli Scherzi, weil Haydn mehrfach statt Menuetto das Wort Scherzo verwendet oder die »Russischen Quartette«, weil das eine oder andere am 25. Dezember 1781 in einem Privatkonzert beim Großfürsten Pavel Petrowitsch, als dieser incognito Wien besuchte, gespielt wurde. Als die Ausgabe mit der Widmung erschien, war jener Großfürst als Zar Paul I. längst tot. Haydn bot am 3. XII. 1781 dieses opus dem Fürsten Kraft Ernst zu Oettingen-Wallerstein mit folgenden Worten an: »... sie sind auf eine ganz neue besondere Art, denn seit zehn Jahre habe keine geschrieben«. Hier hat Haydn ein wenig geflunkert: zwischen dem letzten Quartett der op. 20 Gruppe und dem ersten von op. 33 liegen nur fünf Jahre Zwischenraum und so verschieden, wie der Schreiber das betont, sind die beiden Reihen auch nicht.

op. 33/1 in h (III/37). Wie viele h-moll-Stücke von Haydn ist auch dieses Quartett von besonderem Reiz. Das Allegro moderato beginnt scheinbar in D-Dur und wendet sich erst im vierten Viertel des zweiten Taktes nach h-moll. Es ist im feinsten Kammerstil gehalten, lediglich eine längere Violin-Passage in Sechzehnteln gelegentlich der Durchführung bereitet Fingersatz-Sorgen. Die Reprise ist durch eine merkwürdige Ablösungsstelle mit abschließenden *f*-Akkorden erweitert. Das Scherzando (II) hat den Zusatz: Allegro und hat durchaus Scherzo-Charakter. Auch hier eine Bariolage in der V. I-Stimme. Das Trio ist ganz schlicht gesetzt, monothematisch und steht in H-dur. Das Andante ist ein neuer Typus von langsamem Satz. Das Kontrast-Thema erinnert an den Spottchor in der Introduktion des Freischütz von C. M. v. Weber mit den Sekunden in den Violinen und dem bohrenden Baß-Motiv in Va und Vc. Das beschließende Presto ist für die V. I schwer; im 10. Takt nach der Wiederholung ahmt die V. II die V. I in Sechzehntel-Figuren unentwegt nach. Vor der zweiten Sechzehntel-Stelle der V. I (Takt 129) befindet sich zum ersten Male ein »auskomponiertes« ritardando bei Haydn. (3/3)

op. 33/2 in Es (III/38). Das Allegro moderato, cantabile (I) hat eine ganz knappe Exposition (33 Takte). Bei den Doppelschlägen merke man sich: stehen sie über der Note, dann muß man mit dem oberen Ton anfangen. Dieser Stelle schließen sich Akkorde an. Es ist wichtig, sich dabei klar zu machen, daß man damals flachere Stege hatte und auf Darmsaiten spielte; beides trug dazu bei, weicher und klangschöner bei solchen Gelegenheiten zu tönen. Außerdem wird erfahrungsgemäß nie so unrein gegriffen, wie bei solchen Tripel- und Quadrupel-Griffen. Besonders gefährlich sind in solchem Zusammenhang verdoppelte Terzen. Geschickte Quartettführer wissen das, und lassen Töne, die sowieso schon ein anderes Instrument bringt, einfach weg. Der Zuhörer merkt's auf keinen Fall! Die Durchführung zeigt hier trefflich das Prinzip der »thematischen Arbeit«. Mit dieser hört Haydn plötzlich auf, und zwar mit einem Dominantseptimen-Akkord auf g; das Thema setzt darauf prompt in c-moll ein und verhungert kläglich im dritten und vierten Takt auf einem verminderten Septimenakkord und dann erst setzt das Thema in der richtigen Tonart ein. Das waren Scherze, die von den Zeitgenossen sofort verstanden wurden; heute hat man da Zweifel. Der zweite Satz ist diesmal ausdrücklich als »Scherzo« (Allegro) bezeichnet; sein Anfang erinnert an den Beginn des Menuetto aus Mozarts Es-dur-Quartett, KV 428. Das Trio ist ein schöner Landler, der selbstverständlich ein anderes, langsameres Tempo verlangt als das Scherzo. Das Largo sostenuto beginnt mit einem Duett von Va und Vc, das lyrisch beginnt. Dann steigert sich der Satz in eine dramatische Stimmung hinein, in der ein mit sehr differenzierten dynamischen Vorschriften ausgestattetes rhythmisches Unisono überrascht. Das Finale (Presto) hat ein leichtsinniges Rondothema, dessen Wiedereintritt immer spannender vorbereitet wird; zuletzt durch ein themafremdes Adagio. Dann kommt Kabarett: das Thema kommt, zerhackt durch zweitaktige Generalpausen, in Bruchstücken zum Schluß. Jeder denkt nach der abschließenden Phrase: jetzt ist's aus! Aber nein: nach acht Zählzeiten Pause kommen noch einmal im *pp* die zwei Anfangstakte des Themas. Spielerurteil: schönes Largo, amüsant. (2/2)

op. 33/3 in C (III/39) wegen seiner Zwitscherstellen »Vogel-Quartett« genannt. Das Allegro moderato ist recht quartettmäßig gearbeitet; die Naivität des Seitenthemas durch die Spielvorschrift (semplice) unterstrichen. Die vielen kurzen Vorschläge sind prall und ein wenig akzentuiert zu nehmen. Das im tiefen Tonbereich sich ergehende Scherzando (Allegretto, II) wird gerne auf der tiefsten Saite gespielt, ist jedoch vom Komponisten nicht vorgeschrieben. Das Trio ist ein Geigen-Duett. Die Triller der V. I haben keinen Nachschlag und die V. II sollte ihre Achtel betont und herzhaft spielen. Das Rondo (Presto, IV) ist eine fröhliche Phantasie über die Kuckucks-Terz, welche zweimal durch eine ungarische Melodie unterbrochen wird. (3/2)

op. 33/4 in B (III/40). Das Allegro moderato (I) beginnt mit dem Sekund-

Akkord der Dominante, hat viele kleine Notenwerte und bedient sich streckenweise chromatischer Tonfolgen. Trotz mancher ansprechenden Einzelheiten erscheint es nicht besonders inspiriert. Das Scherzo (Allegretto, II) verdiente eher den Namen Menuett, sein Minore stimmt geradezu traurig. Im Largo (III) finden wir eine Menge rollender Sechzehntelfiguren vor und die V.I muß bis zum viergestrichenen c hinauf, aber allzuviel kommt dabei nicht heraus. Dagegen ist der Schlußsatz (Presto) höchst erfreulich für alle vier Stimmen. Vor dem applaussicheren pizzicato-Schluß befindet sich ein ausgeschriebenes ritardando. Man freut sich auch, wie Haydn das simple Anfangsthema durch immer größer werdende Intervalle zu pfeffern versteht. (3/3)

op. 33/5 in G (III/41). Dem ersten Satz (Vivace assai) ist eine zweitaktige Devise vorangestellt, deren Thema den ganzen Satz durchzieht und wenn es nur die drei letzten Noten sind (Takt 208 ff). Sie bestreitet auch den Schluß. Das Largo (Cantabile, II) ist ein Solo der V.I und hat einen originellen Ausklang. Seinen Namen trägt das Scherzo (Allegro, III) diesmal zu Recht; es ist ein rhythmisch interessantes Stück durch die zahlreichen eingeschobenen 2/4-Takte und die Dehnung der Schlußkadenz durch eine eingeschobene Generalpause. Das Trio hat eine hübsche Melodie und ist denkbar schlicht. Das Finale (Allegretto) ist eine »Canarie« mit ausgezierten Variationen; vor dem abschließenden Presto dürfen sich Va und Vc wacker tummeln. (3/2)

op. 33/6 in D (III/42). Das Vivace assai (I) arbeitet in sehr geistreicher Weise mit kurzen Motiven und stellt mit seiner Präzisionsmechanik bereits erhebliche Anforderungen an die Disziplin des Zusammenspiels. Das Andante (II) bringt das beherrschende Thema in den Mittelstimmen, über die V.I einen langen Halteton spinnt. Der Mittelteil ist eine F-dur-Cantilene und auch hier meldet sich bereits wieder das Anfangsthema. Sechs Takte vor Schluß erheischt eine Fermate über einem Quartsext-Akkord eine kleine improvisierte Kadenz. Beim Scherzo (Allegro, III) verschiedene Akzente auf dem dritten Viertel; im Trio erweist sich das Vc als Humorist und im zweiten Teil gerät ein Kanon zwischen V.I und Va ins Quirlen. In dem gemütlich humoristischen Thema des Finale (Allegretto) ist der dritte und vierte Takt staccato zu spielen; in den zwei eingeschobenen moll-Episoden führt das Vc an. In der Coda hat die V.I viel

Sechzehntel-Nachschläge, die ja nicht allzu spitz kommen dürfen (keine Punkte!). Überraschender Schluß. Spielerurteil: macht Freude. (3/3)

PS: Bei dem eingangs erwähnten Privatkonzert bei Maria Feodorowna, der Gemahlin des späteren Zaren Paul I. spielten: A. L. Tomasini, Haydns Konzertmeister in Esterház, Fr. Aspelmayr, Hofmusiker und Ballettkomponist zu Wien, ein gewisser Huber und Jos. Fr. Weigl, der Vater des nachmals berühmt gewordenen Singspielkomponisten Jos. Weigl (»Schweizerfamilie«).
Im Jahre 1783 richteten in Cramers Kunstmagazin »die ihn ehrenden deutschen Violinisten« an Haydn die Aufforderung, neue Quartette zu schreiben. Dieser hatte jedoch wieder eine längere Pause in seinem Quartettschaffen eingelegt. Während dieser erschien merkwürdigerweise ein alleinstehendes Quartett – ähnlich wie bei Mozart (s. KV 499):

op. 42 in d (III/43) (1785). Sein erster Satz hieß ursprünglich: Allegretto ed Innocentemente; später wurde das Allegretto durch ein Andante ersetzt. Wir finden darin nur einen zweitaktigen Hauptgedanken, der in allen vier Stimmen diskutiert wird. In der Schlußgruppe (dolce) treffen wir auf einen komplementären Rhythmus, auf dessen sorgfältige und rhythmisch genaue Wiedergabe man Wert legen sollte. Das gelenkige Menuett (Allegretto, II) treibt die V. I bis ins hohe d hinauf; das ganz schlichte Trio hat einen von Haydn bevorzugten Rhythmus (Parallelsatz in op. 17/5). Interessant ist das Adagio e cantabile, weil es monothematisch ist, also aus einem einzigen musikalischen Gedanken heraus entwickelt wurde. Das gleiche gilt für das Finale (Presto), welches so tut, als wenn es eine Fuge wäre. Es besteht eigentlich nur aus vier Takten: einem Quartsprung in Halben und dessen Beantwortung mit einem Sechzehntelschwänzchen; was Haydn mit letzterem alles anstellt, ist nur zu bewundern. Trotzdem hat es Musikologen gegeben, die dieses Meisterwerk schönsten Quartettstils zu den ersten 18 Divertimenti einstufen wollten! (2/3)

Die Quartette op. 50 (1787)

sind Friedrich Wilhelm II., König von Preußen, gewidmet und heißen deshalb in Liebhaberkreisen »die Preußischen«. Der Anlaß für diese Dedikation war ein kostbarer Ring, den ihm der König für die Übermittlung von sechs Symphonien (die sog. Pariser Symphonien) übersandt hatte. Haydn soll diesen Ring beim Komponieren immer an der Hand getragen haben. Der König war ein recht guter Violoncellist.

op. 50/1 in B (1787) beginnt eigenartigerweise mit zwei Takten im Baß, in denen das Vc den Ton b in Vierteln repetiert. Dieser Viertelrhythmus beherrscht den ganzen Satz, ähnlich wie der erste Takt mit den vier Pauken-d den Anfangs-Satz des Violinkonzerts von Beethoven. Die Antwort der drei andern Stimmen soll aus einem Volkslied aus Krain stammen. Zu diesem thematischen Material kommen noch Triolenfiguren in allen Stimmen und aus diesem Stoff fügt Haydn einen meisterhaften Tonsatz mit einer schönen Coda. Das Adagio non lento (II) hat Siciliano-Rhythmus und drei rein figurative, aber sehr reizvolle Variationen. Der dritte Satz ist mit Poco Allegretto überschrieben; die Wiederholung des ersten Achttakters übernimmt das Vc als melodieführendes Instrument. Das Trio ist kapriziös, besonders am Schluß, wo die beiden Geigen abwechselnd in Achteln gebrochene Oktaven rhythmisch bestimmt bringen müssen. Das Finale (Vivace) hat überhaupt kein zweites Thema; das gesamte Baumaterial steckt in den ersten vier Takten, vornehmlich im ersten, dessen abwärts weisendes Dreiklang-Motiv den ganzen Satz beherrscht. Von Takt 34–38 übersteigern sich die beiden Violinen wechselseitig in Sekunden, ein Effekt, welchen Bartók in seinem fünften Streichquartett (letzter Satz, Takt 275–290) noch angewendet hat. Auch hier vorgetäuschter Schluß; dann G. P. von 2 Takten und dann noch einmal das Thema des Satzes. Für diesen Satz sind Geistesgegenwart und technische Bereitschaft vonnöten. Spielerurteil: köstlich. (3/3)

op. 50/2 in C (III/45). Der erste Satz (Vivace) ist ein weiträumiger Sonatensatz. Das erste Thema betont mit forzati einen d-moll-Dreiklang und hat ein merkwürdiges unisono-Anhängsel. Für das etwas naive Seitenthema entschädigt anschließend eine kühne und überraschende Modulation nach f-moll. Die Durchführung beginnt als fugato, kehrt das erste Thema um und schließt mit dem zweiten Thema ab. Die Reprise bringt als Überraschung einen Kanon in der Quinte (Va und Vc), dem die Geigen mit der Umkehrung des Themas antworten. Im Adagio. Cantabile (II) beginnt die V.II mit dem Vortrag des ersten

Themas, das die V. I dann stark ausgeschmückt wiederholt. Nach einem kadenzartigen Solo der V. I tut sich das Vc mit einer fünftaktigen Solo-Passage hervor. Im drittletzten Takt spielt die V. I eine mit Sextolen und chromatischer Tonfolge versehene Dehnung, die sehr gut ausgespielt werden sollte. Der Menuetto (Allegretto, III) besteht aus »Juchezern«, die am Schluß sogar von der Va übernommen werden; so etwas gehört unbedingt sehr musikantisch gespielt. Das Trio hat eine zwischen den beiden Geigen aufgeteilte und mit Doppelschlägen reich ausgestattete Dreiklang-Melodie. Die duftigen Achtelketten im zweiten Teil laufen in V. II auf eine G. P. zu und müssen voll ausgespielt werden, also keinesfalls ein decrescendo machen. Das Finale (Vivace assai) ist ein sehr lebendiges in allen Stimmen mit Sechzehnteln stark durchsetztes Stück, dem als Seitenthema ein Gedanke von Mozartscher Süße beigegeben ist. (Am 15. Januar 1785, dem Erscheinungsjahr dieser Gruppe, hört Haydn in Mozarts Wohnung die ihm gewidmeten Mozartschen Streichquartette.) Der Schluß des Quartetts läuft mit der Anfangsfigur der V. I im Vc humoristisch aus. (3/3)

op. 50/3 in Es (III/46) wird von Beruflern und Liebhabern gemieden, ist auch kein »berühmtes«, aber für solche, die feinste Quartettarbeit lieben, hocherfreulich. Das Allegro con brio (I) darf nicht zu schnell angegangen werden, weil es kleinste Notenwerte (Zweiunddreißigstel), lombardische und kurze Vorschläge führt. Auch hier spielt der erste Takt eine große Rolle; ein Seitenthema fehlt, wenn man eine Sechzehntel-Passage der V. I nicht als solches werten will. Im 17. Takt wird eine Fermate mit einem poco ritardando angesteuert. Man beachte dabei das poco (= wenig), also nur ein bißchen zurückhalten. Die Durchführung ist ein gleichmäßig verteiltes Wechselspiel mit Motiven des Themenvortrags, der Einsatz der Reprise kaum auszumachen. Auch hier wieder die Täuschung mit dem Schluß durch eine G. P., nach der der Anfang des Satzes die Coda eröffnet. Ein Andante più tosto Allegretto (Gehend, eher etwas schneller) beginnt mit dem Melodievortrag des Vc, wozu ihn die Va mit sattem Ton als Baß unterstützen sollte (s. S. 53), dann folgen vier Variationen, von denen die dritte verkürzt ist und die letzte sich in Sechzehntel-Triolen ergeht. Der Menuetto (Allegretto, III) ist im zweiten Teil ziemlich ausgedehnt und enthält zwei Fermaten statt des erwarteten Schlusses. Nach beiden Fermaten geht es mit einem Auftakt weiter; um hier genau zusammenzusein ist optische Hilfe unerläßlich. Das Trio ist lockere Präzisionsmechanik. Auch das Finale (Presto) folgt der Grundhaltung dieses Werks: feinste Arbeit mit größtmöglicher Ausnutzung des thematischen Materials. Spielerurteil: kleinformatig, aber reizend. (2/2)

op. 50/4 in fis (III/47) wird wegen der im klassischen Bereich selten anzutreffenden Tonart in Liebhaberkreisen vernachlässigt. Der ganze erste Satz wird aus dem Kopfmotiv heraus entwickelt (Allegro spirituoso). Der Satz ist – vor allem in der Durchführung – viel einfacher als in den andern op. 50-Quartetten, dafür gibt es in den Mittelstimmen für die Sechzehntel-Figuren mitunter recht knifflige Fingersätze. Der Schluß des Satzes steht in Fis-dur, hat dementsprechend sechs Kreuze und wird meist recht unrein. Es empfiehlt sich, ihn auf Intonation hin zu üben, um für Haydns op. 76/5, II gerüstet zu sein. Das Andante (II) hat im zweiten Teil Doppelschläge gleichzeitig in zwei Stimmen, die selbstverständlich synchron gespielt werden müssen. Als Anhaltspunkt kann hier gelten, daß man die Hauptnote als Sechzehntel und den Doppelschlag als Vierundsechzigstel bringt – aber auch eine Quintole in Zweiunddreißigsteln ist hier möglich. Unter den vier Variationen steht die Hälfte in moll. Das Menuett steht peinlicherweise wieder in Fis-dur (Poco allegretto, III), hat aber ein unvermutetes *ff* in D-dur. Diese harmonischen Überraschungs-Effekte mit einer Terztonart kommen bei Haydn künftig häufiger vor. Die rollende Sechzehntel-Auftakt-Figur beherrscht auch das Trio. Finale Fuga (Allegro moderato) hat nur noch ein Thema und hört schon im Takt 36 auf, eine zu sein. Auch eine neu einsetzende Engführung währt nicht allzu lange, und nur noch in den letzten fünf Takten wandert der charakteristische Anfang durch alle vier Stimmen. Spielerurteil: doch ein prächtiges Stück. (3/3)

op. 50/5 in F (III/48). Das Tempo des ersten Satzes (Allegro moderato) ist möglichst ruhig zu nehmen, denn sein Gesicht wird durch zahlreiche und in allen Stimmen auftretende Sextolen-Ketten und die fein verästelte thematische Arbeit bestimmt. Vor der Coda wiederum eine G. P. Zwölf Takte vor Schluß überrascht ein *f* auftrumpfendes neues Thema, allerdings im Rhythmus des Hauptgedankens und dessen Umkehrung. Das Poco Adagio (II) genoß früher Spezialberühmtheit, weil das Florentiner Quartett es als »Ein Traum« als Zugabe zu spielen pflegte. Die Sechzehntel-Triolen erfordern äußerst genaues Spiel, da sie bisweilen in drei, ja sogar in vier Stimmen gleichzeitig auftreten. Im Menuetto (Allegretto, III) ist das auftaktige Viertel mit dem Doppelschlag wie eine Zweiunddreißigstel-Figur zu spielen, und das ist wichtig für's Trio, das im unisono mit diesem Auftakt beginnt. Dieses Trio sollte eher »Minore« heißen, denn es ist nur eine moll-Variante des Menuetto. Das Finale (Vivace) hat gleich im dritten Takt eine sopra una corda Vorschrift; es ist wahrscheinlich beabsichtigt, daß durch das Rutschen mit dem greifenden Finger ein seufzender Charakter entsteht. Spielerurteil: subtiles, schönes Stück. (3/3)

op. 50/6 in D (III/49) gehört zu den berühmten und heißt wegen seines letzten Satzes »Frosch«-Quartett. Das Anfangs-Allegro fängt mit einem Dominant-Quintsextakkord an und ist sehr fein ausgearbeitet; vor der Schlußgruppe wieder ein sogenannter Trugschluß: statt A-dur erklingt F-dur, das bis zum *ff* gesteigert wird. Pastoralen Charakter hat das Poco Adagio (II); die vielen Zweiunddreißigstel müssen sehr ruhig ausgespielt werden unter leichter Markierung der jeweils ersten Note eines jeden Balkenteils. Bei der Trillerkette beginne man immer mit der oberen Note; das war seinerzeit die Regel. Will Haydn das anders haben, zeigt er's eigens an, wie z. B. im 21. Takte (V. I und II). Auf blitzsaubere Intonation ist bei den stockenden Achteln in den Takten 32–36 zu achten, sonst kommt die überraschende Wendung nach E-dur nicht sauber heraus. Der Menuetto (Allegretto, III) ist originell mit dem trockenen Schluß nach den Kapriolen der V. I mit ihren lombardischen Vorschlägen. Das im zweiten Teil ausgedehnte Trio wartet mit G. P.-Scherzen auf. Im Finale (Allegro con spirito) kommen nun endlich die Frösche in Gestalt eines Themas, das sich ausgiebig der Bariolage auf ein und demselben Ton bedient, womit auch Va und Vc nicht verschont werden, im viertletzten Takt und dem vorletzten sind alle drei Oberstimmen gleichmäßig befaßt. (Über einen Trick für die Ausführung s. S. 106 Haydn, op. 2/2 in E.) Spielerurteil: feines Stück, Meisterwerk. (3/4)

An dieser Stelle müßten jetzt die »Sieben letzten Worte unseres Erlösers am Kreuze« kommen. Wir glaubten, sie übergehen zu können. Die Streichquartett-Fassung der ursprünglich für Orchester gesetzten Kirchenmusik wird von den Quartettlern wenig gespielt – höchstens am Karfreitag, und an diesem Tage wird selten musiziert. Haydn über diese Auftragsarbeit für Cadix: »Die Aufgabe, sieben Adagios ... aufeinander folgen zu lassen, ohne den Zuhörer zu ermüden, war keine von den leichtesten« (Druckausgabe von 1801).

Die Quartette op. 54 (1787/88)

werden allgemein mit den nächsten zwei Gruppen (insgesamt 12 Quartette) Tost-Quartette genannt. Johann Tost war 1783 in Esterház als Violinist angestellt worden. 1789 weilte Tost in Paris und verkaufte sechs Quartette an den Pariser Verleger Sieber. Da es sich offensichtlich um op. 54 und 55 handelt, werden sie also Tost-Quartette genannt, doch hat Haydn sie Tost nicht gewidmet.

op. 54/1 in G (III/58) gehört zu den »berühmten« und diesmal sehr zu Recht. Das eröffnende Allegro con brio ist sehr durchsichtig geschrieben, lebt vom Hauptthema, demgegenüber eine kleine Schluß-Floskel noch eine bedeutende Rolle spielt. Das Allegretto (II) vertritt den langsamen Satz; jedoch sollte die Va, welche das Tempo im ersten Takt angibt, sehr bestimmt ein zügiges Zeitmaß vorlegen. Die Simplizität wird nach einem zweiten Thema in a-moll durch eine dunkelgetönte, entlegene Tonarten aufsuchende, pochende Achtelstelle, die sich mit schnellem crescendo in klangvolle G-dur-Akkorde auflöst, wirkungsvoll unterbrochen. Der Menuetto (Allegretto) hat etwas Scherzo-Charakter; sein Trio beherbergt ein Solo des Vc (ähnlich wie im Parallelsatz von op. 20/4). Das Finale (Presto) sprüht von musikantischem Temperament und ist sehr einfach gebaut. Bei einer nach h-moll abgewandelten Fassung des Hauptthemas rutscht Haydn ins Ungarische ab. Unermüdlich sucht er neue Rückleitungen in das beherrschende Rondothema, was mit Humor vorzutragen wäre. Spielerurteil: feines, wirkungsvolles Stück. (3/3)

op. 54/2 in C (III/57) beginnt mit einem heroischen Dreiklangsthema, dem jeweils ein vergnügtes Schnurren Bescheid tut. Das Hauptthema wird in allen Tonarten, zuletzt in moll vorgezeigt und dann folgt nach langen Achtelpassagen der V. I einmal wieder ein echtes – weil gegensätzliches – Seitenthema (*p* dolce). Die G.P.'n vom Anfang sind in der Reprise mit nachahmenden *pp*-Vierteln der V. I ausgefüllt. Das Adagio (II) ist vom neunten Takt ab ein Streichtrio, zu dessen Melodien die V. I eine wie improvisiert klingende Koloratur-Arie hören läßt, die auch routinierten Geigern beim Blattlesen Schwierigkeiten macht. Der Menuetto, der sich durch die Vorschrift attacca unmittelbar an das Adagio anzuschließen hat, ist als Scherzo zu werten und hat Jagdcharakter, was durch die unisono-Fanfare zu Anfang des Trios noch unterstrichen wird. Das Finale beginnt merkwürdigerweise mit einem Adagio ältester Bauart: Violinsolo mit Begleitung; ein eingeschobenes Presto nimmt ein Thema von Robert Schumann voraus (op. 41/3, IV; zweites Thema). Der Satz schließt mit dem Adagio ab. Spielerurteil: problematisch. (3/2)

op. 54/3 in E (III/59) beginnt mit einem Allegro, dessen Vorschläge lang zu spielen sind. Längere Triolenpartien erfordern verschiedene Einstiegstellen der V. II, was erfahrungsgemäß schwieriger ist, als so etwas im Fluß zu spielen. Das Largo cantabile (II) beginnt mit einem Dialog zwischen den Geigen und den beiden Unterstimmen und erheischt genaues Beachten der geforderten Notenwerte, nebst der in Frage kommenden Verzierungen. Die kleinen Noten sind durchwegs mit dem Notenwert zu spielen, den die Fähnchen jeweils anzeigen. Der Mittelteil in moll ist ein Solo der V. I in kleinsten Notenwerten und Sechzehntel-Synkopen, die beim Blattlesen auch routiniertere Geiger »einbrechen« lassen. Der Menuetto (Allegretto, III) führt lombardische Vorschläge in großer Anzahl und ist gar nicht leicht zum Klingen zu bringen. Im Finale (Presto) übernimmt die V. II den Themenvortrag; der zweite und vierte Takt werden für den Verlauf des Satzes besonders wichtig. Die Partie der V. I ist technisch sehr anspruchsvoll. Spielerurteil: besser als sein Ruf. (3/3)

Die Streichquartette op. 55 (1788)

gehören zu den drei vorstehend besprochenen.

op. 55/1 in A (III/60) zählt zu den spröderen Werken dieser Gruppe. Im Allegro (I) treten wieder längere Triolenstellen für die V. I auf, die sicheres Lagenspiel voraussetzen. Ansonsten ist die Erfindung etwas dürftig. Auch das Adagio (II) gehört nicht eben zu den blühendsten langsamen Sätzen Haydns; es ist jedoch bemerkenswert durch eine auskomponierte vierstimmige Kadenz (Takt

61–67). Beim Menuetto (III) fehlt ein Tempozusatz; es ist also behäbig zu spielen. Das Trio hat für die V. II eine Kinderlied-Melodie bereit, dazu sind lockere Achtel zu spielen; die V. I in höchster Höhe. Dafür darf sie am Schluß bis zum zweigestrichenen cis auf der G-Saite hinauf. Das Finale (Vivace) ist rasant zu spielen. Nach einem Halbschluß setzt ein Fugato mit drei Themen ein, das auf einem Terzquart-Akkord über fis zum Stillstand kommt, wobei die V. I sehr unangenehme Dezimen nach abwärts rein greifen muß. (3/3)

op. 55/2 in f (III/61) wird Rasiermesserquartett genannt, weil Haydn es dem englischen Verleger Bland handschriftlich schenkte, der ihm zwei englische Klingen überließ. Seitdem ist das Autograph verschollen. Das Andante più tosto Allegretto, dessen Thema abwechselnd in moll und dur erscheint, ist der V. I zugedacht, während die andern drei sich mit gar nicht so gut liegenden Begleitungs-Figuren abplagen müssen. Das Allegro (II) hat mehrere G. P., nach welchen es jedesmal harmonisch ganz anders weitergeht, als man erwartet hat. Im Menuetto (Allegretto, III) ist die erste Wiederholung ausgeschrieben, und zwar mit verteilten Rollen. Das Trio begnügt sich mit einem Kurzmotiv, das phantasievoll abgewandelt wird. Das vergnügte Finale (Presto) bedient sich vieler chromatischer Schritte und zwingt die V. I Oktavgriffe zu üben. Spielerurteil: interessantes, kühnes Stück. (3/3)

op. 55/3 in B (III/62). Der erste Satz (Vivace assai) wird vom Motiv der ersten vier Takte beherrscht. Als Seitenthema wiederholt Haydn einen Effekt, den er schon im Andante von op. 33/1 in h ausprobiert hatte: unter den Sekunden der beiden Geigen eine Baß-Melodie aufklingen zu lassen. Die Durchführung beginnt mit einer Umkehrung des Kopfthemas. Das Schlußwort dieses Satzes spricht die Va. Das Adagio ma non troppo (II) bringt zwei Veränderungen eines längeren Themas. Sie sind fein verästelt; während die V. I elegante Umspielungen in kleinen Notenwerten bewältigt, übernimmt die V. II das Thema. Die Coda ist sehr hübsch und ganz schlicht gesetzt. In dem von einem punktierten Rhythmus gekennzeichneten Menuett (III) ist ein schönes Beispiel motivischer Verzahnung mit dem Trio zu finden. Im vorletzten Takt des Menuetts spielt die V. I abschließend eine kadenzierende Triolenfigur. Aus dieser gestaltet in anmutigster Weise der Komponist monothematisch das ganze Trio. Das Finale

(Presto) ist ein virtuoses Ensemblestück, das vorwiegend aus Sechzehntelketten besteht. Im zweiten Achttakter erklingt in der V. I ein launiges, freches, primitives Thema. Das zweite Thema ist »Schlafe mein Prinzchen, schlaf ein« aus dem Wiegenlied von Dr. Bernhard Fließ. In der Durchführung haben die beiden Geigen ein Doppelkonzert in gebrochenen Akkorden zu spielen, was mal wieder zwei gleichwertige Musikanten voraussetzt. Wie zu erwarten, schließt Haydn den Satz mit dem oben erwähnten lausbübischen Thema. Spieler-Standpunkt: muß leider geübt werden. (3/3)

Die Streichquartette op. 64 (1790)

Diese sechs Werke sind nun tatsächlich »Monsieur Jean Tost« gewidmet. Es sind sozusagen die »echten« Tostquartette.

op. 64/1 in C (III/65) beginnt den ersten Satz (Allegro moderato) mit Streichtrio, hat kein ausgesprochenes Seitenthema, sondern weicht statt dessen in entferntere Tonarten aus, welche Episode nach einem schönen Aufschwung der V. I in Es-dur in eine Bariolage ausmündet. In der Schlußgruppe erscheint eine Triolen-Auftakt-Figur – NB. ruhig und breit ausspielen! – mit der die Va die Durchführung einleitet. Besonders ausgedehnt und schön ist die im Takt 134 beginnende Coda. Der Menuetto (Allegretto ma non troppo, II) läßt den Hauptgedanken vom Vc vortragen; den richtigen Charakter bekommt dieses langsame Scherzo erst durch gewissenhafte Befolgung der kontrastierenden Dynamik in den letzten acht Takten. Das Trio ist eigentlich ein Minore und überläßt den umgebogenen Hauptgedanken des Menuetts der Va. Ein Test-Satz für Haydns Humor ist das Allegretto scherzando (III), das den langsamen Satz vertritt. Es sind stilisierte Variationen über ein schlenderndes Thema, das im sechsten Takt des zweiten Teils durch einen kleinen Zornausbruch unterbrochen wird. Das Vc sei gebeten, die beiden tiefen c's vor dem Wiedereintritt des Themas ein ganz klein wenig zu verzögern. Ein kleiner Aufschwung führt zu einer Pausen-Fermate, vor der das letzte Sechzehntel abzureißen ist. Dann folgt ein vertrottelter Viertakter als Schlußbemerkung. Am Vortrag dieser Stelle kann man feststellen, ob man Humor hat! Bei jeder Variation weiß Haydn die Charakteristika jeweils zu steigern bis zu dem kleinen chromatischen Gang der V. I im fünftletzten Takt. Das Finale (Presto) ist mit ganz lockerem Bogen anzuspielen. In der Schlußgruppe tritt in den Geigen ein bei diesem Tempo blitzschnell zu spielender Doppelschlag auf. Gleich nach dem Wiederholungszeichen beginnt ein zum Teil enggeführter Kanon mit ganz unregelmäßigen Einsätzen, wo meist »geschmissen« wird. In der Folge spielt eine schaukelnde Sechzehntelfigur eine immer größer werdende Rolle. Spielerurteil: interessantes, herrliches Stück.

(3/3)

op. 64/2 in h (III/68) beginnt mit einem Allegro spirituoso und spielt im ersten Teil mit dem Kopfthema, das von der V. I im Alleingang angespielt wird. Auch hier kein voll entwickeltes Kontrastthema; dafür lustige Terzen und Sexten in den Geigen mit aufbegehrender Va. und eine Trillerkette, bei der – statt des Trillers – ein präzis geschlagener kurzer Vorschlag zweckdienlicher ist als der Versuch, hier mehrmals trillern zu wollen, wodurch der Rhythmus zumal bei ungeübteren Spielern meist leidet. Nach einer überraschenden, harmonischen Ausweichung wird Haydns Humor wirksam: in eine naive Schlußkadenzformel streut er drei pizzicati isoliert ein, die mit der linken Hand ausgeführt werden müssen. Da bei der Parallelstelle am Schluß des Satzes keine leeren Saiten für Linke-Hand-Pizzicati zur Verfügung stehen, verzichtet der Praktiker Haydn auf diesen Effekt. Im Adagio ma non troppo (II) greift er auf frühere langsame Sätze zurück; auch hier wird eine stereotype Achtelbewegung zum Stimmung gebenden Faktor. Dazu spielt die V. I eine immer stärker ausgezierte ganz einfache Melodie. In den letzten 26 Takten teilen sich die Achtel in Sechzehntel auf. Der ganze Satz soll mezza voce gespielt werden und enthält nur vier sforzati und ein *p*. Bei richtigem Vortrag geht eine wunderbare, an J. S. Bach gemahnende Wirkung von diesem Stück aus. Der Menuetto (Allegretto, III) huldigt einem Lieblingsrhythmus Haydns; man beachte das eigenwillige Festhalten der V. II an dem herrschenden Motiv bei dem Schluß des Hauptteils. Das Trio ist in der »weanerischen« Süße schon vorweggenommener Schubert. Das Finale (Presto) gibt sich ungarisch und ist voller geistreicher Späße, zu denen ein sul g-Solo der V. I und das vergebliche Angehen der Reprise gehört, wo es immer wieder zu Stockungen kommt. Die V. I ist leider sehr schwierig geschrieben und die H-dur-

Teile dieses Werks sind einer sauberen Intonation nicht gerade förderlich. Spielerurteil: ein wirklich sehr originelles Stück. (3/3)

op. 64/3 in B (III/67). Im Vivace assai (I) hat Haydn sich etwas ganz Besonderes einfallen lassen: nach einem achttaktigen Themen-Vortrag lassen sich im Vc Bässe zu einem ungarischen Reitermarsch vernehmen. Dieser Rhythmus wird von den andern Stimmen allmählich aufgegriffen. Nach acht Takten ist dieser Spuk vorbei und der Satz nimmt seinen Fortgang in normaler Weise, sogar mit einem cantabeln Seitenthema. In der Durchführung läßt sich jene Episode noch einmal hören, fällt aber in der Reprise fort. In der Folge versucht diese oder jene Stimme, diesen Rhythmus mal wieder aufs Tapet zu bringen, und im vorletzten pp-Takt empfiehlt sich das Vc mit einem kurzen Zitat. Das Adagio (II) ist im wesentlichen ein Dialog der beiden Violinen; im Mittelteil (b-moll) stärkere Akzente und Solo der V. I. Bei der Wiederaufnahme des Themas verändert der Komponist das Gesicht des Anfangs: Triolen-Bewegung und schließlich Verzicht auf den anfänglichen Dialog. Die Coda ist ein chromatisches Absinken der V. I bis zum tiefen g. Der Menuetto (Allegretto, III) ist mit seinen Hornquinten und vorgetäuschtem 2/4-Takt in der V. I etwas skurril und das Trio mit seinen mutwilligen Synkopen und der schnurrenden Beantwortung ebenfalls. Das Finale (Allegro con spirito) ist in gleicher Weise spielfreudig und launig; auch hier bringt Haydn plötzlich einen Halt in Halben an, der *pp* ohne Vibrato gebracht werden sollte. Alles übrige spielt sich sozusagen von selbst. Spielerurteil: köstlich, besonders hübsch. (3/2)

op. 64/4 in G (III/66) beginnt mit einem Allegro con brio, das sich durch geistreiche Satztechnik – man beachte die kurzfristige Weiterführung mit der kleinen Schlußfloskel des ersten Themas –, eigenartige Synkopen und eine sopra una Corda (sul g)-Stelle auszeichnet. Nach der ausgedehnten Durchführung faßt sich der Komponist in der Reprise auffallend kurz. In den beiden letzten Takten spielt die V. I die tiefstgelegene Stimme! Der Menuetto (Allegretto) hat einen Achtel-Landler mit pizzicato-Begleitung als Trio. Das denkbar einfach gehaltene Adagio (Cantabile sostenuto, III) ist der Triumph eines schönen musikalischen Einfalls, welcher der V. I zugeteilt ist, die ganz schlicht begleitet wird; nur im moll-Zwischenteil und in der Coda kommen die drei andern Stimmen einmal ein wenig zu Wort. Das Finale (Presto) ist spritzig und beschwingt vorzutragen. Das zweite Thema (Takt 39) könnte ohne weiteres von Mozart sein. In der Durchführung berührt Haydn entfernte Tonarten. Bei aller Meisterschaft wirkt dieser Satz etwas flüchtig hingeworfen. (3/2)

op. 64/5 in D (III/63), das sogenannte »Lerchen-Quartett«. Schon die Art, wie im Allegro moderato (I) über der trockenen Unterlage der drei Unterstimmen die jubilierende V. I eingeführt wird, pflegt Spieler wie Zuhörer zu begeistern. Leider ist dieser exponierte Anfang für den armen ersten Geiger meist sehr prekär, vor allem wenn er versucht, das erste fis mit dem a-Vorschlag durch einen schnellen Aufwärts-Rutsch zu erreichen. Besser ist auf der A-Saite in der fünften Lage anzufangen. Das schöne Adagio cantabile ist der V. I vorbehalten. Beim Menuetto (Allegretto, III) ist auf wirkungsvolle Wiedergabe der schnellen Vorschläge zu achten: die Vorschlagnote muß jeweils sehr deutlich vernehmbar sein, deshalb nicht zu flüchtig und kurz nehmen. Problematisch ist für die V. I die Stelle in Takt 27 ff, wo man sich genau klar machen muß, wohin die Finger zu setzen sind. Von Mozart wird Haydn den Bratschenhumor übernommen haben, wenn er ab Takt 31 die Va vor sich hin maulen läßt. Das Finale (Vivace) ist ein zweigeteiltes perpetuum mobile, das aber gar nicht so eilfertig abgespult werden muß, wie die Berufsquartette das leider meist für angemessen halten. Das verbietet schon das moll-Thema des kleinen eingeschobenen Fugatos. Ab Takt 56 »überstülpen« sich V. I und II in einem aufwärts gerichteten Sekundgang. Ein von der V. II eingeleitetes überraschendes *p*, neun Takte vor Schluß, sollte sehr rhythmisch gespielt werden (Beethoven hat diesen Effekt in seinem op. 127, IV, im 7. und 5. Takt vor Schluß in ähnlicher Absicht angewandt). Es empfiehlt sich daher, so etwas einzustudieren. (3/2)

op. 64/6 in Es (III/64) wird törichterweise »Eisenbahner«-Quartett genannt, wohl wegen der allmählichen Verkürzung der Kadenzformel in den beiden Schlüsseln des ersten Satzes (Allegretto). Dieser Satz hat wiederum kein eigentliches Seitenthema. Die Durchführung beginnt mit einem polyphonen Geflecht, das mit dem Kopfthema gespeist wird. Anschließend ein Dreigespräch zwischen V. I, Va und Vc, zu welchem die V. II die Unterlage liefert und mit ihren *p*-Achteln einen gesunden Ton zu entwickeln hat, sonst klingen solche Partien verzweifelt dünn. Bei der Reprise zeigt Haydn das Hauptthema noch einmal in anderen Verschlingungen und Spielarten vor. Das Andante (II) lebt von einer in Dreiklängen aufwärts steigenden Achtelfigur, die der Komponist in bewunderungswürdiger Weise abzuwandeln und mit Inhalt anzureichern weiß. Der Mittelteil in moll ist dramatisch und der V. I vorbehalten. Der Menuetto (Allegretto, III) ist locker gefügt und schließt mit einer Floskel aus dem fünften Takt des Themas im 2/4-Takt. Das Trio ist einer der hübschesten Landler, die Haydn uns geschenkt hat und wird am Schluß von der V. II angestimmt, zu der die V. I in höchsten Tönen »klingelt«. Das Finale (Presto) ist ein überaus vergnügtes Rondo und mit unisono-Gängen gespickt. Im 15. Takt vor Schluß erscheint der Themenkopf auf das Doppelte verbreitert als retardierendes Moment. Spielerurteil: fein gearbeitet und vergnüglich. (3/3)

Die Quartette op. 71 und 74

heißen Apponyi-Quartette, weil sie dem Grafen Anton Georg Apponyi, einem ungarischen Adligen, der ein großer Bibliophile war und Violine bei seinen Hausquartetten spielte, gewidmet sind. Sie entstanden in Wien bis 1793 zwischen den beiden Reisen nach England. Im gleichen Jahr wurde Beethoven Haydns Schüler in der Komposition.

op. 71/1 in B (III/69). Zum ersten Mal schickt Haydn dem ersten Satz (Allegro) Vortakte voraus, die bei der Wiederholung ausgeklammert werden und hier keine thematische Bedeutung haben. Im Takt 31 befinden sich in der V. I drei Doppelschläge, die als fortlaufende Sechzehntel (mit der oberen Note beginnen!) zu spielen sind. Der Mangel an einem Kontrastthema wird durch interessante Partien in allen Stimmen ausgeglichen. Gegen Schluß des Satzes (143. Takt) wird von allen Stimmen gleichzeitig ein Triller verlangt. Davor findet sich ein verminderter Septimenakkord in weiter Lage im *pp*. Das Adagio (II) ist ein stark stilisiertes Siciliano, in dem sich zahlreiche Vorschläge vorfinden, die Tonräume bis zu einer Oktave überbrücken und bis zu drei Noten ausgeweitet sind. Da sie mitunter zusammenfallen und das nicht gleichmäßig, muß das so ausgeführt werden, daß alle beteiligten Stimmen zu gleicher Zeit auf der Hauptnote landen, was nur durch Absprache und Studium erreicht werden kann. Ein hübsches, ganz schlichtes Menuett (Allegretto, III) schließt sich an, sein Trio ist eine mit Quartschritten reich ausgestattete Achtel-Studie. Beim Vivace (IV) ist wegen der vielen Sechzehntel und gar Zweiunddreißigstel kein allzu geschwindes Tempo zu wählen; der in allen Stimmen sehr bewegliche Satz wirkt nur bei präzisem Zusammenspiel. Ein besonderer Reizeffekt sind die Sechzehntel-Triolen im 75. und 76. Takt und deren Parallelstellen, die am besten mit springendem Bogen wiederzugeben sind; das muß man jedoch können. Spielerurteil: sehr fein gearbeitet, großartig. (3/3)

op. 71/2 in D (III/70) hat einen Adagio-Vorspann, der ebenfalls nicht in die Wiederholung eingeschlossen ist. Das Allegro (I) beginnt mit Oktavsprüngen vom Vc bis zur V. I in je einem Viertel Abstand. Dieses Intervall bestimmt den Charakter des ganzen hervorragend komponierten Satzes. In der Schlußgruppe taucht ziemlich überraschend ein nettes Trivial-Thema auf, das in heiterster Spiellaune dargeboten werden kann. Die Reprise ist stark verändert und enthält einige Ablösungen mit besagten Oktavsprüngen, bei denen zu beachten ist, daß alle Instrumente die obere Note bis zum Taktstrich auszuhalten haben. Das Adagio (II) ist in der Melodie-Substanz schwach, aber dafür sehr schön gearbeitet und enthält die bereits früher aufgetretene Wendung in die Mediante (Tonart der oberen kleinen Terz). Der Menuetto (Allegro) ist ein »Juchezer« und hat ein ganz knappes Trio, in welchem die passende Harmonie über einen Vorhalt von einem der vier Spieler jeweils »nachgereicht« wird. Es handelt sich um ein echtes Scherzo. Das Finale (Allegretto) ist ein gemütlich zu nehmendes Siciliano mit gar nicht leicht ausführbaren kurzen Vorschlägen in großer Anzahl. Gegen Ende beschleunigt sich das Tempo (Allegro) und nach einer Fermate über einen verminderten Septimenakkord klingt das Stück mit einer rasanten stretta im unisono aus. Spielerurteil: großartige Musik. (3/3)

op. 71/3 in Es (III/71). Hier besteht der »Vorhang« nur aus einem Akkordschlag und einem Fermaten-Takt mit einer G. P. Das ziemlich ausgedehnte Vivace (I) ist mit seinen drei Achteln im 4.–6. Takt originell und besitzt eine breit ausgebaute Coda. Das Andante con moto enthält im dritten Takt in der Stimme der V. II die Bemerkung »licenza«, was wohl bedeuten soll, daß diese Stimme einem rubato der V. I nachgeben muß; dann müßte aber in den beiden Unterstimmen dasselbe stehen. Es handelt sich um freie Variationen; in der letzten stoßen wir auf einen Mendelssohnschen Elfenspuk (staccato assai e piano) in den drei Oberstimmen. In der Coda kann sich der Komponist vom dritten Takt seines Themas nicht trennen, bis das Vc ein Machtwort spricht. Dann folgt ein richtiges Menuett ohne Tempovorschrift, ist also mit einer gewissen Behäbigkeit zu spielen. Im Finale (Vivace) herrscht nur das Motiv des ersten Taktes. Vom 19. Takt ab kontrapunktiert dieses Thema in rhythmisch reizvoller Weise mit einem Dreivierteltakt (6/8 = 3/4). In der Coda (nach der letzten Fermate) will jenes Hauptmotiv vom Vc aus in allen Stimmen sich noch einmal durchsetzen; doch dann bringt eine strudelnde Sechzehntel-Passage das lustige Treiben zum Erliegen. Spieler-Ansicht: launiges Werk. (3/3)

op. 74/1 in C (III/72). Hier besteht der »Vorhang« aus einer Fermate mit Dominantspannung und einem Akkordschlag in C-dur. Das Allegro moderato arbeitet mit einem durchwegs zu hörenden Hauptmotiv, gewonnen aus den ersten Takten des Themas. Ein mit dolce eingeführter Seitengedanke spielt überhaupt späterhin keine Rolle; das tut vielmehr ein kleiner Kontrapunkt zum Hauptmotiv, besonders in der kunstvollen Durchführung. In der Schlußgruppe wiederum ein auftrumpfendes Trivial-Thema. Als langsamer Satz ein Andantino grazioso (II) ganz schlicht; es könnte von Dittersdorf sein, wenn die echt Haydnsche Coda nicht wäre. Mit einem fröhlichen Stampfer beginnt der Menuetto (Allegretto, III), um mit einem zusammengezogenen Rhythmus zu enden. Das Trio steht in der Unterterz-Tonart A-dur, hat in mezza voce eine zärtliche Melodie und kehrt mit einer *pp*-Überleitung zum Menuetto zurück. Im Finale (Vivace) erfindet Haydn etwas ganz Neues: er läßt das durch Bogenstriche artikulierte Hauptthema in einer staccato assai Version notengetreu noch einmal spielen. Nach einem Fermaten-Halt spielen die drei Unterstimmen im Kanon das Kernthema, während die V. I und später das Vc sich in einer Sechzehntel-Parade ergehen. Danach erklingt über einem Brillen-Baß (Murky) eine synkopierte Terzenmelodie und die geht dann über in eine grobschlächtige Dudelsack-Weise. Dieser Satz ist einer der prächtigsten C-dur-Sätze Haydns. Die Spieler: feines Stück. (2/3) op. 74/2 in F (III/73) schickt dem Beginn des Allegro spirituoso ein achttaktiges unisono voraus, das mit dem Themenanfang verwandt ist. Dieser Satz steckt voll sublimster Einfälle und ist ganz durchsichtig, wenn auch technisch nicht ganz leicht. Bei der unisono-Trillerkette 15 Takte vor Schluß spielt man am besten durchwegs Sechzehntel; auf diese Weise sind dann wenigstens die Nachschläge synchron. Das Andante grazioso (II) wird mehrmals variiert, wobei die V. II sich die moll-Variation vorher ansehen muß, weil sonst falsche Noten zu hören sind. Im Menuetto (Allegro, III) treffen wir auf verschiedene thematische Schleifer, die prall gespielt werden müssen. Besonders nett sind darin die vier mit pizzicato begleiteten Schlußtakte der V. I. Im Trio liegt die Melodie in der V. II-Stimme; auch dieses Trio hat eine eigene Überleitung zurück in den Hauptteil. Im lustigen Finale (Presto) hat Haydn in die Kammermusik einen Effekt eingeführt, der ebenfalls Schule gemacht hat: über einem Trommelbaß läßt er die Oberstimmen in halben Noten in Sextakkorden aufsteigen und wieder zurücksinken (78 ff), was unwillkürlich an jene geniale Stelle in Verdis Rigoletto erinnert, wo Summstimmen im Gewitter des letzten Aktes den Wind andeuten. Kurz vor Schluß wendet Haydn zwecks Ansteuern eines Spannungshöhepunkts ein Arpeggio in der V. I an. (3/3)

op. 74/3 in g (III/74), das sogenannte Reiter-Quartett. Das Allegro (I) setzt flüssiges Triolen-Spiel aller Instrumente »auf Anhieb« voraus. Auch das sangliche Seitenthema wird mit Triolen begleitet. Der Satz ist von größter Transparenz und gar nicht so leicht zum Klingen zu bringen. Berühmt ist das Largo assai (II) in E-dur, in welchem Haydn das erste und letzte Mal in seinen Quartetten ein tremolo anwendet. Interessant ist ferner die geniale Ausschmückung der ersten Violinstimme mit einem ganz eigenartigen Abstieg im verminderten Septimenakkord bis zur leeren G-Saite (10 Takte vor Schluß). Beim Menuetto (Allegretto, III) sollte man die Achtel im Trio bedeutender spielen als jene im Menuetto. Das Finale (Allegro con brio) hat dem Ganzen wohl den Namen gegeben. (Haydn bat 1776 den Fürsten Esterházy um Fourage für zwei Pferde.) Der Satz hat ein lustiges Seitenthema und recht virtuose Stellen für die V. I. Das Quartett gehört unstreitig zu den beliebtesten Stücken. (3/3)

Die Quartette op. 76

wurden 1797 komponiert, aber erst zwei Jahre später veröffentlicht. Sie sind dem Grafen Joseph Erdödy de Monyorokèrek gewidmet und heißen deshalb kurz: Erdödy-Quartette.

op. 76/1 in G (III/75). Nach drei Akkordschlägen entwickelt der Komponist im Allegro con spirito (I) vom Vc aus in ganz schlichtem zweistimmigem Satz das Thema, dem dann nach einem längeren unisono das nette, naive Seitenthema folgt. Auch dieser Satz ist flächig und durchsichtig. Im Adagio sostenuto (II) wird die einfache Liedmelodie dreimal durch bewegte Intermezzi unterbrochen, in welchen die Mittelstimmen eine in Sechzehnteln pochende Folie zuerst für einen Dialog zwischen Vc und V. I und dann für letztere abgeben. Das Durchhalten der Sechzehntel-Nachschläge setzt beim ersten Geiger viel rhythmische Disziplin voraus. Der Menuetto (Presto!) ist ein regelrechtes Scherzo mit seiner *ff*-Trommlerei im achten Takt. Die Führungsstimme hat den Wiedereintritt des Anfangs im zweiten Teil deutlich zu phrasieren; das Trio ist ein kapriziöses Solo der V. I und wird von pizzicati begleitet. Im Allegro ma non troppo (IV) wird das Kopfthema unisono vorgetragen; dann entwickelt sich damit ein dichtes Stimmengeflecht, welches durch Triolenpassagen abgelöst wird; das Thema der Schlußgruppe ist aus dem vierten Takt des Kopfthemas gewonnen. In der Durchführung findet sich ein Halt mit einer absteigenden Dreiklangsfigur in den beiden Violinen, die nach des-moll (!) führt und enharmonisch in A-dur landet, wobei sehr sauber intoniert werden muß. Später erfindet Haydn in lichtem G-dur eine Variante des Hauptthemas und ganz am Schluß zieht er sein triller-grollendes Thema vollends ins Lustige, indem er einen Trivial-Gedanken daraus macht. Spielerurteil: ein Meisterwerk. (3/3)

op. 76/2 in d (III/76) heißt wegen der thematischen Quintintervalle unter Liebhabern das »Quinten-Quartett«. Es ist aber nur das einleitende Allegro, dessen Führungsthema mit diesen Tonschritten beginnt. Quintschritte kommen 74mal in diesem Satze vor, und keiner davon ist langweilig. Das Andante o più tosto allegretto (II) muß vom ersten Geiger gut deklamiert werden, vor allem die Rückleitungen zum Thema. Im Menuetto (III) kehrt Haydn zu seinen Anfängen zurück: er läßt die beiden Geigen einerseits und die beiden Unterstimmen andrerseits in Oktaven spielen – hier allerdings im strengen Kanon. Da solches gegen seinen meisterhaften Quartettsatz etwas hohl und unheimlich klingt, hat man diesen Satz »Hexen-Menuett« getauft. (Die Ansätze dazu gehen bis zu Haydns op. 2/6, IV zurück.) Im Trio hat Haydn einen ganz neuen Einfall: durch anwachsende staccato-Viertel stampft er sich im *ff* das Thema heraus, das zierlich im *p* in höchsten Tönen endigt. Das Vivace assai (IV) hat starken ungarischen Einschlag, schon kenntlich an den beiden Fermaten im achten Takte, wo nur Unkundige das e im Flageolett anstreichen; auf diese Note gehört ein vibrato. Auch hier Rückgriffe auf frühere Praktiken wie die von den beiden Geigen vorgetragene dreistimmige Sequenz und das Doppelgriff-Solo in Terzen der V. I. Beim Eintritt der Dur-Tonart ist unbedingt das geforderte *pp* zu beachten, nur so wirkt diese Überraschung. Dieses Meisterwerk verlangt allerdings einen sehr guten ersten Geiger. (3/3)

Noch mehr ist dies allerdings der Fall bei dem folgenden
op. 76/3 in C (III/77), dem sogenannten »Kaiser-Quartett«. Der Anfangssatz ist durch den häufig vorkommenden, schnellen punktierten Rhythmus ziemlich anstrengend und auch sonst finden sich darin reichlich unangenehme Dinge: Doppelgriffe, sehr präzis zu spielende Zweiunddreißigstel-Auftakte und sauber zu greifende Oktaven. Die Coda nach der letzten Doppel-Fermate wünscht sich der Komponist bei der Wiederholung schneller gespielt (la seconda volta più presto). Wegen des »Poco adagio; cantabile« (II) hat dieses Werk seinen Namen erhalten. Im Januar 1797 wurde Haydns »Gott erhalte Franz den Kaiser«, welche Komposition im Autograph als »Volkslied« bezeichnet worden war, erstmals zum Geburtstag des Monarchen öffentlich gesungen. Im Herbst des gleichen Jahres schrieb er die vier Variationen, die insofern ganz eigenartig sind, als die Melodie jeweils von einem anderen Instrument gebracht, jedesmal unverändert, notengetreu erklingt. Ergreifend ist die harmonische Fassung der Var. IV und ihr Abgesang mit der verklingenden Terz am Schluß. Während das Menuett (III) nichts Besonderes bietet, hat das monothematische Trio eine sanft elegische Grundstimmung, sollte aber deswegen auf keinen Fall im Tempo gedehnt werden. Das Finale (Presto) deutet schon auf den jungen Beethoven und ist ziemlich

unkompliziert gesetzt. Das Tempo ist so anzusetzen, daß die Triolen noch sauber herauskommen, da diese das Gesicht des Satzes maßgeblich bestimmen. (4/3)

op. 76/4 in B (III/78) nennen die Engländer »The sunrise« und dieser Titel ist besser als der bei uns – wegen eines zufälligen Anklangs an den Einzug der Gäste im zweiten Aufzug – übliche Name: Tannhäuser-Quartett. Neu ist der Vortrag des Hauptthemas über einer tiefliegenden, ausgehaltenen Harmonie der übrigen drei Stimmen. Das Seitenthema wird durch eine Umkehrung des Anfangs ersetzt: die drei hohen Stimmen wölben eine Harmonie über den Gängen des Vc. In der Coda wird die Klangfarbe der tiefgeführten Bratsche bewußt genutzt. Der Satz birgt große Kontraste, die herausgearbeitet werden müssen. Das Adagio lebt im wesentlichen vom Motiv der ersten zwei Takte und einer Triolen-Figuration, mit der das eigenartig-schöne Stück ausklingt. Im 51. Takt befindet sich in der V. I ein Triller mit einem Nachschlag auf dem dritten Viertel, der blind endigt. Es empfiehlt sich, letzteren breit auszuspielen, sonst klingt das nach Verlegenheit. Das ihm folgende pizz. des Vc (das einzige dieses Stückes) ist ein Beweis für die Intelligenz des Meisters. Das Menuett (Allegro, III) mit Scherzo-Charakter ist ebenfalls monothematisch aus den beiden Anfangstakten heraus entwickelt. Ein Problem ist der Vortrag des 28. Taktes, die Rückleitung in den Anfang. Nach einer diminuendo-Stelle hat das Vc auf den ersten zwei Vierteln das Achtel-Motiv des Anfangs; auf dem dritten Viertel beginnt die Reprise mit der V. I. Auch hier ist die Gefahr groß, daß das Vc vor sich hin nuschelt. Solche Feinheiten müssen herauskommen, ohne daß hier ein fühlbares ritardando zelebriert wird. Der Hauptteil des Menuetts geht mit Hilfe des ausgehaltenen Baßtons unmittelbar in das Trio über, dessen erste Wiederholung ausgeschrieben ist. Dieses vorwiegend dreistimmige Stück hat einen ganz besonderen Charakter mit seinen bremsenden unisono-sforzati. Das Finale (Allegro, ma non troppo) muß gemäß Vorschrift in mäßigem Tempo begonnen werden. Erstens entspricht das dem Charakter des Themas und zum zweiten wird das Zeitmaß im weiteren Verlauf zweimal beschleunigt. Eine wesentliche Pointe dieses schönen Satzes sind die geistreichen Rückleitungen zum Rondothema. Das erste Mal spielen die Geigen in Terzen eine Reihenfolge von drei abwärts gehenden Achteln, die paarweise gebunden sind. Diese Stelle muß so wirken, als wenn man mit verbundenen Augen ein paarmal um seine Achse gedreht wird. Nach dem moll-Teil ist es die V. I, die im Alleingang das Thema wieder ansteuert, wobei sie immer leiser wird, bis sie einen Ton tiefer und *f* das Thema bringt. Im Più allegro befinden sich ab dem vierten Takte Ablösungen durch alle vier Stimmen von oben nach unten, die zuerst verzahnt (gemeinsamer Schluß und Anfangston), dann es aber nicht mehr sind; wichtig ist, daß die abschließende Note (Viertel mit Punkt darüber) gut ausgehalten wird. In der stretta (Più presto) ist streng darauf zu halten, daß bei *p* auch wirklich leise gespielt wird, was im Eifer des Gefechts gerne unter den Tisch fällt. (3/3)

op. 76/5 in D (III/79) beginnt mit einem Allegretto, dessen Thema die Nachbarschaft des Oratoriums »Die Schöpfung« verrät. Das bukolische 6/8-Thema nimmt sich anfangs ganz harmlos aus; jedoch schon die moll-Variante treibt die V. I in Sechzehnteln bis zum viergestrichenen f hinauf und spart nicht mit kleinsten Notenwerten in allen Stimmen. Nach einer Doppelfermate hetzt im Allegro-Tempo das Motiv des ersten Taktes durch alle Stimmen; dann schließt der Satz mit einer virtuos vorzutragenden stretta. Das Largo (Cantabile e mesto, II) steht in Fis-dur und demgemäß sind sechs Kreuze zu berücksichtigen, was der Beliebtheit dieses einzigartigen Satzes unter den Hausmusikanten gerade nicht förderlich ist. Der größte Fehler beim Spielen solch entfernter Tonarten ist, sich auf seine so gut wie nie geübten und daher unzuverlässigen Griffe zu verlassen; besser ist es, das Gehör einzuschalten und die zu greifenden Intervalle voraus zu denken. An der Stelle (nach der Fermate, ab Takt 50), wo die Bratsche die Melodie übernimmt, vermeint man Anton Bruckner zu hören. Das Menuett (Allegro, III) beginnt eigenartiger Weise mit derselben Tonfolge wie das Adagio, jetzt allerdings in D-dur. Der zweite Teil beginnt mit einem »Zwiefachen«, der acht Takte vor dem Fine mit der Führungsstimme im Vc wiederkehrt und durch Schläge der oberen drei Stimmen abgesichert wird: berühmte Schmeiß-Stelle. Das Trio läßt das mit Achteln hervortretende Vc mit einer auftaktigen Figur »hängen«; es muß klingen wie ein etwas verdrossenes Fagott-Solo. Das Finale (Presto) ist ein ebenso klares wie geniales Stück, das durch die vielen Quintklänge einen ganz spezifischen Charakter erhält. (3/3)

op. 76/6 in Es (III/80) ist das experimentierende, problematische Stück dieser

Reihe von Meisterwerken. Das einleitende Allegretto ist ein Variationensatz, dessen zweiteiliges Thema einen achttaktigen Epilog der Geige über ruhigen Harmonien der drei Unterstimmen einschließt. Die erste Variation ist für die zweite Geige bestimmt, die dritte für das Vc. Nach der vierten setzt (Allegro) ein Fugato mit zwei Themen ein, nach welchem die Va das Thema übernimmt. Mit einer kurzen stretta geht es schnell dem Ende zu. Die Fantasia (Adagio, II) sieht auf den ersten Blick wie eine atonale Komposition aus, und erstaunlicherweise ist sie's im gewissen Sinne auch. Das erste Thema weicht in der Wiederholung nach cis-moll aus. Ein Achtelgang der V. I führt überraschend das Thema nach E-dur. Dieses landet in G-dur. Nach einem Achtelgang des Vc befinden wir uns mit dem Thema in B-dur, das im siebenten Takt durch enharmonische Verwechslung wieder H-dur erreicht. Über zwei verminderte Septimenakkorde (Fermaten) gelangen wir nach As-dur, und dann führt ein weiterer, harmonisch taumelnder Gang des Vc nach Ces-dur, was als H-dur geschrieben ist. Von da ab ist H-dur vorgezeichnet und nur das hartnäckige a (statt ais) im Takt 96 ff, 101 und 104 läßt vermuten, daß Haydn hier etwas im Schilde führte. Der Menuetto (Presto) ist ein regelrechtes Scherzo und hat für V. I und Vc einige große Intervallschritte in Bereitschaft. Statt des Trios steht ein Alternativo (Abwechslung), das lediglich aus einer hin und her gewälzten Tonleiter besteht. Das Finale trägt die weitere Überschrift: Allegro spirituoso zu Recht, denn hier wird ein aus fünf Achteln bestehendes Motiv durch den Wolf gedreht. In dem zweiten Teile macht Haydn rhythmische Kunststückchen, indem er plötzlich 4/4-Rhythmus einführt, und die Unterstimmen müssen ihre Akkorde mal auf eins, mal auf zwei und auf drei ausführen, wobei meist gepatzt wird. Rhythmische Verschränkungen erfordern große Präzision des Zusammenspiels, wenn dieser Satz Freude machen soll. Man wird den Verdacht nicht los, daß Haydn mit diesem Werk etwas bezwecken wollte; man weiß nur nicht was. Spielerurteil: interessant. (3/3)

Die Quartette op. 77

Die beiden letzten Quartette schrieb Haydn 1799. Sie sind Franz Josef Max Fürst Lobkowitz zugeeignet. Dieser Fürst, dem auch Beethoven u. a. seine Streichquartette op. 18 und 74 zueignete, spielte Violine und Violoncello und sang Baß. Die beiden Werke schrieb Haydn, als er den »Frühling« der Jahreszeiten bereits vollendet hatte.

op. 77/1 in G (III/81) beginnt mit einem stilisierten großen Marsch (Allegro moderato), dessen Seitenthema (Takt 39, V. II) ebensogut von Beethoven stammen könnte, der in diesem Jahr (1799) gerade an seiner ersten Symphonie arbeitete. Bei diesem kristallklaren Stück ist zu beachten, daß der Komponist viel mezza-voce-Vorschriften verwendet und während des ganzen Satzes – auch während der zweistimmigen Triolen-Partien – der strenge Grundrhythmus erhalten bleibt. Der punktierte Marschrhythmus in den jeweiligen Schlußtakten ist eine Parallele zu Mozarts KV 387 in G, I an entsprechender Stelle. Das Adagio (II) hat symphonischen Charakter. Das unisono vorgetragene Kopfthema beherrscht den ganzen Satz und taucht mit besonderer Wirkung besonders häufig im Baß auf. Den Kontrast liefern sehr ausdrucksvoll zu spielende Solo-Partien der V. I, die ganz schlicht begleitet werden. Zauberhaft wirkt nach einem tiefen unisono-c mit Fermate der Des-dur-Einsatz des Themas im *pp*. Der Menuetto (Presto, III) ist ein dahinstürmendes Scherzo, über das Beethoven geschrieben hätte: »Ritmo di tre battute.« Denn: der zweite, dritte und vierte Takt bilden zusammen wieder einen »Großtakt«; der erste Takt ist ein Auftakt. Dieser Großrhythmus gilt bis zur Fermate im zweiten Teil. Das Trio könnte vom späten Beethoven sein (vergleiche op. 127, III Mittelteil: Presto!). Für die ersten vier Takte schreibt Haydn *f assai* vor. Im Abstand von 10 Takten wird die klopfende Viertel-Unterlage durch *f*-Takte in Achteln unterbrochen, zweimal durch einen rückmodulierenden Viertakter verlängert. Das Finale trägt das beherrschende Thema anfangs im unisono vor, dann beginnt eine motivische Kleinarbeit mit Bruchteilen des Themas, die in eine kleine Solopartie der V. I übergehen. Aus diesen Bausteinen setzt sich die Durchführung und die Reprise zusammen. Dieser Satz ist heikel im Zusammenspiel und erfordert vier gleichwertige, tüchtige Musikanten. (4/3)

op. 77/2 in F (III/82). Das Allegro moderato (I) ist ein großangelegter Sonatensatz, in welchem ein zweiter Gedanke (ab Takt 20) später Gewicht bekommt, besonders in der Durchführung. Der Menuetto (Presto, ma non troppo, II) ist abermals ein Scherzo, das mit Schaukel-Quinten reich durchsetzt ist und im zweiten Teil bei Ablösungen zwischen den beiden Ober- und Unterstimmen im 4/4-Takt Ungeübten Schwierigkeiten macht. Durch eine Generalpause ist das Trio vom Menuetto getrennt. Es birgt eine schöne ruhige Melodie, die in zwei Schlußbestätigungen ausklingt, welche von Schubert sein könnten. Die Coda des Trios leitet, von Des-dur nach F-dur modulierend, zum Anfang des Hauptteils zurück. Den langsamen Satz vertritt ein Andante (III). Es beginnt mit einem Duo von V. I und Vc; erst im 21. Takte gesellen sich die beiden Mittelstimmen dazu. Nach kurzen Zwischensätzchen erklingen mehrere Varianten des Themas, das zuerst von der V. II und dann vom Vc übernommen wird. Nach einem kraftvoll zu meisternden Aufschwung, der durch eine aufwärts steigende Sextakkord-Kette gekrönt wird, legt sich das Thema *pp* schlafen. Diesen einzigartig schönen Satz hat das Florentiner Quartett unter dem Titel »Marcia« oft als Zugabe gespielt. Das Finale (Vivace assai) ist ein längerer Melodik und eines zweiten cantablen Themas entbehrendes »alla polacca«. Bewundernswert bleibt die motivische Kleinarbeit dieses meisterhaft komponierten Stückes, das an Zusammenspiel wie an Technik des einzelnen erhebliche Anforderungen stellt. (4/3)

op. 103 in d (III/83) ist ein Torso, den Haydn im Jahr 1803 zu Papier brachte, jedoch nicht mehr vollendete. Vier Jahre später war er einverstanden, daß diese beiden Mittelsätze eines Quartetts, das er dem Grafen Moritz von Fries widmen wollte (dem auch Beethoven seine Violin-Sonaten op. 12 zugeeignet hatte), veröffentlicht wurden. Der Erstausgabe bei Breitkopf und Härtel fügte er vier Takte der Sopranstimme aus seinem vierstimmigen Lied »Der Greis« hinzu, die sich auch auf seiner letzten Visitenkarte befanden: »Hin ist alle meine Kraft. Alt und schwach bin ich.« Das Andante grazioso in B hat drei Variationen, von denen die erste in Ges-dur, die zweite in cis-moll und die letzte in B-dur steht. Das Menuett in d-moll läßt allerdings die erlahmende Schaffenskraft des nunmehr 71jährigen Genies erkennen. Diese beiden Sätze werden von Hausmusizierern selten aufgelegt. (3/3)

Wir haben deshalb so lange bei Haydns Quartettschaffen verweilt, weil es für jeden Hausmusikanten ebenso unerläßlich wie erfreulich ist, sich damit ernsthaft und systematisch zu befassen. Nur dann kann man staunend und bewundernd feststellen, daß Disziplin im Schaffen und Fülle der Gesichte diesen Sohn eines armen Wagners aus Rohrau über viele andere hinaushebt, die man glaubt heutzutage höher schätzen zu müssen. Seine 75 Quartette, vor allem die letzten 57, sollten ein Kompendium für jeden Quartettler sein, der es mit seiner Liebhaberei ernst meint. Er müßte eigentlich an jedem Abend, der ihn mit seinen drei Mitspielern vereint, eins davon auf die Pulte legen. Es lohnt sich.

Hindemith, Paul (* 1895 in Hanau, † 1963 in Frankfurt)

ist seit Louis Spohr der erste bedeutende Komponist, der nicht vom Klavier, sondern von einem Streichinstrument herkam. Hindemiths Instrument war die Bratsche, was im Tonsatz seiner ersten drei Quartette nicht zu überhören ist. Diese Werke waren für das Amar-Quartett komponiert, in welchem er die Va spielte. Sie sind für den Konzertsaal bestimmt, entsprechend angelegt und kommen für Liebhaber nicht in Frage. Da mit Ausnahme von zwei Quartetten – und diese auch nur innerhalb einer Sammelaufnahme – nichts auf Schallplatte eingespielt wurde, erübrigt sich hier eine eingehende Würdigung.

op. 2 wurde nicht veröffentlicht.

op. 10 in f (1918) besteht aus drei Sätzen, erfordert sehr sichere Intonation, sehr schwere Doppelgriffe und viel rhythmische Sicherheit. (6/6)

op. 16 in C (1922) setzt in allen drei Teilen das technische Können von Berufs-Solisten voraus und hat zwischen Takt 117 und 134 eine hinreißende Kadenzierung nach Fis-dur. Dieses Quartett ist das überzeugendste und wohl auch musikantischste Werk unter seinesgleichen. (6/6)

op. 22 ohne Tonart (1923) ist etwas einfacher im Zusammenspiel, trotzdem wegen der technischen Schwierigkeiten in den einzelnen Stimmen für Liebhaber ungeeignet. (6/6)

op. 32 ohne Tonart (1923) scheidet ebenfalls aus, obwohl es sich hier um ein trefflich angelegtes, formenstraffes Werk handelt, das leider wenig zu hören ist. (6/6)

Fünftes Streichquartett in Es (1943) in vier Sätzen. Wenngleich der Tonsatz hier bedeutend transparenter ist als in den ersten Werken, bietet die Intonation, bedingt durch außerordentlich viele Versetzungszeichen, derartige Schwierigkeiten, daß nur durch taktweises Üben etwas erreicht werden könnte. (6/6)

Sechstes Streichquartett (1949). Dieses letzte Werk ist das einzige, das routinierten Quartettlern hinsichtlich der Spielbarkeit Freude machen könnte. Der erste Satz (Fast/Schnell) ist durchsichtig und ganz ohne Schwierigkeiten; nur muß jeder Intervallschritt »sitzen«. II: ruhig, scherzando wird wegen der kleinen Notenwerte auf Achtel gespielt und erfordert genaues Zusammenspiel wegen zahlreicher Stimmverschränkungen. III: hat eine langsame Einleitung zu einem schnellen Teil, der alla breve zu spielen ist und keine technischen Schwierigkeiten bietet. Die beiden Teile verhalten sich im Zeitmaß so, daß ein Achtel des langsamen Tempos einem ganzen Alla-breve-Takt gleichkommt. IV: Kanon, mäßig schnell, heiter. Die nachahmenden Stimmen sind anfangs V.I und Va; später wächst sich der Satz zu einem Doppelkanon aus und wird auch für die Spieler – von den Hörern ganz zu schweigen – ziemlich unübersichtlich. Ohne sehr eingehendes Studium der Partitur sind die kontrapunktischen Kunststücke des Professors für Komposition kaum nachzuzeichnen. Wie denn überhaupt zu bedauern ist, daß der stürmische Musikant von op. 16 allmählich sich in einen akademischen Ton-Architekten verwandelt hat, dessen Bauten zwar untadelig, doch innen etwas kalt und wenig gemütlich sind. (5/5)

Für die weniger geübten Quartettler empfiehlt sich:
op. 44 III (1927). Acht Stücke in der ersten Lage für Fortgeschrittene aus dem Schulwerk des Instrumental-Zusammenspiels. »Diese Musik«, so heißt es da, »ist weder für den Konzertsaal noch für den Künstler geschrieben. Sie will Leuten, die zu ihrem eigenen Vergnügen musizieren oder die einem kleinen Kreis Gleichgesinnter vormusizieren wollen, interessanter und neuzeitlicher Übungsstoff sein.« Jetzt denkt man an Etüde, aber nein: es handelt sich um frische, phantasievolle Musik kleinen Formats, aus der man sich – je nach Gefallen – eine kleine Suite zusammenstellen kann, deren gut einstudierte Wiedergabe auch auf Zuhörer Eindruck macht. (2/4)

Höller, Karl (* 1907 in Bamberg, lebt in München)

Von seinen sechs Streichquartetten ist
op. 42 in D (1948) ausdrücklich für den Gebrauch innerhalb der Familie bestimmt. Der Komponist schrieb es für die Bruder-Familie des Cellisten Hoelscher. Der erste Satz ist ausgesprochen hübsch, ansprechend und originell. II hat ein Solo für die Va, ist aber ansonsten etwas struppicht. III geht langsam, ist wohlklingend, tief und schön und IV harmlos-fröhlich mit hübschen harmonischen Effekten. (3/4)

Humperdinck, Engelbert (* 1854 in Siegburg, †1921 zu Neustrelitz)

schrieb bereits mit 19 Jahren ein Streichquartett, das nicht veröffentlicht wurde. Das gleiche geschah mit einem dreisätzigen Torso, der wahrscheinlich im ersten oder zweiten Jahrzehnt unseres Jahrhunderts entstand und erst 16 Jahre nach dem Tod des Meisters vom Zernick-Quartett erstmals aufgeführt wurde.

posth. in C. Das einleitende Allegro moderato ist eingänglich und frisch. II: »Gemächlich« beginnt mit einem Va-Solo und hat sehr gut klingende pizzicato-Stellen; inmitten ein gesangvoller Teil, der »Mit inniger Empfindung« überschrieben ist. Daran schließt sich ein fugierter Satz an, der aus dem Bratschensolo entwickelt ist. Der letzte Satz: lebhaft, war wohl als Scherzo gedacht und basiert im Hauptteil auf einem sehr markanten, rhythmischen Thema. Im teils bewegten, teils lyrischen Mittelteil befindet sich eine Ausweichung nach Ges-dur, die sauber intoniert werden muß. Humperdincks Quartettsatz ist vortrefflich und kammermusikalisch. (3/3)

Ibert, Jacques (* 1890 zu Paris, †1962 ebenda)

war ein hochbegabter Komponist, der es sich zum Grundsatz machte, nur das zu schreiben, was man hört. Er machte sich unabhängig von den zeitgenössischen musikalischen Strömungen in Frankreich. Sein Quatuor à cordes widmete er seinem Sohn.

In C (1944). Das Allegro risoluto (I) ist ein toccata-ähnliches Stück mit einem lyrischen Mittelteil. Ein Andante assai (II) läßt anfangs die Va stark hervortreten, steigert sich im Mittelteil und sinkt schließlich mit dem Liedthema des Beginns auf einen terzlosen Akkord über g zusammen. Unmittelbar daran schließt sich das Presto (III) an. Es ist durchgängig pizzicato zu spielen und eines der reizvollsten Stücke dieser Art. Das abschließende Allegro marcato ist zunächst eine zweistimmige Fuge in Oktaven und wird erst im 23. Takt mehrstimmig. Nach einem Orgelpunkt (Ziffer 51) geht es in kraftvoller Steigerung dem Schlusse zu. Klare Anlage, keineswegs outrierte Schwierigkeiten und nervige Tonsprache sollten Geübtere bestimmen, sich mit den etwas ungewohnten Intervallen und diesem empfehlenswerten Werk eingehend zu befassen. (4/4)

Janáček, Leoš

(* 1854 in Hochwald [Nordmähren], † 1928 zu Mährisch-Ostrau)

Der eigenwillige und intelligente Komponist, der noch vor B. Bartók folkloristische Studien trieb und durch seine Oper »Jenufa« auch außerhalb seines Vaterlandes bekannt wurde, schrieb mit 26 Jahren sein erstes Streichquartett, das unzugänglich blieb. Das nächste Quartett schrieb er mit 69 Jahren; das letzte kurz vor seinem Ableben. Beide Werke entziehen sich dem Liebhaber. Sie sind in rhapsodischer Form gehalten und stellen an die Technik jeden Mitspielers große, teilweise auch recht ungewohnte Ansprüche. Es handelt sich hier auch nicht um Kammermusik im klassischen Sinne, sondern eher um Klanggemälde für zwei Violinen, Bratsche und Violoncello. Beide Werke haben zudem ein psychologisches Programm:

Nr. 1 (1923) entstand in acht Tagen »auf Anregung von L. L. Tolstois Kreutzersonate«. Es setzt sich aus vier Abschnitten zusammen. Der erste hat nicht weniger als 15 Tempowechsel, ein hübsches slavisches Tanzthema und eine außerordentlich schwierige Ablösungs-Stelle. II (Con moto) ist mit seinen tremoli sul ponticello ein klangliches Problem. III (Con moto) beginnt in ges-moll und verlangt später zahlreiche Oktavgriffe in den drei Oberstimmen. IV (Con moto) birgt für das Zusammenspiel über die Maßen schwere Partien. (6/6)

Nr. 2 »Intime Briefe« entstand wenige Monate vor dem Tode des Meisters. Ein Lexigraph nennt dieses Werk »intim-schlicht«; es ist jedoch genau so schwierig wie Janáčeks erstes Quartett. Selbst wenn man eine lange Zeit daran arbeiten würde, wäre das reale klangliche Ergebnis wahrscheinlich sehr unbefriedigend. So sei empfohlen, mittels der Partitur und den hervorragenden Schallplatten-Aufnahmen, die es von beiden Werken gibt (Janáček- und Smetana-Quartett), sich in die eigenartige Klangwelt dieser beiden Stücke zu vertiefen. (6/6)

KÄSSMAYER, Moriz (*1831 in Wien, † 1884 ebenda)

Diejenigen, die Sinn für biedermeierlichen Humor haben, seien auf die 13 Hefte mit Bearbeitungen von Volksliedern hingewiesen, die bezeichnenderweise noch heute im Handel sind. Kässmayer war Geiger und Dirigent und verfügt über eine starke parodistische Ader. Dank seiner gediegenen Satztechnik gelangen ihm dabei solche hübschen Stücke wie die witzige »Loreley«, das dramatisch sich gebende »Regen, Regen, Tropfen«, das übersüße »Ach, wie ist's möglich dann« oder das temperamentvolle böhmische »Pod duben«. Natürlich kann man so etwas nur in homöopathischen Dosen und in entsprechender Stimmung genießen. (2/2)

KNAB, Armin (* 1881 in Neuscheichach [Unterfranken], †1951 in Wörishofen)

Ursprünglich Jurist, wechselte er als Vokalkomponist und Musikerzieher ganz zur Tonkunst über. Seine
»Fünf ländliche Tänze« (1927) waren ursprünglich für Klavier gesetzt. (2/2)

Variationen über ein eigenes Thema (Kinderlied) entstanden 1931 und sind ebenfalls erfreulich zu spielen. (2/2)

KODÁLY, Zoltán (*1882 zu Kecskemét, † 1967 in Budapest)

Von dem Schöpfer des Psalmus hungaricus und des Liederspiels Háry János ist zur Zeit nur sein drittes Streichquartett zu haben:

op. 10 (als 2. Streichquartett erschienen) (1918). Der erste Satz (Allegro) ist einheitlich im Tempo, sehr kammermusikalisch gesetzt und musikantisch. Der Komponist hat ihm folgende Bemerkung vorangestellt: »Der erste Satz ist sehr fließend, ohne besondere Betonung der Taktschwerpunkte vorzutragen.« Die Form ist recht frei, das melodische Baumaterial durchaus eingängig. Das Andante (Quasi recit) beginnt mit kadenzartigen Soli der V. I und des Vc, dann folgt ein Andante con moto mit einer synkopierten Notenwiederholung (irritato, molto sensibile = gereizt, sehr empfindlich) und darauf melden sich mehrere, meist vergnügte ungarische Tanzmelodien, von denen die letzte in einen jubilierenden Schluß führt. Das Quartett ist ein guter Prüfstein für Ehrgeizige, die sich an Bartók wagen wollen. Der erste Geiger muß eine gute Höhe haben. (5/5)

KRAUS, Joseph Martin (* 1756 zu Miltenberg/Main, †1792 in Stockholm)

Gleichaltrig mit Mozart, den er nur um ein Jahr überlebte, landete – nach einem Jura- und Philosophie-Studium in Mainz, Erfurt und Göttingen – der 22jährige in Schweden, wo er bald Kapellmeister wurde. 1783 lernte er auf einer längeren Auslandsreise Haydn in Wien kennen. Seine neun Streichquartette entstanden sämtlich vor seiner Ausreise nach Stockholm. Sechs davon erschienen als op. 1 im Jahre 1784 und waren Gustav III. von Schweden gewidmet. Wir spielten davon:

in A »Göttinger-Quartett«. Das Allegro (I) beginnt mit einem langen und mit Sechzehntel-Vorschlägen geschmückten Auftakt der V. I. Der Quartettsatz ist terzenselig, durchsichtig und ziemlich kunstlos. Das empfindsame Adagio beginnt mit einem poco *f*-Auftakt, um dann *pp* mit einer Achtelbegleitung fortzufahren, über welcher die V. I einen Gesang spinnt. Den letzten Satz hat der Komponist als Scherzo bezeichnet. Er ist aber im 2/4-Takt geschrieben und beginnt mit einer Art Holzschuh-Tanz; ein Minore kontrastiert mit Sechzehntel-Passagen in allen Stimmen und ein merkwürdiger Übergang führt in den Anfang zurück. (2/1)

in g »Fugen-Quartett«. Wohl wegen des ersten Satzes so genannt, der im fünften Takt mit einer Fuge beginnt. Sie hat zwei Themen und sollte (Andante comodo) bedächtig genommen werden, da im Mittelteil plötzlich Zweiunddreißigstel auftauchen. Sie schließt über einem Orgelpunkt im *pp*. Eine Romanze (II) ist sparsam gesetzt und ein originelles Stück. Das abschließende Menuett (Tempo di Minuetto) ist ebenfalls ein merkwürdiges Stück, etwas asketisch. In diesem Werk tritt die V.I überhaupt nicht hervor; es herrscht Gleichberechtigung. Auffallend oft wird von chromatischen Stimmfortschreitungen Gebrauch gemacht. (2/2)

in G »Schottisches Quartett« beginnt mit einem gut gearbeiteten, hübschen Allegro, das die V.I ziemlich hoch hinaufführt und in allen Stimmen lebhafte Figuration zeitigt. Das Andante maestoso (II) ist ein Variationensatz über ein Thema, das Kraus mit »Scozzese« überschrieb. Der Nationalcharakter des Themas wird durch liegende Bässe und *f*-Betonung des dritten und letzten Achtels im 6/8-Takt erreicht. Das Largo (III) hat im mittleren Teil ein sehr hochgeführtes Bratschensolo und ist ein schöner tief empfundener Satz, der unmittelbar in das abschließende Allegro assai übergeht, das recht originell ist und einen hübschen, etwas skurrilen Schluß hat. Dieses Quartett ist eine gute Vorübung für mittleren und späten Haydn. (3/2)

KROMMER, Frantisek Vincenc (* 1759 in Kamenice [Mähren], †1831 in Wien)

gehört zu jener Gruppe böhmisch-mährischer Komponisten, die als Kleinmeister zu Beginn des 19. Jahrhunderts das Musikleben der österreichischen Metropole mitbestimmten. Er brachte es bis zum »Kammertürhüter« Seiner Majestät und war der letzte Kammerkapellmeister und Hofkompositor Wiens. In Liebhaberkreisen waren seine zahlreichen Instrumentalwerke äußerst beliebt. Von seinen Quartetten liegt nur eins im Neudruck vor:

op. 5/1 in Es (etwa 1795). Drei schnelle Sätze mit kleinen Soli für alle vier Spieler. Das Rondothema (III) hat Humor, und mitunter meint man, Dvořáks musikalischen Urgroßvater vor sich zu haben. (2/2)

MENDELSSOHN-BARTHOLDY, Felix (* 1809 zu Hamburg, † 1847 in Leipzig)

Da viele Quartettspieler jenen Komponisten des vorigen Jahrhunderts, die sich auch als Klavierspieler einen bedeutenden Namen machten, nicht recht zu trauen pflegen, weil sie meinen, jene könnten nicht recht für Streicher schreiben, sei gesagt, daß Mendelssohn Unterricht im Geigen- und Bratschenspiel bei Karl Wilhelm Henning, einem Mitglied der königlichen Kapelle (später Hofkapellmeister), genommen hat. Seine Streicher-Kammermusik – ganz zu schweigen von seinem Violinkonzert – beweist, daß Mendelssohn sehr wohl für Streichinstrumente zu schreiben wußte. Er schrieb sein erstes Quartett mit 14 Jahren (in Es), es wurde später verlegt, ist aber heute nicht mehr im Handel.

op. 12 in Es (1829) ist in Wirklichkeit das dritte Quartett und eins der schönsten. Nach einer langsamen Einleitung (Adagio non troppo) erklingt das Hauptthema des Allegro non tardante (nicht zögernd). Dieses Thema beherrscht gegenüber den beiden Nebengedanken den Satz, und der Komponist weiß ihm immer wieder neue Gestalt abzugewinnen bis zum Abgesang des Schlusses. Bei der Reprise ist zu beachten, daß nach einem fünftaktigen ritardando poco a poco das Grundtempo erst im vierten Takte des Themas wieder einsetzt. Ein Erfolgsstück war von je die Canzonetta (Allegretto, II), deren Più mosso-Teil lockere Bogentechnik und präzises Zusammenspiel voraussetzt, besonders wenn zu Beginn des zweiten Teils Va und Vc sich der Sechzehntel bemächtigen. Beim Vortrag des liedmäßigen Andante espressivo (III) ist das dreimal vorkommende »con fuoco« zu beachten, das einen steigernden rubato-Vortrag erheischt. Dieser Satz soll nahtlos in das abschließende Molto Allegro e vivace übergehen, in welchem bei L'istesso tempo (dasselbe Zeitmaß; hier: 3/8 = 1/4. Die Zählzeiten bleiben gleich) ein Thema aus dem ersten Satz eingeführt wird. Der Schluß beider Sätze ist identisch. (3/2)

op. 13 in a (1827) ist viel experimenteller als das vorhergehend besprochene. Es knüpft mehrfach an Beethovens op. 132 in a an. Auch hier eine langsame Einleitung (Adagio), die mit Hilfe der Va in ein Allegro vivace (I) übergeht. Solche Überleitungen werden bisweilen nicht richtig gehandhabt: so hat hier die Va einen Takt lang Zweiunddreißigstel zu spielen, und es empfiehlt sich, unmerklich die erste, fünfte, neunte usw. Note zu betonen und mit den drei letzten Noten ein Tempo anzusteuern, das den Sechzehntel-Figuren zu Anfang des neuen Tempos entspricht. Manche Hausmusikanten sind der Ansicht, das müsse im Tempo geschehen und zwar derart, daß das Adagio-Achtel gleich einem Viertel im neuen Tempo sei. Solche Kommensurabilität der Tempi ist jedoch vom Komponisten sicher nicht eingeplant und dient nur zur Bequemlichkeit der Interpreten. Dieser Satz ist meisterhaft gesetzt, jedoch bedeutend schwieriger als der Parallelsatz des op. 12. Er schließt merkwürdigerweise mit einem Rezitativ der V. I. Nach dem Vortrag eines schlichten Liedthemas zu Beginn des Adagio non lento (II) stimmt die Va eine Fuge an, die in ein Poco più animato übergeht, dann folgt ein fugato mit dem Spiegel des Themas und dann wird es ziemlich laut bis zu einem siebentaktigen Orgelpunkt. Schließlich wird der Anfang wiederholt, und mit dem zweiten Teil des fugato-Themas wird der Satz seinem verschwebenden Schluß zugeführt. Das Intermezzo (Allegretto con moto, III) beginnt mit einem gemütlichen Thema und wird durch ein Allegro di molto abgelöst, das im *pp* hingetupft werden muß, später gesellen sich kleine espressiv-Stellen dazu. Dann wieder ein ritardierender Übergang zum Anfangsthema. Die schöne Coda vereinigt beide Gedanken (poco accelerando) und der Schluß erinnert sehr an die letzten Takte von Beethovens a-moll-Quartett. Das Presto (IV) beginnt wieder mit Rezitativen, bei denen sich die Unterstimmen dem Gebahren der V. I aufmerksam anzupassen haben, was durch Stichnoten erleichtert wird. Im Verlauf des Satzes wird das Thema des fugato aus dem langsamen Satz zitiert. Schließlich zerfasert sich die Form des Satzes (a piacere quasi fantasia) und greift schließlich noch einmal auf die langsame Einleitung des Anfangs zurück. Aber all das überzeugt nicht recht. (3/4)

op. 44/1 in D (1837) beginnt mit einem Molto Allegro vivace, das zwar schwungvoll, aber auch ein wenig flach und sehr ausgedehnt ist. Dagegen ist das Menuett (Un poco Allegro, II) mit ruhiger Linienführung und sein Trio mit laufenden Achteln ein köstliches Stück. Dasselbe gilt auch für das Andante espressivo ma con moto, dessen Typus von den anderen langsamen Sätzen Mendelssohns stark abweicht: das Sätzchen ist von einer laufenden Kette von Sechzehnteln durchzogen, die nur kurz vor der Reprise durch einen punktierten Rhythmus in drei Takten unterbrochen ist. Am letzten Satz interessiert den Mendelssohn-Verehrer das Seitenthema mehr als das überbetont kräftige Hauptthema mit den ermüdenden Triolen. (3/3)

op. 44/2 in e (1837) ist ohnstreitig das feingliedrigste Quartett aus dieser Opusreihe. Es entstand als erstes und wurde am 28. 10. 1837 von Ferdinand David erstmals öffentlich gespielt. Einen Tag darauf schrieb Mendelssohn an seinen Bruder Paul: »Gestern abend wurde mein e-moll-Quartett aufgeführt, und machte großes Glück. Das Scherzo mußten sie da capo spielen, und das Adagio gefiel den Leuten am besten. Dies setzte mich in langes Erstaunen.« Der erste Satz beginnt mit einer typischen Mendelssohnschen Melodie in der V. I, und auch das zweite Thema ist gleicherweise gesanglich. Das bewegte Moment besteht aus Sechzehntelketten, die in allen Stimmen auftauchen. Das Scherzo (Allegro di molto, II) hat im Hauptthema einen originellen Rhythmus mit einer *f*-Repetition in Sechzehnteln auf dem gleichen Ton, der gar nicht leicht darzustellen ist. Ein kontrastierender Mittelteil fehlt gänzlich; lediglich ein kleines Solo der Va unterbricht das scherzöse Treiben. Am Schluß lösen die beiden Geigen bei einer aufsteigenden Dreiklangsreihe einander ab, was man – wenn es richtig wirken soll – einstudieren muß. Das Andante (III) hat die Anmerkung: »Dieses Stück darf durchaus nicht schleppend gespielt werden.« Bis auf fünf Takte in der Mitte des Satzes läuft durch das ganze Stück eine ununterbrochene Kette von Sechzehnteln, die erst im vorletzten Takte zur Ruhe kommt. Das abschließende Presto agitato fällt nicht aus dem Rahmen dieses kammermusikalischen Pastells, muß aber entsprechend vorgetragen werden und erfordert lockere Bogenführung und Griffbrett-Beherrschung. (4/4)

op. 44/3 in Es (1838) gibt sich recht anspruchsvoll in Klanggestaltung und Ausmaß und ist mehr für den Konzertsaal als für die Hausmusik geeignet. Der Quartettsatz des Allegro vivace ist recht kompakt und wirkungsvoll; kontrastierende Momente kommen erst in der Durchführung und in der Reprise zum Tragen; von allen vier Stimmen wird Beweglichkeit verlangt. Das Scherzo (Assai leggiero vivace, II) ist ein Jagdstück und ganz einheitlich durchgeführt mit zwei kleinen fugato-Stellen, die offensichtlich humoristisch gemeint sind. Der vergnügliche, im authentischen Tempo nicht leichte Satz klingt mit einem längeren unisono aus. Das Adagio non troppo (III) ist wiederum sehr ausgedehnt und will sauber intoniert werden. Das Molto Allegro con fuoco (IV) ist stark bewegt, schwungvoll und verlangt genaues Zusammenspiel. Seine Thematik ist nicht recht zwingend. (4/4) op. 80 in f (1847) schrieb der Komponist unter dem Eindruck des Todes seiner Schwester; es war das Requiem für Fanny Mendelssohn. Das Allegro assai (I) ist dementsprechend ein ernstes Stück, in welchem Mendelssohn oft mit Sechzehnteln operiert, um eine Achtelnote zu teilen. Zum Schluß steigert er mit einem accelerando das Tempo zum Presto. Da es sich über sieben Takte erstreckt, muß man entsprechend haushälterisch mit dem accelerando umgehen, damit man nicht übers Ziel hinausschießt. Das Allegro assai (II) ist ein ernstes Scherzo mit einem komplementären Rhythmus zwischen der V. I und den übrigen Stimmen. Der Mittelteil ist angelegt wie eine Passacaglia, deren Baßthema in der Coda noch einmal auftaucht. Das Adagio (III) verzichtet auf jegliche instrumentaltechnischen Reizmittel und gibt ganz einfach eine traurige Weise wieder, nur einmal durch ein schmerzliches Aufbäumen unterbrochen. Das Finale (Allegro molto) gerät immer auf eigentümliche Weise ins Stocken. Die in Sechzehntel aufgelösten Intervallschritte im legato sind an den Ablöse-Stellen schwer zum Klingen zu bringen. Auch die stretta vermag die bittere Grundstimmung nicht zu verscheuchen. Das Werk behält die Tonart f-moll bis in den letzten Takt. (4/5)

op. 81 in E (1847). Aus Mendelssohns Todesjahr stammen noch zwei Sätze: Andante sostenuto (Thema con Variazioni) und ein Scherzo (Allegro leggiero). Ein Capriccio mit einem Allegro fugato, assai vivace wurde 1843 und eine Fuga in Es bereits 1827 geschrieben. Erfahrungsgemäß haben die Hausmusizierer für diese Fragmente wenig Interesse, obwohl das Scherzo das am wenigsten verdient. (3/2)

MILHAUD, Darius (* 1892 zu Aix-en-Provence)

spielte bereits mit sieben Jahren Violine, ist einer der fleißigsten Komponisten der Gegenwart, was schon aus seinen 24 Streichquartetten hervorgeht, die er bis heute geschrieben hat. Das 14. und 15. Quartett können auch gleichzeitig als Oktett gespielt werden. Von diesen Werken haben wir nur studiert:

VII. Quatuor à Cordes in B (1925). I Modérément animé (mäßig bewegt) ist ein anmutiges Tonspiel mit der Va als kleinem Störenfried (assez rude et sec =

ziemlich derb und trocken), das durch Akkordschläge (pizzicato) unterbrochen wird. Doux et sans hâte (zart und ohne Eile) ist im 3/8 + 2/8 + 3/8 = 8/8-Takt geschrieben, mit dem man anfangs etwas Mühe hat. Die drei Oberstimmen werden in diesem reizvoll durchsichtigen Satze sehr hoch geführt. Lent (III) wird mit Dämpfern gespielt und bietet keine Probleme; gegen Ende läßt sich eine Reminiszenz an den langsamen Satz des Quartetts von Debussy hören, das den 12jährigen Milhaud so begeistert hatte (fünfter Takt nach »moins lent«). Das abschließende Vif et gai (lebhaft und fröhlich) entspricht seiner Überschrift und wird im Mittelteil durch ein »Mouvement doux« abgelöst; dazu die Spielvorschrift: allongez l'archet, was wohl das gleiche bedeutet wie »gezogen« im Brucknerschen Streichquintett. V.II ist in diesem Werk stellenweise sehr hoch geführt und bevorzugt behandelt. Sicherheit auf dem Griffbrett ist allenthalben Voraussetzung. (5/5)

MOZART, Wolfgang Amadeus (* 1756 zu Salzburg, †1791 in Wien)

Mozarts letzte zehn Quartette sind für alle Hausmusikanten Spitzenwerke. Über ihren Inhalt gibt's nichts mehr zu sagen; deshalb seien hier nur Spielhilfen gegeben. Mit den Frühwerken verhält es sich anders: sie werden viel zu selten auf die Pulte gelegt, obwohl sie besonders für wenig geübte und im Zusammenspiel noch nicht so erfahrene Quartettler eine ebenso nützliche wie erfreuliche Vorstudie für die Meisterwerke der Wiener Klassik sind. Das erste Quartett schrieb Mozart als 14jähriger Knabe, sein letztes als 34jähriger, anderthalb Jahre vor seinem Tode.
Zur Kennzeichnung wurden die Ziffern des Köchel-Verzeichnisses benutzt und zwar befinden sich vor dem Querstrich die alten und dahinter die neuen Nummern.

KV 80/73f in G schrieb Mozart auf der Reise nach Rom am 15. März 1770 in einem Wirtshaus in Lodi. Es bestand aus drei Sätzen: Adagio, Allegro und Menuetto, alle Sätze in G-dur. Drei Jahre später ergänzte er ein Rondeau. Mozart hat sich noch acht Jahre später dieses Stückes erinnert. (2/1)

Aus dem Anfang des Jahres 1772 stammen drei »Divertimenti« für zwei Violinen, Viola und Baß; diese Stücke waren wahrscheinlich für Orchester gedacht: KV 136/125a in D: Allegro – Andante – Presto. Hübsche, unterhaltsame Musik, die allerdings nur die Geigen am melodischen Geschehen teilhaben läßt. Das gilt auch für die beiden folgenden: (2/1)

KV 137/125b in B: Andante – Allegro di molto – Allegro assai (2/1)

KV 138/125c in F: Allegro – Andante – Presto (2/1)

Diese vier Werke stehen nicht in der zweibändigen Peters-Ausgabe.

Die Quartette KV 155/134a bis 160/159a

entstanden auf der dritten italienischen Reise. Am 28. Oktober 1772 schreibt Leopold Mozart aus Bozen, daß Wolfgang »für die lange Weile ein Quatro« schreibe. Die beiden Reisenden waren hier durch anhaltende Regengüsse aufgehalten.

KV 155/134a in D hat einen unterhaltsamen ersten Satz (Allegro moderato), ein nur bei mangelndem Interesse langweiliges, empfindsames Andante. Das Molto Allegro ist ein da-capo-Stück. (2/1)

KV 156/134b in G ist, wie die nächsten dieser Gruppe in Mailand entstanden. Das Presto (I) ist besonders nett mit dem eigensinnigen Kurzmotiv der V. II nach den Wiederholungszeichen. Das ursprüngliche Adagio (II) hat Mozart später durch das jetzige ersetzt, welches starke Akzente aufweist. Das Tempo di Menuetto ist gravitätisch und enthält einen musikantischen Scherz, den er im Menuett von KV 428 auf wirksamere Weise wiederholt: Pseudo-Patzer der V. II, die hier einen Takt vor der V. I mit einem *f* einsetzt. Das Trio in g-moll weist bereits subtile Effekte auf. (2/2)

KV 157 in C gilt als das bedeutendste dieser Gruppe. Das Anfangs-Allegro ist ein verhältnismäßig breit angelegter, schöner Satz mit gegensätzlicher Thematik; das Andante (II) schlägt bereits die für den Komponisten so charakteristischen pessimistischen Töne an. Aus dieser Stimmung befreit das Presto (III), eines jener Rondos, die Mozart damals bevorzugt schrieb: viermalige Wiederkehr des 16taktigen Themas, jedesmal durch einen anderen 16-Takter unterbrochen. (1/1)

KV 158 in F beginnt mit einem Allegro, in welchem nach dem ersten Teil eines jener »klopfenden« Motive im unisono auftaucht, die noch in Figaros Hochzeit zu finden sind. Das Andante, un poco Allegretto (II) in a-moll hat besonderen Reiz, vor allem durch die merkwürdigen sieben Takte nach dem Wiederholungszeichen, die schattenhaft von einem verborgenen Schmerz durchzogen sind. Das Tempo di Menuetto hat im Trio einen stark tragischen Unterton. Das schöne Menuett bedient sich in den Schlußtakten jeweils lombardischer Vorschläge. (1/1)

KV 159 in B. Im Andante grazioso (I) heißt es für die V. I: aufpassen! Die V. II beginnt nämlich mit dem Melodie-Vortrag und die V. I wird, falls sie nicht mitgezählt hat, totsicher im 8. statt im 9. Takte einsetzen. Bei der Reprise ist dann der Einsatz im 8. Takt richtig. Das Allegro (II) steht in g-moll und ist eines der leidenschaftlichsten Stücke dieser Gruppe. Das Rondo (Allegro grazioso, III) hat ein wirklich graziöses Thema mit einer kleinen Pirouette im vierten und achten Takt. Witzig weiß der Komponist kontrastierende Zwischenspiele – eins in b-moll – dem immer wieder ganz unbekümmert einsetzenden Rondothema gegenüberzustellen. (1/2)

KV 160/159a in Es. Das Allegro (I) hat ein reizvolles zweites Thema, das die Seufzer der Bildnis-Arie aus der Zauberflöte bereits vorweg nimmt. Un poco Adagio (II) gibt sich empfindsam und verwendet wirkungssicher chromatische Tonschritte. Das Presto am Schluß ist ein Geschwindmarsch mit munteren melodischen Einfällen. (1/1)

Die Quartette KV 168 bis 173

Diese Gruppe entstand im August und September des Jahres 1773 während eines Wiener Aufenthalts. Mozart hatte hier Haydns op. 17 und 20 kennengelernt. Auf die Faktur und die äußere Form hat das Vorbild des älteren Meisters hie und da feststellbar eingewirkt; keinesfalls hat Mozart ihn nachzuahmen versucht. Man kann eher feststellen, das Beispiel des erfahrenen Meisters hat ihn verschreckt; seine Tonsprache ist nicht mehr so unbefangen wie in den italienischen Quartetten. Mozart hat später einmal gesagt, er hätte erst von Haydn gelernt, wie man Quartette schreiben müsse, demnach wäre diese Gruppe sein Gesellenstück. Die Vierzahl der Sätze wird durch das Menuett jetzt zur Regel, und in den Durchführungen taucht die von Haydn entwickelte »thematische Arbeit« auf. Dagegen verzichtet Mozart vollständig auf die virtuos angelegten Passagen der V. I, durch welche Haydn zuweilen das zweite Thema ersetzt. Die technischen Anforderungen halten sich in mäßigen Grenzen.

KV 168 in F. Im ersten Satz (Allegro) lassen sich die beiden Unterstimmen unter Wechselnoten in Oktaven der beiden Geigen thematisch vernehmen. Bei der Reprise nimmt der Komponist Erweiterungen vor. Das con sordino zu spielende Andante (II) ist schlicht gehalten aber von eindringlicher Wirkung. Der Menuetto (III) ist altväterisch jedoch originell. Mit der Fuga (Allegro) folgt Mozart dem Zuge der Zeit: in Wien wußte man, daß Joseph II. Musik im strengen Satz liebte. Ignaz von Beecke erzählte Mozart in Hohenaltheim, er habe seinerzeit dem Kaiser nur Fugen und derlei »Kindereien« vorgespielt, denn er sei kein richtiger Musikliebhaber, sondern nur »Kenner des Satzes«. Wie die Haydnschen Quartettfugen besitzt die von Mozart kein dynamisches Vortragszeichen (s. S. 118) und ist tadellos gearbeitet. Die letzten acht Takte unisono hat Mozart später zugefügt. (2/2)

KV 169 in A. Dem einleitenden, knappen Molto Allegro, das in der Durchführung das Hauptthema im moll-Gewande vorstellt, folgt ein Andante (II), das vornehmlich die V. I zu Worte kommen läßt. Dem Menuetto älterer Bauart (III) ist ein Trio mit tupfenden Achteln in den beiden Geigen zugeordnet. Das sehr vergnügliche Finale – durch thematische gebundene Oktaven (2. Lage spielen) nicht ganz einfach – ist ein Rondo (Allegro), das im achten Takt nach dem Wiederholungszeichen eine Wendung aus der kleinen Nachtmusik (Rondo) mit gleicher Funktion vorausnimmt (Rückleitung zum Rondothema). (2/2)

KV 170 in C beginnt mit Variationen über ein Andante, deren Figuration lediglich von der V. I bestritten werden. Trotz der Dürftigkeit des melodischen Einfalls sind sie lustig, besonders durch ein »Loch« im dritten Takt vor dem Thema-Ende. Mozart verfolgt schon hier ein Prinzip, das er bei Variationen auch späterhin eingehalten hat: zum Schluß bringt er noch einmal das unverzierte Thema. Nach dem Menuetto (II) mit einem Trio in moll steht ein Poco Adagio (III), in dessen zweitem Teil Va und V. II mit der Melodie hervortreten. Ein besonders unterhaltsamer Satz ist das Rondo (Allegro) mit einem vergnüglichen Thema, dessen Quartsprung ganz am Schluß noch herumspukt. (3/1)

KV 171 in Es. Zum ersten Mal taucht hier eine Adagio-Einleitung bei Mozart auf. Zum Unterschied von Haydn beschließt das Adagio jedoch auch den Satz, der gleichsam davon eingerahmt wird. Der Anfang des darin eingeschlossenen Allegro assai weist auf jenen überirdisch schönen Einfall im ersten Satz von KV 499 in D hin (Takt 53/54). Im Trio des hübschen Menuetto (II) läßt sich die Va in hoher Lage als Thema-Trägerin hören. Ein mit Dämpfern zu spielendes Andante (III) ist fein verästelt und wartet mit kleinen Notenwerten und Synkopen freigebig auf. Das Allegro assai (IV) ist nicht in Rondoform angelegt und huscht mit unerwarteten Akzenten vorbei. (3/2)

KV 172 in B ist konventionell und harmlos in den Mitteln. Das Allegro spiritoso verzichtet auf eine Durchführung und bringt statt dessen ein neues Thema. Das Adagio (II) ist eine Ariette für die V. I. Der Menuetto (III) ist mit seinem Anfang in der Va originell und hat wieder solch ein in Achteln getupftes Trio, dessen zweiter Teil ohne Wiederholung in den Menuetto zurückführt. Das Allegro assai (IV) beginnt mit einem Dialog der Ober- und Unterstimmen und macht beim Spielen Freude. (3/2)

KV 173 in d. Das Allegro, ma molto moderato ist einer der merkwürdigsten Quartettsätze, die Mozart im Spätsommer 1773 entworfen hat. Den ganzen Satz durchzieht ein eigensinnig gackerndes Thema, zu dem der anfangs vorgetragene musikalische Gedanke denkbar stark kontrastiert. In der Coda setzt sich dann das »Hühner«-Thema vollends durch. Das gavottenähnliche Andantino grazioso (II) hat einen an Boccherini gemahnenden Duktus; dasselbe gilt auch für den Menuetto (III). Mozart schließt das letzte Werk dieser Gruppe wiederum mit einer Fuge ab, deren Thema chromatische Tonschritte aufweist. Erst 20 Takte vor Schluß schreibt Mozart ein f vor. Das Stück endet über einen verminderten Septimenakkord gleitend in D-dur (sogenannter mixolydischer Schluß). (3/3)

Die »Haydn«-Quartette.

Die Komposition dieser sechs Quartette zog sich vom 31. Dezember 1782 bis zum 14. Januar 1785 hin. Sie waren nach Mozart »die Frucht einer langen und mühevollen Arbeit.« Für uns alle sind diese Meisterwerke in der Ursprünglichkeit der musikalischen Einfälle, in der Ausgeglichenheit von Inhalt und Form etwas Einmaliges. Ihnen fehlt nicht nur jegliche Art von Schablone, sondern jeder Satz ist auch der charakteristische Ausdruck einer musikalischen Idee. Mag das Vorbild, dem Mozart sich verpflichtet fühlte – »Ich habe von Haydn erst gelernt, wie man Quartette schreiben muß« –, ihm in der phantasievollen Ausgestaltung seiner Werke überlegen sein; Mozart übertraf ihn an Ausdruckskraft dessen, was ihn musikalisch bewegte. Haydn vermochte sich kaum von der Vorstellung zu lösen, daß er Musik für Streichinstrumente schrieb; bei Mozart vergißt man es. Schon die gegenseitige Wertschätzung der beiden Meister, der auch Haydn mehrmals beredten Ausdruck gab, sollte hier jedes Werturteil verbieten. Die Tatsache, daß Mozart diese Serie nicht irgend einem geigenden oder Violoncello spielenden Potentaten, sondern seinem berühmten Freunde zueignete, spricht für sich und ehrt beide Meister gleicherweise. Am Schluß der Widmung in der ersten Druckausgabe heißt es: »...bitte Dich aber, ihren Mängeln gegenüber Nachsicht zu üben, welche mir das befangene Vaterauge vielleicht verheimlicht hat, und ihnen zum Trotz demjenigen Deine Freundschaft zu bewahren, der diese so hoch schätzt. Von ganzem Herzen bin ich, lieber Freund, Dein aufrichtiger Freund W. A. Mozart.«

KV 387 in G (31. 12. 1782). Hatte Haydn am 3. Dezember 1781 dem Fürsten von Öttingen-Wallerstein mitgeteilt, daß seine ganz neuen à quadro »auf eine ganz neue Besondre art, denn seit 10 Jahren« keine geschrieben seien, so traf das (s. S. 121) nur bedingt zu. Mozart hatte tatsächlich etwas über neun Jahre verstreichen lassen, bis er sich wirklich auf eine ganz andere Art wieder der Quartett-Komposition zuwandte. Dieses läßt schon der erste Satz (Allegro vivace assai) erkennen, bei dessen Anfang die starken dynamischen Gegensätze zu beachten wären. Es ist hier – das gilt auch für das Menuett dieses Werks – nicht so wichtig, jeweils sehr stark und ganz leise zu tönen, sondern es kommt vielmehr darauf an, den dynamischen Gegensatz in allen Stimmen möglichst gleichmäßig zu bringen. Vom 16. Takt an ist viel Chromatik im Spiel; um das Verschmieren zu vermeiden, empfiehlt sich ein Fingersatz, der jedem chromatischen Ton einen eigenen Finger zuweist (engste Lage). Überraschend muß der Marschrhythmus jeweils im vorletzten Takt klingen; das zweite Mal: *pp*! Der ausgedehnte Menuetto (Allegro) hat schnelle Wechsel zwischen *p* und *f* bei chromatischen Viertel-Gängen, die viel Disziplin erfordern; nie darf das grotesk klingen. Aufmerksamkeit erheischen die unisono-Takte im Trio. Man muß ausmachen, daß die Triller mit der oberen Nebennote beginnen. Im Adagio cantabile (III) muß das Vc die drei Achtel im 7. Takt vom tiefen c absetzen, da diese thematische Bedeutung haben. Die V. II muß die Sextolen im 26. Takt möglichst ruhig nehmen. Aufmerksamkeit erfordert auch die gleichmäßige Ausführung der auftaktigen, alle Stimmen durchlaufenden Figur mit den zwei Vierundsechzigsteln am Schluß. Die Rückleitung zur Reprise bringt im 49. und 50. Takt Akkordschläge mit Zweiunddreißigstel-Auftakten. Dazu s. S. 121. Das Molto Allegro (IV) ist keine Fuge, sondern beginnt mit einem fugierten Einsatz, dem eine bei richtigem Tempo virtuos wirkende Solo-Stelle für V. I und II folgt. Bei dem Orgelpunkt in der Va, der in Takt 39 einsetzt und zu dem die Geigen chromatische Terzen im Abwärtsgang spielen, wird durch vier Viertelschläge im *f* unterbrochen; dabei kann der Bratscher mit Vorteil zwei Saiten nehmen, wodurch sich die Notwendigkeit des plötzlichen *f* in der Ausführung etwas erleichtert. Das zweite Thema kam dem Autor im Typus bekannt vor, weil es in einem Konzert für 4 Geigen von Leonardo Leo ganz ähnlich zu finden ist. Um so überraschter war er, als er bei Schurig las, was Mozart an Musikalien hinterlassen hatte; es war nicht viel, aber das Concerto a quattro von L. Leo war dabei! Nach einer hübschen kleinen Kadenz ist Mozart des Fugatos überdrüssig: er stimmt eine fidele kleine Wiener Melodie an. Dabei ist darauf zu achten, daß sie in der V. I das erste Mal »dolce« und bei der Wiederholung »semplice« zu spielen ist, d. h. fast ein bißchen »g'scheert«. Solche Feinheiten sollten nicht einfach übersehen werden! Die Durchführung bestreitet zuerst ein überleitender chromatischer Gang der V. II, dem ein stark modulierender Kanon zwischen V. I und Vc folgt. Der Kontrapunkt dazu in den Mittelstimmen leitet in einen Halbschluß über und diesem folgt nach einer Generalpause ganz unvermittelt die virtuose Achtelpartie des Anfangs. Die Reprise ist reizvoll verändert. Für die V. II sei angemerkt, daß die Begleitung beim »semplice« der V. I auch beim ersten Mal über zwei Saiten gespielt werden muß, denn beim zweiten Mal geht's gar nicht anders. Meisterhaft ist der Schluß dieses Satzes mit der Engführung des ersten Themas und dem kleinen Epilog der V. I. (3/4)

KV 421/417b in d (Mitte Juni 1783) ist das merkwürdigste Stück dieser Reihe und ausgesprochen schwierig für ein genaues Zusammenspiel. Hier findet sich das erste Beispiel für die Ausnutzung des Klangfarben-Registers der Bratsche, wenn sie im 20. Takt einen Triller des Vc mit ihren tiefsten Tönen beantwortet. Den Liebhabern machen die Sechzehntel-Triolen meist Schwierigkeiten, zumal wenn die erste Note fehlt. Deshalb ist dieser Satz zweckmäßig in sehr ruhigem Tempo zu nehmen. Das Andante (II) ist ein Siciliano, in welchem der Auftakt zum dritten Takt schließlich das ganze Geschehen beherrscht. Auch der Menuetto (Allegretto, III) hat keine groß angelegten Melodiebögen, sondern wie der erste und zweite Satz kleine Motive, die nie über vier Takte hinausgehen. Nur das Trio, ein mit lombardischen Vorschlägen reich bestücktes Solo der V. I, sempre *p* und von den pizzicati der drei anderen begleitet, hellt die düstere Atmosphäre dieses Werks vorübergehend auf. Zum Schluß steigt die Va mit in die Geigenmelodie ein, wobei die beiden Spieler gut aufeinander hören sollten. Das abschließende Allegretto ma non troppo ist ein Variationen-Satz. Das Motiv des dritten und vierten Taktes gewinnt am Schluß überhöhte Bedeutung. Variation eins gehört der V. I, die zweite läßt die V. II ein widerborstiges rhythmisches Motiv spielen. Hier muß man darauf achten, daß die *f* und *fp* in den drei Oberstimmen nacheinander kommen müssen. Die dritte Variation ist für die Bratsche ein Leckerbissen. Dazu muß man wissen, daß Mozart bei häuslichem Musizieren zu jener Zeit immer zur Bratsche griff. Die Coda beherrscht das bereits erwähnte Motiv, vom punktierten jetzt in einen Triolen-Rhythmus übergehend. Der plötzlich einsetzende plagale Kirchenschluß nach D-dur beendet überraschend dieses Werk, das Mozart während der Geburt seines ersten Kindes geschrieben haben soll. (3/4)

KV 428/421b in Es (Juni/Juli 1783). In diesem Quartett hält der Komponist für die V. II ein paar Sonder-Effekte bereit: gleich nach dem unisono des Anfangs (schwer in der Intonation!) spielt sie auf eins kleine Schleifer, die auf der ersten

Note zu betonen sind, im achten Takt prunkt sie mit einem vorlauten kleinen Solo. Besonders gut zur Geltung zu bringen sind die zahlreichen imitierenden Einsatzstellen, besonders die in Halben, 13 Takte vor dem Teilzeichen. Dieser Stelle geht ein zweistimmiger Viertakter von Va und Vc voraus, der bei Beethoven Schule machte. Wunderbar ist das Andante con moto (II) mit einem Takt »Vorhang« und den »hängenden« Akkorden der drei oberen Stimmen, die zweckmäßig auf die Achtel im Vc hören. Im 15. und 16. Takt erklingt fast notengetreu der zweite und dritte Takt des Vorspiels zu Tristan und Isolde von Wagner. Der zweite Teil hat eine sehr unangenehme Stelle für die Va: im 13. Takt ist die erste Hälfte ein es-moll-Dreiklang, in der zweiten einer in Heses-dur* zu greifen; man greife hier entschlossen A-dur! Diese Passage ist deshalb so schwer zu intonieren, weil das Vc ein es aushält. Im siebenten Takt vor Schluß befindet sich in der Stimme der V. I eine chromatische Skala, bei der wie im Menuett von KV 387 abwechselnd *p* und *f* zu spielen ist. Der Menuetto (Allegretto, III) beginnt mit zwei Akkordschlägen, deren Auftakte von der V. I möglichst klangvoll und weich gespielt werden sollten. Besonders liebenswerter Einfall: das imitierende Nachgemurmel der Mittelstimmen jeweils am Schluß der beiden Teile. Für die zweite Geige hat der Komponist nach dem Achtel-Tupfen zu Beginn des zweiten Teiles einen besonderen Gag: die Versuche mit zwei arpeggio-Auftakten den Anfang vorwegzunehmen oder der V. I zu suggerieren. 10 Takte vor Schluß spielen die drei Oberstimmen eine vorausgehende dreimal wiederholte Floskel der V. I im Engkanon, wobei das *sf* jedes Mal auf einen anderen Taktschlag zu hören sein sollte. Im Trio sind auch V. II und Va am Melodie-Vortrag beteiligt; es beginnt in c-moll und endet in B (erster Teil), nach dem Teilzeichen fängt es in g-moll an und endet wieder in B-dur. Beim Allegro vivace (IV) hat man Haydns Vorbild erkennen wollen, doch ist auch dieser Satz typischer Mozart; das trifft vornehmlich auf das dritte Thema zu, wo er im dritten und siebenten Takt die zwei Achtel auf eins *f* spielen läßt. Es empfiehlt sich, hier das Tempo (nicht die punktierten Achtel!) unmerklich zurückzuhalten. Die feine kammermusikalische Faktur äußert sich wirkungsvoll bei der letzten Rückleitung ins Rondothema. (2/3)

* heses = doppelt erniedrigtes h!

KV 458 in B (9. November 1784), das »Jagdquartett«. Beim Vortrag des Allegro vivace assai (I) darf das Tempo nicht überzogen werden. In Takt 18 und 19 ist zu beachten, daß die V. I keine Punkte über ihren Achteln hat. Augenmerk gebührt auch den zahlreichen Sechzehntel-Motiven, die an zwei Stellen sich ablösend durch alle vier Stimmen laufen. Die ausgedehnte Coda enthält überraschend eine »Bettelkadenz«, die Rossini später häufig verwendet hat und die auch Beethoven für den Schluß seines Allegretto scherzando in der achten Symphonie nicht verschmähte. Der Menuetto (Moderato, II) muß behaglich interpretiert werden, und man beachte die akzentuierten Auftakte. Im Schlußtakt befinden sich drei Viertel für das Vc; die beiden letzten fallen beim Schluß fort, werden also nur bei der Wiederholung gespielt. Das Trio hat in den Mittelstimmen eine ungemein reizvolle Achtelbewegung, die zierlich gebracht werden muß. Im Adagio (III) wimmelt es von Zusammenspiel-Problemen; hier ist ohne Studium nichts auszurichten. Der letzte Takt ist etwas für Feinschmecker. Das Allegro assai (IV) ist für geübte Spieler unproblematisch, besitzt eine sehr geistreiche Durchführung und muß ziemlich rasch gespielt werden, wenn es richtig wirken soll. (3/4)

KV 464 in A (10. Januar 1785) ist im melodischen Einfall nicht das stärkste, wohl aber das feinst gearbeitete dieser Gruppe. Im ersten Allegro achte man im 54. Takte auf anmutigen Vortrag der Achtel in der V. I zu Vorhalt-Harmonien von V. II und Va. Gegen Ende der Durchführung spielen einmal die Unter- gegen die Oberstimmen in komplementären Rhythmen: zählen! Im Menuett, das keine Tempovorschrift hat, also gemächlich zu nehmen ist, gewinnt das Motiv des fünften und sechsten Taktes die Oberhand. Im zweiten Teil des Trios führt Mozart für die V. I Triolen ein, die möglichst breit und solistisch zu spielen sind. Das Andante (III) wird sechsmal variiert. In der ersten Variation brilliert die V. I, die zweite beschäftigt die V. II mit teilweise recht unbequem liegenden, gebundenen Zweiunddreißigsteln, in der dritten tritt wirkungsvoll die Va hervor, die vierte führt Sechzehntel-Triolen ein, die im zweiten Teil, von V. II und Va gebracht, wie eine fortlaufende Figur zu klingen haben, in der fünften durchläuft der punktierte Auftakt alle Stimmen, und schließlich läßt in der sechsten das Vc einen Rhythmus hören, der dem Ganzen den Namen »Paukenquartett« eingetragen hat. Dieser eigenartige Einfall greift in der Coda auch auf die anderen Instrumente über und grundiert nach einem verkürzten Thema-Zitat noch die letzten zehn Takte. Das Allegro non troppo (IV) begnügt sich lange Strecken hindurch mit dem chromatischen Motiv des ersten und seiner Antwort im dritten Takt, wobei eine Engführung, die im 25. Takt beginnt, rhythmische Sicherheit voraussetzt. In der Durchführung geschieht etwas Sonderbares: im 15. Takt nach dem Teilzeichen erscheint ein neues Achtelmotiv in der V. I, ein Kontrapunkt zu dem chromatischen Motiv des ersten Taktes. Später taucht ein achttaktiger Satz in ganzen und halben Noten auf, der – etwas verändert – von Achtelläufen der V. II begleitet wird. Die Coda beherrscht das Achtelmotiv und mit ihm klingt auch der kunstvolle Satz aus. Nicht umsonst hat sich Beethoven die beiden letzten Sätze dieses Quartetts in Partitur geschrieben! (3/3)

KV 465 in C (14. Januar 1785). Nach Mozarts eigenhändigem Verzeichnis hat er dieses Werk vier Tage nach Fertigstellung des A-dur-Quartetts vollendet. Der vieldiskutierte Anfang erfordert sowohl weiche und deutliche Achtel des Vc wie glockenreine Intonation, die durch sogenannte Querstände (a der V. I gegen vorheriges as der Va) nicht gerade erleichtert wird. Das Allegro (I) hat als einziges Werk dieser Gruppe einen Ansatz zu jenen etwas virtuosen Stellen, mit denen Haydn häufig das Kontrastthema ersetzt (s. S. 126). Violinkonzertmäßig wirkt auch jene Stelle vor den großen Intervallsprüngen der V. I vor der Schlußgruppe. Der Satz hat eine besonders schöne verschwebende Coda. Im Andante (II), das mit einem schlichten Thema anhebt, befindet sich eine geradezu mystisch wirkende Stelle (Takt 26–29), die nur richtig zur Geltung kommt, wenn die 4 Takte *pp* – gleichsam schattenhaft – gespielt werden. Bei dem Kurzmotiv, das zum ersten Male im 13. Takt auftaucht und den ganzen Satz durchzieht, ist wichtig, das zweite Achtel voll auszuspielen. Bei den unisono-Stellen im Menuetto (Allegretto, III) ja nicht unnütz auf den Bogen drücken, solche Dinge klingen von selbst. Im Trio befindet sich in den Mittelstimmen eine stereotype Begleitungsfigur, die gut zusammen sein muß; die Triller der V. II im neunten bis zwölften Takt sind zweckmäßig als Praller auszuführen. Der letzte Satz (Allegro molto) ist im verlangten Tempo mit seinen Sechzehntel-Figuren gar nicht einfach. Nach diesen folgt der überraschende Einsatz eines gesanglichen Kontrast-Themas in der Tonart der großen Unterterz (Es-dur auf G-dur). Das hat bei Beethoven noch nachgewirkt; siehe Streichtrio op. 9/1 in G IV (Presto). Das ganze Quartett ist ebenfalls ein Muster schönsten kammermusikalischen Satzes. (3/3)

Das Streichquartett KV 499 in D

ist – merkwürdige Duplizität der Fälle – genau solch ein Einzelgänger, wie Haydns op. 43 (III/43). Man weiß weder für welchen Verwendungszweck es geschrieben wurde noch wer der Auftraggeber war. Es entstand zwei Wochen nach dem sog. Kegelstatt-Trio für Klavier, Klarinette und Bratsche am 19. August 1786. Das Allegretto (I) beginnt im unisono mit einem Kopfthema, dem im Verlauf des Satzes größte Bedeutung zukommt. Die Kontrast-Themen wirken nur als Episoden. Auch hier ein Trugschluß nach F-dur, der Unterterz-Tonart, mit eigentümlicher Verwendung der Va in Korrespondenz mit der V. I. Im vorletzten Takte taucht auf einmal ein Achtel-Motiv auf, das ähnlich wie im Schlußsatz vom A-dur-Quartett den Inhalt der Coda ausmacht. Am Schluß des Menuetto (Allegro, II) tritt die Va mit einem Pseudo-Kanon zur V. I auf den Plan. Das etwas unwirsche Trio hetzt das Motiv des ersten Taktes im zweiten Teil durch alle Stimmen. Eine angehängte Coda leitet nach Haydnschem Muster zum Anfang des Menuetto zurück. Das Adagio ist äußerst feingliedrig, hat ausgeschriebene Doppelschläge, die meist von zwei Instrumenten in Terzen auszuführen sind und ohne optischen Kontakt und genaue Absprache zu mißlingen pflegen. Im Allegro (IV) hat Mozart wieder einen Bratschenspaß angebracht: nach der Fermate erklingt ein primitives Terzenthema über einem Trommelbaß, unter dem die Va mit einem kleinen Kontrapunkt nebst einem (NB. dicht zu spielenden) Triller aufkreuzt. Für Liebhaber ist eine Triolenstelle ab Takt 98 eine bittere Nuß, zumal einmal wieder die erste Note der anfangenden Triole fehlt. Man kann sich nur an den durchgehenden Triolen festhalten, die von jemand anderem gespielt werden. Wer hier gar eilt, hat schon verloren. Im ferneren Verlauf macht Mozart einige modulatorische und kontrapunktische Kunststücke (ab Takt 170), die gespielt sein wollen. Alles in allem: ein schwieriges Finale dieses schönen Werks. (3/4)

KV 546 in c (26. Juni 1788). »Ein kurzes Adagio, à 2 Violini, Viola e Basso, zu einer Fuge, welche ich schon lange für 2 Klaviere geschrieben habe« trägt Mozart in sein eigenhändiges Verzeichnis ein. Das Adagio ist original für Streichquartett bzw. für Streichorchester; in der Fuge hat Mozart am Schlusse die unterste Stimme in Violoncelli und »Contra Basso« geteilt. Das Adagio ist harmonisch interessant; die Fuge ziemlich verzwickt, eine gewichtige Kontrapunkt-Studie. (2/4)

Die drei Königsquartette

Sie sind Mozarts letzte Werke dieser Gattung und gehen auf einen Auftrag des Violoncello spielenden preußischen Königs, Friedrich Wilhelms II., zurück, der im Mai 1789 sechs Quartette bestellt hatte. Mozart hatte damals vor der Königin in Potsdam gespielt. Ähnlich wie bei den »Preußischen Quartetten« Haydns, nur noch viel ausgeprägter, tritt das Violoncello in diesen Quartetten stark in den Vordergrund. Dasselbe ist in den Quintetten von Luigi Boccherini der Fall, der in Spanien zehn Jahre lang bezahlter Hofkomponist des preußischen Königs war. Noch wichtiger aber scheint in diesem Zusammenhang die Tatsache zu sein, daß der bedeutendste Violoncellist jener Zeit, Jean Pierre Duport, der Lehrer Friedrich Wilhelms II., damals Oberintendant der königlichen Kammermusik geworden war. Mozart hat sich zwar gleich nach seiner Rückkehr an die Komposition der geplanten Quartette gemacht; sein beklagenswerter Gesundheitszustand ließ ihn nur drei beenden.

KV 575 in D (Juni 1789) beginnt mit einem Allegretto. Der erste Themenvortrag ist sotto voce zu spielen. Die Vorschläge der V. I im dritten und vierten Takt sind strittig; auf keinen Fall sind sie ganz kurz zu spielen. Die Va muß sich im 11. und 12. Takt der Spielweise des Primarius anpassen. Aufmerksamkeit erheischen auch die vielen Sechzehntel-Auftakte und Schleifer – vor allem in der Durchführung. Das Andante (II) beginnt wiederum sotto voce. Im Takt 22 taucht das Problem auf, das auf S. 53 bereits besprochen wurde: die Va übernimmt den Baß. Im Menuett (III) konzertieren die beiden Unterstimmen mit den beiden Geigen; im zweiten Teil ist eine Ablösung in drei Oberstimmen, welche in die Reprise hineinläuft. Im Trio »singt« das Vc und für die vielen Baßnoten wird die Va ganz am Schluß mit einem schönen Solo entschädigt. Der

Schlußsatz (Allegretto) weist die feinste Arbeit auf und darf ja nicht ein zu schnelles Grundtempo erhalten, sonst ist die zweite Triolenstelle (Takt 52 ff) nicht mehr sauber ausführbar. Kurz darauf wieder ein Bratschen-Scherz (Takt 60/61). Nach einer geräuschvollen stretta folgt eine ausgedehnte Coda mit heiklen Oktaven in den Geigen, wo blitzsauber gegriffen werden muß und die Oberstimme am besten auf die untere Oktave hört. Dieses schöne Werk ist übrigens das oktavenreichste unter all seinen Geschwistern. (3/4)

KV 589 in B (Mai 1790) ist das interessanteste, wenn auch sprödeste dieser Gruppe. Schon der erste Satz (Allegro) weist zweistimmige Sätze auf, die bei schüchterner Spielweise geradezu dürftig klingen: z. B. das Vc-Solo ab Takt 45, das nur von Bässen in der Va gestützt wird. Im Larghetto (II), das gleich mit dem Vc solistisch beginnt, stoßen wir im 18. Takte auf die für den späteren Mozart so charakteristischen Sechzehntel-Ketten, die Haydn mit dem Poco Adagio aus op. 20/3 in den Quartettstil eingeführt hatte. Der Menuetto (III), dessen gemächliches Tempo durch ein zugefügtes Moderato bestimmt wird, enthält einen sehr unangenehmen Abwärtsgang der V. I (6. Takt vor Schluß). So etwas muß man auswendig können! Das Trio ist ein Nähmaschinen-Satz mit zahlreichen Barré-Griffen (zwei Saiten mit einem Finger, Quintgriffe). Der zweite Teil des Trios beginnt mit einer harmonisch interessanten Partie und geht dann in die Thematik des Anfangs zurück, die jetzt in ausgeweiteter Form erscheint. Dieses Stück dürfte eines der merkwürdigsten Menuette von Mozart sein. Der letzte Satz (Allegro assai) knüpft an den berühmten Schlußsatz von Haydns op. 33/2 an, aber was hat Mozart aus dem einfachen 6/8-Thema gemacht! In der Coda tut die V. I am besten daran, oben in der Lage zu bleiben. (5/4)

KV 590 in F (Juni 1790). Das Allegro moderato (I) wirft immer die Frage auf, soll mit Auf- oder Abstrich angefangen werden, was mein Kammermusikfreund Heinz Kirchner mit den Worten entschied: »Wer's nicht mit Aufstrich *und* Abstrich kann, soll die Hände davon lassen!« Das Spiel, das Mozart mit der Schlußfloskel des sechsten Taktes in der Folge in allen Stimmen treibt, sollte nicht dazu verführen, das abschließende Achtel als Sechzehntel zu behandeln. Dieser Satz ist in seiner kammermusikalischen Faktur schlechtweg vollendet. Für die heiklen beiden Schlußtöne der V. I gilt: kleines vibrato und nicht zu kurze Viertel spielen.

Das Andante (II) wurde im Erstdruck als Allegretto bezeichnet, auf keinen Fall sollte es schleppend wiedergegeben werden. Die beiden *f* – erst in den beiden Ober- dann auf dem vierten Achtel auch in den Unterstimmen (Takt 37) – sollten ja nicht »gerumpst«, sondern mit einem saftigen Ton wiedergegeben werden. Zu Anfang der Durchführung sind starke Tonart-Abweichungen, in den Sechzehntel-Figuren übermäßige Sekunden. Bei der Reprise hat die Bratsche ein Gegensolo mit lombardischen Vorschlägen, die mit lockerem Charme zu spielen wären. Die aus Bachs Doppelkonzert stammenden Sechzehntel-Figuren sind schön auszuspielen. Auch dieser Satz endet für die V. I bisweilen recht peinsam: wer keine spitzen Fingerkuppen hat, muß in der zweiten Hälfte des vorletzten Taktes mit einem Finger »schaukeln«, was immer noch besser ist als ein falsches Intervall. Das etwas spröde Menuett (Allegretto, III) ist im zweiten Teil ein fast der Thematik entbehrendes reines Tonspiel mit einem chromatischen Achtelgang, der mit einem dreigestrichenen c alterniert; das sollte der ganzen Länge nach auf zwei Saiten gespielt werden. Im Trio tauchen Intervall-Vorschläge auf, die einen sehr unbeholfenen Eindruck machen, wenn die Vorschlagnoten zu kurz genommen werden. Das abschließende Allegro stellt an die Behendigkeit der Va große Anforderungen, aber ebenso auch an die Geistesgegenwart aller vier Spieler. Der Satz enthält nämlich 11 »Bremsen«; Fermaten, nach denen es nicht immer in gleicher Weise weitergeht. Im Schlußsätzchen hat Mozart einen reizenden rhythmischen Einfall: eine Figur von drei Sechzehnteln in ein Vierer-Schema untergebracht, was überlegen, leger gespielt werden muß. Er bestreitet damit einen großen Teil einer Durchführungspartie. Und zum Schluß spielt sich die Va damit in den Finalton hinein, der Mozarts überreiches Quartettschaffen endgültig abschloß. (4/4)

Nardini, Pietro (*1722 in Livorno, † 1793 in Florenz)

war ein ausgezeichneter Geiger, Schüler von Tartini, der sich vor allem im Vortrag gesangvoller langsamer Sätze auszeichnete. Seine sechs Streichquartette schrieb er im Alter von etwa 60 Jahren. Sie entsprechen in der kammermusikalischen Gestaltung Mozarts ersten 12 Quartetten. Sie sind in drei Heften erschienen und stehen in A, c, B, F, G, Es. Besonders hübsche Sätze sind: Comodo im ersten Quartett in A, der erste Satz des dritten in B und das Menuett des vierten Quartetts in F. Hervorragend geeignet für Anfänger im Quartettspiel, dabei gediegene, etwas empfindsame Musik. (2/2)

PFITZNER, Hans Erich (*1869 in Moskau, † 1949 in Salzburg)

op. 13 in D (1903) kann fortgeschrittenen Spielern empfohlen werden, soweit sie den jüngeren Pfitzner mit dessen grübelndem Ernst, skurrilem Humor und phantasievoller Stimmverflechtung lieben. I (In mäßig gehender Bewegung) beginnt mit einem einsamen Gang der V. I, zu dem sich die anderen Stimmen nach und nach gesellen. Der Satz hat drei Themen, nimmt einen kräftigen Aufschwung und klingt poetisch mit dem zweiten Thema aus. II (Kräftig, mit Humor) läßt letzteren von der Va vortragen. Ein zweites Thema hat Haydnsche Lockerheit, ein drittes zeugt von übermütiger Fröhlichkeit. Die hübsche Coda erweitert den humorvollen Anfang und läßt die Bratsche in einer kleinen Spielkadenz sich austoben. III (Sehr langsam) weist, wie der erste Satz, eine schön klingende Polyphonie auf und leitet sehr feinsinnig in den letzten Satz (Rondo in heiterem Reigentempo) über. Das Rondothema kann man im Elfenreigen der Spieloper »Das Christelflein« wiedererkennen, die Pfitzner vier Jahre später komponierte. Der Satz ist mit lauter heiteren Themen trefflich gearbeitet, jedoch technisch anspruchsvoll. Im ganzen Quartett ist für den Spieler wichtig, darauf zu achten, was er thematisch zu sagen hat, besonders wenn mehrere Themen gleichzeitig erklingen. (4/5)

op. 36 in cis (1925) ist im Zuge der Zeit ein sehr fortschrittliches Werk, das sein Schöpfer sieben Jahre später zur Symphonie umarbeitete. Das Werk ist außerordentlich ausgedehnt (fast 40 Minuten Spieldauer), sehr schwer, sowohl in den einzelnen Stimmen als auch im Zusammenspiel. Für Liebhaber wohl aussichtslos. (6/6)

op. 50 in c (1942) ist geradezu ein einfaches Werk zu nennen. Es enthält einen sehr schönen zweistimmigen Satz zwischen V. I und Vc. Die einzelnen Sätze gehen ineinander über und ein kleines Fugato beschließt dieses reife und zur Schlichtheit zurückkehrende Werk, das hiermit allen Hausmusikanten, die sich gut zusammengespielt haben und rein zu intonieren vermögen, ans Herz gelegt sei. (4/4)

PLEYEL, Ignaz Joseph
(*1757 in Ruppersthal [Niederösterreich], † 1831 bei Paris)

Kompositionsschüler von Haydn, den auch Mozart sehr schätzte. Mit dem talentierten Komponisten kämpfte später der Geschäftsmann, der genau wußte, was die Liebhaber von ihm haben wollten. Da solches nicht das Höchste und Tiefste zu sein pflegt, glitt Pleyel immer mehr in die Routine und ins Seichte ab, was angesichts seiner zweifellos vorhandenen Begabung zu bedauern ist. Seine ersten Quartette, von denen er insgesamt nicht weniger als 60 verfertigte, zeigen originelle Wendungen und ausgeglichene Formung. Pleyel war als Charakter untadelig und bewahrte seinem verehrten Lehrer gegenüber Verehrung und Dankbarkeit.

op. 1/2 in Es (1776) nannte Pleyel zusammen mit den fünf anderen »Quatuor concertant«, jedoch ist nur die V. I »concertant«, d.h. sie hat das Heft in der Hand und die anderen liefern eine hübsch gesetzte, einfache Unterlage. Das Allegro (I) ist schalkhaft, im Trio des Menuetts (II) darf die V. II einmal Melodie spielen. Das Finale (Presto) wird durch ein Adagio ma non troppo eingeleitet und einmal unterbrochen. Auch den Scherz mit der G. P. kurz vor Schluß hat er seinem Meister schon abgeguckt. Die V. I beschließt ganz allein mit einer Hornquinte. Dazu Mozart: die Quartette »sind gut geschrieben und sehr angenehm; sie werden auch gleich seinen Meister herauskennen« (an seinen Vater, April 1784). (2/1)

RAVEL, Maurice (* 1875 in Ciboure bei Biarritz, † 1937 zu Paris)

In F (1902) »Mein Quartett entspringt einem Wollen zum konstruktiven musikalischen Aufbau, der ohne Zweifel unvollkommen realisiert ist, jedoch hier deutlicher herauskommt, als in meinen früheren Werken« sagt Ravel in seiner biographischen Skizze. Es gibt immer noch kühne Leute, die sich anheischig machen, es zu spielen. Der erste Satz: Allegro moderato – Très doux ermuntert auch dazu. Trotzdem sind auch darin schon Stellen, die das Können eines Berufs-Quartetts voraussetzen, wie das arpeggio von Vc und V. I im fünften Takt nach Ziffer 8, wo das arme Vc das herabkommende arpeggio wieder auffangen muß. Schlimmer steht es um die klangliche Wiedergabe; der Streichersatz muß betörend klingen, und davon sind die Versuche, es zu spielen, meist recht weit entfernt. Die väterliche baskische Herkunft verrät der zweite Satz: Assez vif – Très rythmé (sehr lebhaft und rhythmisch). Wird's mit dem Rhythmus schon bei Ziffer 24 mulmig, bei 25 ist's dann meist ganz aus. Très lent (III) müßte mit vielen Tempo-Modifikationen wiedergegeben werden, und dazu muß man die Partitur schon gut im Kopfe haben. Vif et agité (IV) ist lange Strecken im 5/8- und 5/4-Takt geschrieben, und dazu kommen solche Kniffligkeiten wie das a Tempo vier Takte vor Ziffer 17. Dieses Werk entstand neun Jahre nach Debussys Meisterwerk und gibt diesem nichts nach, fußt allerdings auch auf jenem. Man lasse lieber die Hände davon und begnüge sich mit einer der sieben Schallplatten-Einspielungen, die es zur Zeit davon gibt. (6/6)

Reger, Max (*1873 zu Brand [Fichtelgebirge], † 1916 in Leipzig)

ist unter den Musikern seiner Generation der Meister des vielstimmigen Satzes. Die Pole, an denen er sein Schaffen orientierte, waren Bach, Mozart und Brahms. Die Stationen seines Schaffens sind durch seine sechs Streichquartette markiert. Für das Verständnis und den Vortrag seiner Werke ist nötig zu wissen, daß Reger der letzte große Vertreter der Funktions-Harmonik ist. Man versteht darunter die zwingende Folge von Harmonien, die eine Kadenzierung herbeiführen, d. h. einen musikalisch befriedigenden Schluß. Nach Art der polyphonen Musik um 1500 kadenziert Reger auch in seiner Kammermusik häufig während des Satzablaufs und dem muß in der Phrasierung Rechnung getragen werden. An diesen Stellen ist es für das Verständnis unerläßlich, eine solche Kadenz voll »auszuspielen«. Die bisweilen übersensible Natur des Komponisten äußert sich in einer Hypertrophie der dynamischen Vorschriften, die man zueinander ins rechte Verhältnis setzen muß.

op. posth. in d (1888) wurde 1951 herausgegeben. Dieses Werk des 15jährigen ist nach großen Vorbildern ausgerichtet und verrät vom späteren Reger recht wenig. Als Übung jedoch zu empfehlen. (3/3)

1892 arbeitete Reger an einem Quartett in c, das über den ersten Satz nicht hinauskam.

op. 54/1 in g (1900) schrieb der Komponist nach seinem Zusammenbruch in Wiesbaden in Weiden. Das Werk ist technisch recht anspruchsvoll, originell und schon ein typischer Reger, besonders im Scherzo und Schlußsatz. Leider nicht mehr im Handel wie das nächste: (5/5)

op. 54/2 in A (1901) ein manchmal recht bizarres, bisweilen sehr geistreiches Werk. Im Variationensatz ragt die zweite Veränderung mit wunderbarer Harmonisation des Themas heraus. Der dritte Satz ist ein Spritzbrunnen guter Laune. (5/5)

op. 74 in d (1903/4) schrieb Reger in München. Es ist das ausgedehnteste und interessanteste Quartett, zugleich auch das regerischste, ist man versucht zu schreiben. Das Allegro agitato e vivace hat ein sehr kraftvolles erstes und ein schwärmerisches zweites Thema. Bei der *p*-subito-Vorschrift muß man wissen, daß Reger selbst vor dem leisen Einsatz eine kleine Pause einlegte. Die Durchführung hat einige sehr wohlklingende Stellen. Sie schließt mit einem fugato im *pp*, wobei Reger den Anfangstakt des Themas jeweils im *mf* spielen läßt. Das ein Scherzo vertretende Vivace (II) zeigte die Vorliebe für kurze, eingestreute Vulgär-Themen wie schon gleich im 9. und 10. Takt. Ein empfindungstiefes Adagio ersetzt das Trio. Das Andante sostenuto, semplice con variazioni ist nur sehr sattelfesten Spielern zugänglich. Schon gleich in der ersten Variation (Tempo des Themas) muß man die kleinen Notenwerte richtig aufteilen. Noch mehr ist das nötig in der letzten Variation, wo im sechsten Takt die Auflösung auf dem letzten Zweiunddreißigstel erfolgt. Nur durch taktweise Klarstellung kommt man hier weiter. Dieser Variationssatz ist das Bewundernswerteste, was Reger für Streichquartett geschrieben hat. Das Allegro con spirito e vivace (III) ist von heiterer Laune erfüllt, hat ein schönes Kontrast-Thema und eine ganze Schar schwieriger Doppelgriffe in allen Stimmen. (5/5) op. 109 in Es (1909) ist wohl am meisten aufgeführt worden und Regers wirkungsvollstes und am meisten abgerundetes Quartett. Das Allegro moderato (I) hat schöne Themen, teils kraftvoll, teils zierlich; die Durchführung ist nicht so »struppig«, wie in anderen Werken. II (Quasi presto) vertritt das Scherzo, hat keinen Mittelteil und benutzt eine absteigende Tonleiter als thematisches Hauptmaterial. Ein Solo der Va (*fff* sempre assai marcato, aber con sordino!) durchmißt chromatisch einen Tonraum von fast zwei Oktaven. Das Larghetto (III) ist musikalisch zwar sehr schön, muß aber wegen der auch hier auftretenden kleinen Notenwerte sehr sorgsam studiert werden. Die Krone dieses Werks ist die abschließende Fuge: Allegro con grazia e con spirito. Das Thema selbst besteht aus viereinhalb Takten und hat am Ende des vierten Taktes ein *sf* auf dem letzten Achtel. Dieses polyphone Stück ist meisterhaft gebaut und geht schließlich in ein Adagio über, mit welchem der Komponist das Gegenthema vorstellt. Die synchrone Gegenüberstellung führt dann zu einer gewaltigen Steigerung bis zum letzten Taktstrich. Auch hier ist mit bisweilen recht kniffligen Doppelgriffen keineswegs gespart. Eine Grundvoraussetzung ist – das gilt für alle Quartette Regers – eine saubere Intonation bei häufigem Wechsel der Versetzungszeichen, was in den schnellen Sätzen auch viel Geistesgegenwart erfordert. (5/5)

op. 121 in fis (1911). Reger, der in seinen letzten Lebensjahren eine besondere Verehrung für Mozart an den Tag legte, hat vielleicht mit Absicht das Anfangsthema des Allegro espressivo (I) dem ersten Takt von KV 499 angeglichen. Das Kontrastthema (grazioso) ist eine besonders eingängige Walzer-Melodie. Bis auf ein paar Kraftausbrüche ist dieser Satz fast »lieblich« zu nennen. Ebenfalls ganz durchsichtig ist das Vivace (II), das zweimal durch ein poco sostenuto unterbrochen wird, das richtigen Klangzauber entfaltet. Die bei Reger geforderten Flageoletts sind »echt« und wohl zu unterscheiden von jenen, die »Bearbeiter« bisweilen in klassischen Quartetten willkürlich eingeschleppt haben. Das Adagio (III) ist wieder mit kleinen Notenwerten überreichlich bestückt, aber trotzdem ein sehr schöner und tiefer Satz. Das Allegro con spirito (IV) bemüht sich um Haydnsche Finalfreudigkeit; aber das hält bei Reger unmöglich lange vor; dafür kommt er mit einem ganz schlichten Kontrastthema daher, das auf's angenehmste ins Ohr geht, und schließlich beenden Kurzzitate des Anfangsthemas mit kräftigen Akkordschlägen den letzten Quartettsatz, der ihm zu schreiben vergönnt war. (4/5)

Rimski-Korssakoff, Nikolai
(* 1844 in Tichwin/Nowgorod, † 1908 in Lubensk bei Petersburg)

schrieb verschiedene Kompositionen für Streichquartett, von denen nur op. 12 in F (1875) im Musikalienhandel erhältlich ist. Dieses Werk stammt aus jener Zeit, in der der Seeoffizier sich zum Musiktheoretiker und Komponisten wandelte und verrät ernsthafte Beschäftigung mit Harmonielehre und Kontrapunkt. Es ist eine Handgelenkübung, die von dem späteren Klangfarben-Zauberer so gut wie nichts verrät. Das Quartett ist gänzlich harmlos und erhebt keine irgendwie gearteten Ansprüche. (3/2)

Rossini, Gioacchino (* 1792 in Pesaro, † 1868 in Passy bei Paris)

schrieb als Zwölfjähriger »sechs Sonate a quattro« für zwei Violinen, Violoncello und Kontrabaß, die viele Jahre später als »Cinque Quartetti originali (!)«, composti dal »célèbre Rossini« in Wien erschienen. Sie sind eine beachtliche Talentprobe, durchaus homophon gesetzt und beteiligen die drei Oberstimmen, gelegentlich sogar das Vc, am Melodie-Vortrag. »Die deutschen Tonsetzer verlangen von mir, ich solle schreiben wie Haydn und Mozart. Wenn ich mir heute auch alle Mühe gäbe, so würde ich doch ein schlechter Haydn oder Mozart. Da bleibe ich lieber ein Rossini ... und wenigstens bin ich kein schlechter Rossini.« Von seinen neu erschienenen Quartetten wurden mir bekannt:

Nr. 1 in G (1804) Moderato – Andante – Rondo – (Allegro); hübsche, gefällige Musik mit recht anspruchsvoller Stimme für die V. II und einem kleinen Solo für die Va. (2/1)

Nr. 3 in B (1804) Allegro vivace (I) mit schnellen chromatischen Tonleitern und gebrochenen Oktaven in der V. I und II. Das Andante (II) ist melodisch ansprechend und hübsch gesetzt, das Rondo (Allegretto) kurz und anspruchslos. (3/1)

SCHOSTAKOWITSCH, Dmitri (* 1906 in Petersburg)

Von den zehn Streichquartetten des bedeutenden russischen Meisters empfehlen wir:

op. 110 (Nr. 8) in c »Dem Gedächtnis der Opfer des Faschismus und Krieges« (1960). Wie viele Kompositionen von Schostakowitsch verfolgt auch dieses Werk ein psychologisches Programm. Es enthält einen starken autobiographischen Akzent durch das Hauptmotiv, das alle vier Sätze beherrscht: d, es, c, h, die Anfangsbuchstaben seines Namens. Das einleitende Largo ist eine düstere Klage, das Allegro molto (II) wird mit stärksten Akzenten durchwegs *f* gespielt und symbolisiert Brutalität und Schrecken. Das Allegretto (III) ist bisweilen tänzerisch bewegt. IV ist der Ausdruck dumpfer Trauer und leitet in das Anfangs-Largo (V) zurück. Das Ganze wirkt trotz der gleichförmigen Stimmung der langsamen Sätze sehr eindringlich. Nur kurze Partien – besonders im zweiten Satz – erfordern griffbrettgewandte Spieler. (4/4)

SCHUBERT, Franz Peter (* 1797 in Wien, † 1828 ebenda)

Das Gesamtschaffen des großen musikalischen Lyrikers begann mit Kompositionen für das Familienquartett, in welchem Schubert die Va, sein Vater das Vc und seine Brüder Ferdinand und Ignaz die Violinen spielten. Franz war damals etwa 12 Jahre und schrieb bereits jetzt schon Quartette, die er später zerriß. Das älteste uns wieder zugänglich gemachte Werk ist das

in C (30. September 1812). Für einen 15jährigen Knaben ein erstaunliches Stück. Das Presto (I) ist thematisch gut durchgearbeitet. Viel unisoni; ein Nacheinander-Einstieg ist ein Nachklang an die Leonore Nr. 3 von Beethoven. Das Andante (II) hingegen nimmt den Charakter des Allegretto aus Beethovens Siebenter bereits voraus. Schubert hat auch nicht vergessen, darin ein paar dankbare Takte für seine Bratsche zu schreiben. Das Menuett (Allegro, III) schmeckt etwas nach dem gleichbenannten Stück aus Mozarts KV 465, ist jedoch mehr ein Scherzo mit eingestreuten 2/4-Takten. Das lieblich wiegende Trio wartet in Takt 59 mit einem sehr schön wirkenden, verminderten Nonen-Akkord auf. Das Allegro con spirito (IV) hat den Charakter eines »ersten« Satzes und desavouiert den Inhalt des lesenswerten Vorworts etwas. Auch dieses Stück hat schöne thematische Arbeit aufzuweisen. (Herausgeber: M. J. E. Brown) (2/2)

op. posth. in D (Aug./September 1813). Das Allegro (I) hat sehr schöne Themen, jedoch auch viel Alberti-Bässe oder repetierte Achtel zur Begleitung derselben. Lediglich die Durchführung mit einem kleinen Bratschensolo schafft etwas Abwechslung. Die Reprise ist viel dramatischer als der erste Teil. Unerwartet schließt dieser Satz im *ppp*. Einfach und liedmäßig das Andante con moto (II). Der Menuetto (Allegretto, III) gibt sich forsch und kraftvoll; sein Trio hat einen »Locker« in der Bratsche, gefolgt von einem dreistimmigen »Gleiter« in einen Landler. Das abschließende Presto ist ein Kabinettstück origineller Einfälle. (2/2)

op. 125/1 in Es (November 1813). Opuszahlen sind bei Schubert vollkommen irreführend, da sie von den Verlegern des Erstdrucks festgesetzt wurden. Das Allegro moderato (I) hat eine Fülle hübscher Melodien, die mitunter auch von den unteren Stimmen wiedergegeben werden. Das Scherzo (Prestissimo, II) lebt von einem Oktavsprung-Motiv; sein Trio ist eine Musette. Im Adagio (III) macht der Komponist bereits den für seine künstlerische Entwicklung bedeutsamen Versuch, einer Melodiebegleitung einen besonderen Charakter zu geben (Takt 24 ff). Das Allegro (IV) hat ein hübsches, leicht geschürztes Rondothema, dem ein Dialog zwischen Va und Vc folgt. In Takt 80 beginnt eine Melodie, die man schon als für Schubert typisch ansehen kann. Gegen Ende werden wir durch Scherze überrascht, wie ein einsames pizzicato des Vc (Takt 425). (2/2)

op. 168 in B (Anfang September 1814). Das Allegro ma non troppo (I) trägt im Autograph den Vermerk Schuberts: »In 4½ Stunden verfertigt.« Mit einer sehnsüchtigen Phrase leiten V. I und Va diesen Satz ein, der solche Feinheiten bietet, wie das lyrische Schwärmen (Takt 58) nach einem trotzenden Zwischensätzchen. Viel Schattierungskunst fordert die Darstellung des *pp*-Schlußsätzchens (Takt 145). In der Durchführung, die stark moduliert, finden wir zum ersten Mal bei ihm eine enharmonische Verwechslung. Schubert intensiviert bei der Reprise das Anfangsthema durch Einführung eines chromatischen Schritts. Im langsamen Satz führt er nach dem Vortrag des ersten Themas jene Sechzehntelketten ein, die bereits bei Haydn und Mozart vorkommen (s. S. 118*), danach kommt er mit einem zweiten Thema typisch Schubertscher Prägung (dolce). Am Schluß befindet sich ein eigentümlicher Überraschungs-Effekt mit unisoni in Sextolen und im *ff*. Diese beiden Sätze zeigen viel mehr Gefühl für kammermusikalischen Satz als die vorangegangenen Quartette. Das Menuett (Allegretto, III) bringt im zweiten Teil vor der Reprise einen Dialog der beiden Geigen und ist eine Vorausnahme einer ähnlichen Stelle im a-moll-Quartett op. 29. Das Trio überrascht mit einer in Oktaven vorgetragenen Melodie, die von den Unterstimmen pizzicato begleitet wird; aber wie klingt das hier! Das Presto (IV) läßt die V. I in huschenden Achteln über einem dreistimmigen Satz der Unterstimmen schweben und diese Achtel bestimmen das fernere Geschehen bis in die Schlußtakte hinein. Nur einmal unterbricht ein raubautziges *ff*-unisono das hastige Treiben nach einer G. P. von drei Takten. (3/2)

op. posth. in g (April 1815). Dieses Quartett schrieb Schubert in sieben Tagen. Das Allegro con brio (I) ist technisch anspruchsvoller als seine Vorgänger und bis auf die Gestaltung des Seitenthemas, bei der der Komponist nur auf Klangwirkung ausgegangen ist, auch sorgfältiger in der Stimmführung. In der Durchführung läßt er ein Solo der V. I mit einem Septimen-Akkord der Unterstimmen »tremolando« begleiten, das will besagen, daß die Tonrepetition ohne Rhythmus und so schnell wie möglich erfolgt. Das Andantino (II) ist ein neuer Typus eines langsamen Satzes. Im Takt 55 übernimmt die V. II von der V. I Oktavtriolen; hier sollte man überhaupt nicht merken, daß ein Personalwechsel stattgefunden hat. Der Menuetto (Allegro vivace, III) ist von Mozarts g-moll-Symphonie beeinflußt und mit größeren Intervallsprüngen reichlich versehen. Das Allegro (IV) wird allgemein als ein »ungarischer« Satz bezeichnet. Trotz des Temperaments, das dieser Satz verlangt, sollte man das Tempo so zügeln, daß eine deutliche Wiedergabe der kurzen Vorschläge gewährleistet ist. (3/2)

op. 125/2 in E (1816) ist das problematischste der frühen Quartette. Schon das Allegro con fuoco (I) zwingt die V. I mit staccato-Achteln in hohe Lagen hinauf.

* op. 20/3 III.

Auch ist ein sehr verästelter Kammermusikstil angestrebt. Jedoch vermißt man die schönen Schubertschen Einfälle. Das gilt ebenfalls für das Andante (II), das mit recht konventionellen Motiven und Läufen auskommt, ohne sonderlich zu erwärmen. Hier wie auch im Menuetto (Allegro vivace, III) sind wieder Zusammenspiel-Probleme zu lösen. Das Trio ist ein perpetuum mobile in Achteln und ganz delikat zu spielen – meist *pp* und *p*. Das Rondeau (Allegro vivace) ist sehr fein komponiert, entbehrt aber auch irgend eines typischen Schubert-Einfalls. Man wird bei diesem Werk das Gefühl nicht los, als hätte Schubert damit ausdrücken wollen: hier habt ihr also ein tadellos gearbeitetes Quartett, aber ein Schubert ist das nicht! (5/5)

op. posth. in c (1820). In der achtjährigen Pause, die zwischen dem E-dur und dem berühmten Quartett in a-moll op. 29 liegt, hat Schubert zwar einmal zu einem solchen angesetzt, ist aber über den ersten Satz nicht wesentlich hinausgekommen. Dieses Allegro assai gehört zu den schönsten Stücken, die er geschrieben hat. Nach einem geheimnisvollen Anfang blüht bald das erste Gesangsthema auf. Nach sieben himmelwärts stürmenden Sechzehntel-Läufen, die nichts Virtuoses an sich haben, sondern nur schwer sind, erklingt das zweite Gesangsthema – noch berückender als das erste. Dieser Satz, der auch in seiner Formung interessant ist, ist wie kein anderer geeignet, sich in Klangkultur zu üben. (5/4)

op. 29 in a (Anfang 1824). Am 3. Juli 1824 schrieb Bruder Ferdinand aus Wien, daß er beim Hausquartett Schubert-Quartette aufgelegt habe. Darauf Franz: »...besser wird es seyn, wenn Ihr Euch an andere Quartetten als die meinigen haltet, denn es ist nichts daran, außer daß sie vielleicht Dir gefallen, dem alles von mir gefällt.« Vorher hatte er am 31. März an seinen Freund Leopold Kupelwieser geschrieben: »...ich komponierte 2 Quartetten für Violinen, Viola u. Violoncelle u. ein Octett, u. will noch ein Quartetto schreiben, überhaupt will ich mir auf diese Art den Weg zur großen Sinfonie bahnen.« Franz Schubert erwähnt merkwürdigerweise nicht, daß Ignaz Schuppanzhig am 14. März 1824 das a-moll-Quartett öffentlich aufgeführt hatte. Es war die einzige öffentliche Aufführung eines vollständigen Quartetts von Schubert überhaupt und dieses war auch das einzige, das zu Lebzeiten des Komponisten in Druck erschien. Gleich das Allegro ma non troppo (I) überrascht durch die Atmosphäre, welche die ersten zwei Takte schaffen. Hierbei muß die V. II sich bewußt sein, wie wichtig die Achtelfigur ist. Der Rhythmus der beiden unteren Instrumente erfordert einen besonderen Strich; da keine Punkte, auch keinen tanzenden Bogen. Sehr schwierig ist der Alleingang der V. I vor der ersten Fermate: decrescendo und kein ritardando! Besondere Aufmerksamkeit gebührt den stark mit Versetzungszeichen durchsetzten Aufstiegs-Figuren in Triolen, die in allen Stimmen vorkommen. Das Andante (II) mit der Melodie aus der Musik zu »Rosamunde« beginnt ganz einfach, will aber in den modulierenden Partien sehr sauber intoniert sein. Takt 84/85 bringt eine enharmonische Verwechslung (Fes-dur = E-dur). Der Menuetto (Allegretto, III) ist einer der schönsten Menuettsätze, die geschrieben wurden. In Takt 36/37 übergibt die V. I dem Vc einen Ton. Das Vc setzt mit einem *fp* fort; das muß so geschickt geschehn, daß zwischen dem leiser werdenden gis der Violine und dem Einsatz des Vc keinerlei Unterbrechung eintreten darf. Der Schlußsatz ist ausdrücklich Allegro moderato überschrieben. Wenn dieser Reitermarsch zu schnell genommen wird, werden die Sechzehntel-Triolen, die später durch alle Stimmen wandern, in der von Schubert geforderten Strichart so gut wie unmöglich. Die verschiedenen ritardandi müssen geprobt werden. (4/4)

op. posth. in d (1826). Schon das Allegro (I) eröffnet eine ganz andere Welt als die des lyrischen a-moll-Quartetts. Die tragische, vom Schicksal aufgezwungene düstere Stimmung dieses meisterhaften Satzes muß beim Vortrag überzeugend zum Ausdruck kommen. Der Satz ist technisch nicht übermäßig schwierig, um so mehr muß man auf genaueste Befolgung aller Vortragsnuancen dringen. Das Andante con moto (II) sind Variationen über ein Fragment aus dem Liede »Der Tod und das Mädchen« und speziell für die V. I sehr schwierig. Bei der letzten Variation soll der erste Teil beim ersten Mal *pp* und bei der Wiederholung mit einem crescendo zum *ff* gespielt werden; das hört sich einfacher an, als es auszuführen ist. Die Coda geht von Sechzehnteln zu Achteln und schließlich in der Va zögernd zu Vierteln über; in solchem Falle muß das Grundtempo »stehen«. Im Scherzo (Allegro molto, III) ist auf die deutliche Ausführung der thematisch wichtigen kurzen Vorschläge zu achten. Im Trio ist der punktierte Rhythmus der V. II sehr wichtig und muß trotz des *pp* sehr deutlich sein. Auch der Klangcharakter der V. I bei der Überspielung der darunter liegenden Melodie ist wohl zu überlegen; keinesfalls darf hier »Violinkonzert« gemacht werden. Der letzte Satz (Presto) ist im richtigen Tempo bogentechnisch äußerst schwer; eine Überleitung – es ist die zur vorletzten Wiederkehr des Hauptthemas – ist im Zusammenspiel äußerst heikel. Möglicherweise befindet sich hier auch ein Fehler in der ersten Geigenstimme. Das Werk ist sehr ausgedehnt, obwohl Schubert bei der zweiten Probe zu einer Aufführung im engsten Kreise in der Privatwohnung eines Hoftenoristen Teile des ersten Satzes gestrichen hatte. (5/5)

op. 161 in G (Juni 1826). Dieses in zehn Tagen geschriebene Quartett ist das letzte und bei weitem schwierigste von allen. Die ungeheuer gestiegenen technischen Anforderungen der letzten Violinwerke Schuberts erklären sich durch das Auftauchen des damals 20jährigen böhmischen Geigers Josef Slawjk in Wien 1826. Der junge Böhme, der mit 26 Jahren der Pest erlag, muß ein geigerisches Talent von hohen Graden gewesen sein; für ihn schrieb Schubert u. a. die überaus schwere Fantasie op. 159 – und das G-dur-Quartett. Es wurde am 7. März von Slawjk, Franz Lachner, Schubert und einem nicht Genannten privat gespielt. Im Allegro molto moderato (I) bedient sich Schubert auffallend vieler Tonrepetitionen in Zweiunddreißigsteln, was bei der Länge des Satzes schon recht anstrengend ist, aber niemals zur Verkrampfung führen darf. Das Andante un poco moto (II) ist ein groß angelegter Gesang des Vc, der zweimal durch sehr dramatische Szenen, die den Quartettrahmen zu sprengen drohen, unterbrochen wird. Das Scherzo (Allegro vivace, III) wird thematisch von den beiden ersten Takten bestritten und erfordert eine lockere Tongebung. In die schöne Melodie des Trios teilen sich Vc und V. I. Das Allegro assai (IV) ist im verlangten Tempo bogentechnisch sehr schwer; die Violin-Arpeggien ab Takt 125 für Liebhaber unspielbar. Auch an die Intonation werden gewaltige Ansprüche gestellt. Bei dem geforderten schnellen Tempo erweisen sich auch manche unisoni und ungewohnte Harmoniefolgen (z. B. Takt 133 ff: D, B, Ges, Fis) als sehr schwer. Eine anhörenswerte Wiedergabe wird dem Hausmusikanten in den meisten Fällen verwehrt bleiben müssen. (6/5)

SCHUMANN, Robert (* 1810 in Zwickau, † 1856 in Endenich)

Die drei Streichquartette entstanden in der zweiten Hälfte des Jahres 1842, nachdem er drei Jahre zuvor schon Themen dazu skizziert hatte. Der Komposition gingen Studien voraus, die sich mit dem Quartettschaffen der drei großen Wiener Klassiker befaßten. Eigentümlich ist, daß alle drei Werke auf Dramatik und schroffe Gegensätze verzichten. Sie sind Felix Mendelssohn gewidmet.

op. 41/1 in a hat eine Introduzione (Andante espressivo), die im imitierenden polyphonen Satz beginnt und nach F-dur moduliert. Das anschließende Allegro (I) steht merkwürdigerweise in dieser Tonart. Es fließt mit zwei lyrischen Themen ruhig dahin; ein Nebengedanke Schubertscher Prägung schafft eine kleine Unterbrechung. Das Scherzo (Presto, II) verlangt exaktes Zusammenspiel und ist rhythmisch originell. Sein Mittelteil besteht aus einem Intermezzo mit ruhigen Noten und einem schönklingenden vierstimmigen Satz. Das Adagio (III) wirkt wie ein instrumentiertes Lied, in dessen Begleitung eine charakteristische Bratschenfigur lange Strecken sich hören läßt. Der Mittelteil moduliert stark und sollte sauber intoniert werden. Der Schlußsatz (Presto) ist sehr klar und durchsichtig; die technischen Schwierigkeiten bestehen aus Achtelketten in Terzen. Der Satz wird durch eine kurze Musette (Moderato) unterbrochen. Nach einem sehr schön klingenden vierstimmigen Satz in ganzen Noten nimmt dieses Presto ein rauschendes Ende. (4/3)

op. 41/2 in F. Das Allegro vivace (I) hat hübsche, etwas uniforme Thematik und einen sehr schönen Klangeffekt im 81. Takt. Die Durchführung ist schematisch. Ein herrlicher, aber nicht leichter Satz ist das Andante, quasi Variazoni (II). Schon bald nach Beginn führt Schumann die bei ihm so beliebten Ton-Vorausnahmen ein (Achtel mit rübergebundenem Viertel); auf letzteres fällt die Zählzeit. Die molto-più-lento-Variation hat für die V. I sehr unangenehme Doppelgriffe, und die Variationen sind auch hinsichtlich der Intonation recht heikel. Genial ist das Scherzo (Presto, III), aber technisch recht anspruchsvoll. Das Trio ist ein Miniatur-Marsch, der rhythmisch sehr exakt gespielt werden will. Das Allegro molto vivace (IV) mit seinen Sechzehntel-Figuren erfordert in der V. I einen wohldurchdachten Fingersatz und eine chromatisch aufsteigende

Synkope von Achteln einen rhythmisch verständlichen Vortrag. Danach (Takt 36ff) ein kleiner aufblühender Einfall: echter Schumann! Allerdings ist das ganze Werk sowohl technisch wie auch im Zusammenspiel erheblich schwieriger als das erste. (5/4)

op. 41/3 in A. In diesem Quartett hat sich Schumann von seinen Vorbildern gänzlich gelöst. Ein Andante espressivo beginnt gleich mit jenem thematischen Quintsprung, der den ganzen Satz beherrscht. Ganz heikel ist der Einsatz des zweiten Themas, das anfangs vom Vc vorgetragen wird. Es wird von Nachschlägen der drei anderen begleitet, wobei der erste um eines Achtels Länge vor dem Einsatz des Vc liegt. Ein eilender oder sonstwie unsicherer Kantonist kann diese Partie zur Unmöglichkeit machen. Der sehr schöne Schlußsatz beider Teile erfordert viel klangliche Delikatesse. Das assai agitato (II) ist ein Variationen-Satz, die beiden ersten Veränderungen sind etwas akademisch-trocken und von der zweiten und vierten Variation aus Beethovens op. 74 in Es beeinflußt. Dafür entschädigt ein herrlicher Kanon in der un-poco-Adagio-Variation. In der Coda ist auf die Reinheit bei der Gegenüberstellung recht heterogener Tonarten zu achten (Fis-dur – Es-dur). Das Adagio molto (III) ist besonders für die V. II sehr unangenehm, weil sie punktierte Terzgriffe im Alleingang tonschön und sauber intoniert zu spielen hat und das gleich mehrmals. Die schön geschwungenen Melodiebögen erinnern an Felix Mendelssohn. Der Satz ist für die Va besonders dankbar. Das Finale (Allegro molto vivace) hat im Hauptthema einen sehr schnellen punktierten Rhythmus, bei dem man zweckmäßig die Sechzehntel auf Abstrich nimmt. Eine hübsche Gavotte (Quasi Trio) bringt Abwechslung in die jagende Unrast dieses Satzes, der in der stretta mit plötzlichen Harmoniewechseln auch noch exaktes Zusammenspiel verlangt. Dieses Werk ist im kammermusikalischen Sinne sehr fein gearbeitet, was auch für die beiden ersten Nummern dieses opus' gilt. (4/4)

Smetana, Bedřich (* 1824 in Leitomischl, † 1884 zu Prag)

hatte schon mit 17 Jahren ein Streichquartett geschrieben, das als verloren gilt.

In e »Aus meinem Leben« (1876) galt anfänglich als »unspielbar« und »orchestral«. Smetana äußerte sich darüber mit diesen Worten: »Was den Stil meines Quartetts betrifft, überlasse ich seine Beurteilung gerne den anderen und bin nicht im mindesten gekränkt, wenn dieser Stil keinen Anklang findet, weil er von dem bisherigen üblichen Stil abweicht. Es war nicht meine Absicht, ein Quartett nach dem bestehenden Rezept und nach dem bestehenden Usus zu schreiben.« Dann folgt das bekannte aus der ersten Violinstimme der Peters-Ausgabe zu entnehmende Programm: eine Selbstbiographie in Tönen. Der erste Satz, Allegro vivo appassionato beginnt mit einem langen Solo der Va, das den romantischen Hang zur Kunst darstellen soll. Das Quinten-Motiv der Va ist der Warnruf des Schicksals. Bei aller Intimität und Lieblichkeit des zweiten Themas sprengt dieser Satz in der Tat den Rahmen eines Kammermusikwerks und man könnte ihn sich weit wirkungsvoller für Orchester denken. Dazu Smetana: diese Komposition, »die, sozusagen, einen privaten Charakter hat und deshalb absichtlich nur für vier Instrumente geschrieben wurde. Diese sollen sich gleichsam in engem Freundeskreise gegenseitig mitteilen, was mich so bedeutsam bedrückt und quält. Nichts mehr.« Das Allegro moderato a la Polka enthält Soli der Mittelstimmen auf einer Saite, die »quasi tromba« gebracht werden sollen. Was der Komponist sich für die Ausführung dabei gedacht hat, ist mir als Hausmusikant bis heute schleierhaft geblieben, es sei, man betrachte die Dreiklangsthematik als typisch trompetenmäßig. Im Mittelteil erklingen zu einem stereotypen Rhythmus der beiden Unterstimmen vierstimmige Schwellakkorde der beiden Geigen, die in der Intonation besonders heikel sind, und diese Doppelgriffe waren es, die das Werk »unspielbar« machten. Dazu Smetana: »Ich bemerke, daß ich in den Tönen dieses Satzes meine Erinnerungen an den Kreis der Adeligen male, in dem ich lange Jahre gelebt habe... Ich glaube, daß dieser Satz die Hauptursache ist, warum sich die Herren weigern, das Quartett zu spielen; sie wiegt schwerer als der Einwand gegen den orchestralen Stil.« Das Largo sostenuto, das Glück der ersten Liebe, bietet keine Probleme und ist der am meisten im Stil eines Kammermusikwerkes gehaltene Satz. Der Schlußsatz (Vivace) mit der Erkenntnis der elementaren Kraft, die in der nationalen Musik ruht (Smetana), drückt dieses u. a. auch in sehr unangenehmen Quarten-Sequenzen aus. Der sehr lebendige Satz wird durch eine Darstellung der Ertaubung, die sich bei Smetana klinisch durch einen hohen Pfeifton ankündigte, sehr realistisch dargestellt. Mit Reminiszenzen an den ersten Satz endet dieses Werk, das mit schönen melodischen Einfällen über die nicht ganz glückliche außermusikalische Konzeption hinweghilft. (5/4)

2. Quartett in d (1882) wurde zwei Jahre vor Smetanas Tod geschrieben. Nach Vollendung des ersten Satzes (Allegro) schrieb Smetana an einen Freund: »Der erste Satz meines Quartettes ... bringt mich etwas in Verlegenheit: der Satz ist etwas allzu ungewohnt in der Form und schwer verständlich. Eine gewisse Zerrissenheit kennzeichnet ihn und wird, wie ich befürchte, den Spielern große Schwierigkeiten bereiten.« Ertaubte schöpferische Musiker neigen verständlicherweise zur Abstraktion oder zur unsinnlichen Konstruktion; bei dem langsam der Auflösung entgegensehenden Smetana ist das nur bedingt der Fall. Arnold Schönberg war von diesem Quartett tief beeindruckt. Das Allegro moderato (II) ist eine stilisierte Polka mit einem Andante cantabile inmitten, dessen Thema diesen ebenso gehaltvollen wie schönklingenden Satz beschließt. Der dritte Satz ist ähnlich willkürlich wie der erste, mit einem Fugato (Molto moderato, quasi marcia), dessen Thema kurz vor Schluß wiederkehrt, und einem elegischen Ausklang. Das Finale ist knapp konzipiert und führt im Mittelteil ein schönes Gesangsthema. Dieses Werk ist ein wirkliches Kammermusikwerk, hat aber auch rein klanglich ergiebige Partien. (4/5)

SPOHR, Louis (* 1784 in Braunschweig, † 1859 in Kassel)

war als Violinist der Vertreter einer soliden Richtung. Als Komponist wurde er von den Zeitgenossen stürmisch gefeiert. Sein Idol war Mozart. Er hat bei seinen immensen geigerischen Qualitäten natürlich auch der Gattung des »Quatuor brillant« Opfer gebracht, jedoch sind viele seiner Werke aus Liebe zum kammermusikalischen Musizieren entstanden. Das gilt für die neuerdings herausgegebenen drei Quartette:

op. 15/1 in Es (1808) beginnt mit einem Allegro vivace, das in knappen Formen mit dem chromatischen Anfang des ersten Themas elegisch anmutet, jedoch mit punktierten Rhythmen und Triolen-Figuren gelegentlich aufmuntert. Mozartisch ist der Beginn der Durchführung, die an die Schlußfloskel des ersten Teils anknüpft. Das Andante (II), ein Trauermarsch, zwingt im Dur-Mittelteil das Vc auf der g-Saite ziemlich hoch hinaufzugehen, ist aber ansonsten ganz einfach gehalten. Innerhalb des etwas bläßlichen Menuetto (Allegretto, III) erfrischt ein fein gearbeitetes Trio. Das Rondo (Presto, IV) ist eigentlich gar keins, sondern ein Sonatensatz, dessen zweites Thema an den alten Gassenhauer anklingt: »Sieste woll, da kimmt er...« Die Durchführung ist durch ihre Modulations-Freudigkeit auffallend. Satztechnisch ist das ganze Werk ausgezeichnet. (3/2)

op. 15/2 in D (1808). Das Allegro moderato (I) hat kein kontrastierendes Seitenthema; die Durchführung wechselt einmal die Vorzeichen, und die Reprise läuft in eine Coda aus, deren Rhythmus einer Taktgruppe der Durchführung entnommen ist. Das Scherzo (Allegro vivace, II) hat zu Beginn des zweiten Teils einen kleinen Kanon im Achtelabstand von Va und V.I. Im Trio würzen zahlreiche *sf* auf beiden schwachen Taktteilen, worauf beim Vortrag zu achten wäre. Das Finale (III) beginnt mit einem Largo-Vorhang von vier Takten; das dann einsetzende Allegro molto hebt mit einem fugato an, das nach dem Einsatz der vierten Stimme wieder aufgegeben wird. Im Takt 52 hat die V.I ein Thema in halben Noten, welches sehr ähnlich im letzten Satze des Bruckner-Quintetts anzutreffen ist. Nach einer Fermate läuft wieder ein geschäftiges fugato an; aber auch dieses Vergnügen dauert nicht sehr lange. Und in diesem Stil geht es bis zum kräftigen Schlusse fort. (3/3)

op. 29/1 in Es (1814). Das Allegro beginnt mit der verminderten Quarte: es–h. Wenn man das Vortragszeichen *po* – es war damals statt *p* gebräuchlich – und die Viertelpause, als ein »r« gelesen, einbezieht, erhält man es-po-h-r. Mit diesem ersten Takt petschierte Spohr fortan seine Briefe. Dieses Intervall speist den ganzen Satz. Das kontrastierende Thema (Beginn im 37. Takte) hat was von Mendelssohn an sich – hier vorausgeahnt. Die Coda bestreitet das Motiv des zweiten Taktes vom Anfang. Der Satz ist beste Kammermusik und inhaltlich gewichtig. Das Andante con Variazioni ist nach Haydns Muster angelegt und trotz des liedmäßigen, hübschen Themas ein bißchen ledern, die zweite und vierte Variation vielleicht ausgenommen. Das Scherzo (Moderato, III) ist geistreich im imitatorischen Stil gehalten; das Trio in der Unterterz-Tonart H-dur gehört der V.I. Ein Finale (Vivace) mit ansprechender Thematik fesselt durch die originelle Gestaltung des zweiten Themas. Die Analytiker halten dieses für das beste Quartett von Spohr, dessen Autobiographie jeder Hausmusikant einmal lesen sollte. (4/4)

TSCHAIKOWSKY, Peter Iljitsch
(* 1840 in Kamsko-Wotkinsk, † 1893 zu Petersburg)

op. 11 in D (1871) entstand aus einem äußeren Anlaß. Aus finanziellen Gründen wollte er sich mit einem Konzert, das nur aus eigenen Kompositionen bestehen sollte, eine Einnahmequelle schaffen. Da ihm Klavierstücke und Lieder für ein solches Programm nicht ausreichend erschienen, schrieb er in großer Eile dieses Quartett, das ihn rasch bekannt machte – auch im Ausland. Das Moderato e semplice (I) überrascht gleich mit einem sehr originellen Rhythmus und eigenartigen melodischen Einfällen. Dazu gesellt sich flüssige Form und schöner Quartettklang bei durchaus kammermusikalischem Satz. Eine besondere Beliebtheit genießt das Andante cantabile (II), in welchem der Komponist eine Volksmelodie verwertete, die er bei seiner Schwester zwei Jahre zuvor von einem Ofensetzer erlauscht hatte: »Wanja saß auf dem Divan und rauchte Pfeife...« Tschaikowsky verzichtet hier auf alle Setzkünste und erzielt mit einfachsten Mitteln eine beachtliche Wirkung, wenn er eine Melodie 24 Takte lang von dem gleichen pizzicato-Baß stützen läßt. Im Scherzo (Allegro non tanto) wartet er mit einer slavischen Tanzweise in wechselnden Metren auf. Im Finale (Allegro giusto = richtiges, regelrechtes A.) überrascht die Fülle wirklich tragender Einfälle und der sehr quartettgerechte Satz. (5/4)

op. 22 in F (1874) dazu Tschaikowsky: »Keines meiner Werke floß mir so leicht aus der Feder. Ich schrieb es fast in einem Zuge nieder. Wenn ich in meinem Leben wirklich etwas ganz Durchfühltes und aus dem Inneren meines Ichs Ergossenes geschrieben habe, dann ist es der erste Satz des zweiten Quartetts.« Ein harmonisch sehr interessantes Adagio leitet den ersten Satz (Moderato assai) ein, der ungleich komplizierter und schwieriger im Zusammenspiel ist als der korrespondierende Satz des D-dur-Quartetts. Im Scherzo (Allegro giusto, II) verwendet der Komponist mit bester Wirkung einen siebenteiligen Rhythmus, der jeweils über zwei Taktstriche reicht (2 mal 6/8 + 1 mal 9/8) und der einem als Spieler sofort »eingeht«. Der Mittelteil (L'istesso tempo) beteiligt nur die beiden Geigen am Melodievortrag und verlangt eine lockere Spielweise. Der Mittelteil des Andante ma non tanto (III) entfaltet eine etwas bombastische Klangpracht; der Hauptteil verwertet in erster Linie das Motiv einer fallenden Quarte. Das Finale (Allegro con moto) ist durchsichtig und witzig, z. B. wenn nach allen möglichen Zwischenspielen das grazioso-Motiv, so als wenn nichts geschehen wäre, einstimmig einsetzt. Zum Schluß beendet eine tadellose Fuge mit anschließender stretta das Stück. (5/5)

op. 30 in es (1876) widmete der Komponist Ferdinand Laub, dem hervorragenden Geiger und Quartettführer, der ein Jahr zuvor verstorben war. Laub war als Professor für Violinspiel am Moskauer Konservatorium Kollege von Tschaikowsky gewesen. Der erste Satz (Allegro moderato) wird von einem Andante sostenuto eingerahmt und widerspiegelt eine düstere Grundstimmung. Er ist außer den durch die Tonart es-moll bedingten sechs b auch im B-dur-Teil mit sehr vielen Versetzungszeichen versehen und muß gewissenhaft studiert werden. Das Allegro vivo e scherzando (II) überrascht durch sechsteilige »Abstürze« in die Tiefe, die auf die einzelnen Instrumente ablösend verteilt sind. Im Mittelteil ist die Va mit dem Melodievortrag eines kleinen Marsches betraut. Das Andante funebre e doloroso ma con moto (III) ist die eigentliche Totenklage um den dahingegangenen Freund; darin ist die V. II mit verschiedenen Solo-Takten betraut, die einen sicheren Rhythmus haben müssen. Das Finale (Allegro ma non troppo e resoluto) ist von heiterer Spiellaune erfüllt und im Kammerstil geschrieben, was man nicht von allen Sätzen dieses Quartetts sagen kann. (5/5)

VERDI, Giuseppe (* 1813 in Roncole, † 1901 in Mailand)

Mozart schrieb sein erstes regelrechtes Quartett Ende Oktober 1772 in Bozen »für die lange Weile«; im Frühjahr 1874 komponiert Verdi »nelle molte ore d'ozio« (in vielen Stunden der Muße) ebenfalls ein solches. Um so verwunderlicher, da er vordem geäußert hatte, das Streichquartett sei spezifisch deutsche Kunst und in Italien eine »pianta fuori di clima« (ein nicht akklimatisiertes Gewächs). Wer Verdis Spätstil, vor allem seinen »Falstaff« liebt, wird ihn wiederfinden beim Studium seines Quartetts

in e. Der erste Satz (Allegro) hat drei Themen: das lyrische des Anfangs, das rhythmisch bewegliche des Mittelteils und ein schlicht gesetztes dolce-Thema als Kontrast. In die ziemlich ausgedehnte Schlußgruppe streut der Komponist noch ein tupfendes, achttaktiges Intermezzo ein. In der geistreichen Durchführung benutzt er nur das erste Themenpaar. Man tut gut, sich die Stimmen vor einem etwaigen Spiel gut anzusehen; verschiedene Sequenzen in Sechzehnteln bewegen sich in entfernten Tonarten wie beispielsweise gis-moll. Vom Andantino (II), dessen Melodievortrag dolcissimo, con eleganza gespielt werden soll, wäre zu vermerken, daß eine Reihe von Harmoniefolgen, zu der auch zwei enharmonische Verwechselungen gehören, gar nicht so selbstverständlich ist. Das Prestissimo (III) ist im geforderten Tempo technisch sehr schwer; auch hört man bei den Achtelgängen jeden unsauber gegriffenen Ton. Das Trio ist ein Solo für Vc, das pizzicato begleitet wird, wobei die Va den Baß abgibt. Ein geniales Stück ist der vierte Satz, den Meister Verdi »Scherzo Fuga« genannt hat. Es ist das graziöseste kontrapunktische Stück, das die Streichliteratur besitzt und verlangt im *pp* einen ganz präzisen sautillé-Strich. Beim Vortrag ist in allen Stimmen darauf zu achten, daß der Terzvorhalt in der zweiten Hälfte des 5. Taktes immer etwas herausgehoben wird; das ist durch einen »Hut«-Akzent gefordert. Das fugierte Geschehen wird zweimal unterbrochen durch eigentümlich »leere« Stellen, bei welchen der latente Rhythmus genau weiterzugehen hat. Eine wirkungsvolle stretta beschließt das begeisternde Werk. (5/5)

WOLF, Hugo (* 1860 in Windischgrätz, † 1903 in Wien)

hat sich mehrmals mit der Komposition von Streichquartettsätzen beschäftigt; sechs Jahre mit einem großen d-moll-Quartett »Entbehren sollst Du, sollst entbehren« (Goethe: Faust). Dieses weit ausholende Werk hat große Schönheiten, ist jedoch wegen seines reichlich komplizierten Aufbaus bei den Hausmusikanten gefürchtet. Es ist zur Zeit in Stimmen nicht erhältlich, wohl aber in Partitur, so daß man anhand von zwei Schallplatten-Einspielungen sich damit vertraut machen kann.

Serenade in G (1887) bekannt unter dem Namen: »Italienische Serenade«. Nach den neuesten Forschungsergebnissen ist die Fassung für Streichquartett die ursprüngliche und nicht die für Orchester, wie man früher angenommen hat. Es ist eine heitere, beschwingte Musik, die nur durch Fermaten mit zögernden Auftakten und eine Rezitativ-Stelle unterbrochen wird. Die Intonation leidet meist an einer längeren Fis-dur-Strecke, auch soll nicht verschwiegen werden, daß zu einer befriedigenden Darstellung dieses Werks viel Schwung und eine makellose Technik gehören. (5/5)

ANHANG ZUM WEGWEISER

WAS SPIELT MAN, FALLS...?

Auf S. 35 ist von Ernst Heimeran anschaulich geschildert worden, wenn mit den Mitspielern was nicht klappt. Vor allem wenn einer nicht kommt. In der Charakterisierung der dafür in Frage kommenden Literatur müssen wir uns kürzer fassen, um den Rahmen dieses Bandes nicht zu sprengen. Klavier-Kammermusik wurde ausgeklammert; dafür wäre ein Sonderband nötig. Über Hausmusik mit Querflöte verweisen wir auf das vortreffliche Buch von Herbert Kölbel: »Von der Flöte« im Bärenreiter-Verlag, in welchem die gesamte Literatur nach Besetzungen geordnet aufgeführt ist.
Biographische Notizen wurden nur jenen Komponisten beigegeben, die im Hauptteil nicht vorkommen.
Fällt also ein Mitspieler aus, so ist das entweder ein Geiger, oder der Bratscher oder gar der Cellist. Ist's ein Geiger, nun dann spielt man eben

STREICHTRIOS

BEETHOVEN, L. v.: op. 3 in Es (1792) ist eigentlich kein Trio, denn es hat – wie das Divertimento KV 563 in Es von Mozart – sechs Sätze statt deren vier. Ein spielfreudiges Werk, dessen Andante schon jenen feinmechanischen Typus aufweist, den Beethoven bis in seine letzten Quartette hinein immer wieder gerne verwendet hat. Im Adagio befinden sich in den Begleitungs-Figuren zahlreiche unbequeme Oktavgriffe. (3/3)
op. 9/1 in G (1798) ist vollwertige Kammermusik mit einem schönen langsamen Satz und einem kapriziösen Schluß-Presto. (3/3)
op. 9/2 in D (1798) in der Substanz schwächer, in der Faktur das feinst gearbeitete dieser Gruppe. (3/3)
op. 9/3 in c (1798) ist der echteste Beethoven: temperamentvoll und unwirsch in den Ecksätzen und im Scherzo; mit einem sehr ausdrucksvollen langsamen Satz. (4/4)

op. 8 in D (1797), eine Serenade in acht Abteilungen. Vollgriffig instrumentiert und mit einem gefürchteten Vc-Solo im Allegretto alla Polacca. Später als »Notturno« unter Beethovens Billigung für Va und Klavier bearbeitet (op. 42). (3/3)

Boccherini, L.: op. 14/4–6 in D, Es, F (1772). Gefällige, anmutig gesetzte Spielmusik ohne jede Problematik. (2/2)

David, Joh. Nep. (* 1895 in Eferding, Oberösterreich): op. 33/1–4 (1945–48). Diese vier Trios sind dem Gedächtnis vier großer Geigenbauer gewidmet: Nicola Amati, Antonio Stradivario, Giuseppe Guarneri und Jacob Stainer. So hübsch dieser Einfall ist, so schwierig sind diese vier Werke, sowohl was die vielfach verwendete Doppelgriff-Technik, als auch das Zusammenspiel anbelangt. David ist jedoch ein Meister der Tonsetzkunst, und fortschrittlich eingestellte Hausmusikanten sollten sich damit einmal auseinandersetzen. (5/5)

Françaix, J.: (1933) ein geistreiches, durchsichtiges Werk, aber nur die ersten zwei Sätze können von geübteren Liebhabern gemeistert werden. Der langsame Satz enthält sehr exponierte und schwierige Doppelgriffe und der sehr burleske letzte Satz – NB. der schwächste – ist ausgesprochen schwierig. (6/5)

Haas, Jos. (* 1879 in Maihingen, † 1960 zu München): op. 22 in D, Divertimento, ist nicht nur eine gute Vorübung zu den Reger-Trios, sondern eine gute Hausmusik. Ein stilisierter Marsch mit lyrischen Einschiebseln, ein Capriccio, Menuett, eine Romanze und ein lebhaftes Rondo sind die Bestandteile dieses Werks, das zwar die Schule Regers erkennen läßt, aber genügende Selbständigkeit allenthalben beweist. (3/4)

Hindemith, P.: op. 34 (1924) ist ein formal weitausholendes, schwungvolles Stück, dessen Schwierigkeiten für normale Hausmusiker unüberwindlich sein dürften. (6/6)

Nr. 2 (1933) gibt sich abgeklärter. Der Komponist hat die Stimmen mit Spielhilfen versehen, indem er ober- und unterhalb des Notensystems die Rhythmen der Mitspieler mit den Notenwerten angab. Das erleichtert das Einstudieren des dreisätzigen Werkes wohl, kann aber natürlich die anderen Schwierigkeiten des doch sehr anspruchsvollen dreistimmigen Satzes nicht mildern. (5/5)

MAASZ, Gerh. (* 1906 zu Hamburg) schrieb ein Miniatrio (1955) mit den Sätzen: Perpetuo nobile – Viotriotrick – Dodekadenz – Pizziboogiefugato – Rondo Kleptomanuale. Für Spieler, die Sinn für Humor, Ironie und Jazz haben und über Sicherheit auf dem Griffbrett verfügen. Da Maasz selbst gern Hausmusik spielt, verlangt er nichts Unmögliches. (5/5)

MOZART, W. A.: KV 563 in Es (1788) »Divertimento di sei pezzi« schrieb Mozart in sein eigenhändiges Verzeichnis und bezeichnete so eins der herrlichsten Werke, das für drei Streichinstrumente geschrieben wurde. Er schrieb es in einer Zeit der bittersten materiellen Not für seinen Logenbruder Michael Puchberg, der ihm kurz zuvor ein größeres Darlehen abgeschlagen hatte; vielleicht wollte er Puchberg damit günstig stimmen. Im Allegro (I) genügt es, die Triller bei den aufsteigenden Sechzehntel-Figuren als schnelle Vorschläge zu spielen. In der Durchführung ist auf saubere Intonierung zu achten. Dasselbe ist für den Anfang des zweiten Teils des geradezu wunderbaren Adagios wichtig und für die taktfüllenden Dreiviertel-Noten vor der Schlußgruppe. Das erste Menuett beginnt gleich mit drei Zweivierteltakten, die durch die Artikulation des vorgeschriebenen Bogenstrichs entsprechend zu betonen sind. Verzwickt ist die Formung des variierten Andantes (III). Im zweiten Menuett (Allegretto, V) ist das erste Trio ein berühmtes Bratschensolo. Im Allegro (VI), einer Gondoliera, gibt es einige rhythmische Nüsse zu knacken, wenn der Sechzehntel-Auftakt des zweiten Themas in den einzelnen Stimmen zu verschiedenen Zeiten zu hören ist. (4/3)

PLEYEL, Ign.: op. 44/1 in G (etwa 1790) klingt wie eine arrangierte Symphonie; gefällige, gut gesetzte, etwas lärmende Musik. (2/2)
op. 44/2 in B hat aparte Einfälle und wirkt liebenswürdig. (2/2)
op. 44/3 in c hat das Bestreben gewichtig zu sein, wird aber darüber ziemlich konventionell. Brauchbare Hausmusik geben alle drei ab. (2/2)

REGER, M.: op. 77b in a (1903) entstand offensichtlich in dem Bestreben, Kritik und Konzertpublikum zu beweisen, daß Reger auch »anders« konnte: »Daß Dir das a-moll-Trio (Op. 77b) gefallen hat, macht mir sehr viel Spaß; ich erhoffe mir mit meinem Op. 77a und b eine gehörige Bresche in die Reihe meiner Feinde zu schlagen, derer, die da immer sagen, ich wäre immer geschwülstig und immer absichtlich gesucht originell!« (16. 7. 1904 an Karl Straube). Tatsächlich handelt es sich um ganz durchsichtige und eingängliche Musik in allen vier Sätzen, und auch Regers oberpfälzischer Humor kommt vor allem im Scherzo (Vivace, III) und im Schlußsatz (Allegro con moto) zum Vorschein. Im Allegro agitato (I) ist beim zweiten Thema (espress.) auf den staccato-Punkt auf dem dritten Viertel im 3. und 6. Takt zu achten, der für den Charakter dieser Melodie sehr wichtig ist. Die beiden Mittelsätze kommen in einer Klavierfassung auch im Tagebuche op. 82 vor. Der Komponist hörte das Trio in München: »...die Sache klingt urfidel!« schreibt er am 27. November 1904 an Karl Straube. (3/3)

op. 141b in d (1915) ist aus ganz anderem Holze geschnitzt; es ist ernster und auch in technischer Beziehung anspruchsvoller. Das eröffnende Allegro hat ein sehr schönes zweites Thema und eine Reihe von gar nicht leichten aber wichtigen Doppelgriffen für die Va. Die Krone des Stücks sind großartige Variationen über ein typisches Reger-Thema (Andante molto sostenuto, II). Eine amüsante, locker gefügte Fuge (Vivace) beschließt. (3/4)

Schubert, Fr.: in B Nr. 1 (1816) ist ein Torso, nämlich ein erster Satz eines nicht zu Ende geführten Trios. Eine beachtliche Talentprobe mit hübscher Führung der Stimmen. Nur an einer Stelle schaut einmal der spätere Schubert zwischen den Notenzeilen hervor. (2/1)

In B Nr. 2 (1817) ist bedeutend anspruchsvoller als das vorige und vollkommen ausgearbeitet. Die Va ist mit verschiedenen solistisch hervortretenden Stellen betraut, wie im Trio des Menuettos. (3/2)

Ohne Violoncello: Zwei Violinen und Bratsche

Obwohl Bearbeitungen und Ersatz-Lösungen abgeneigt, ist zu empfehlen:

Beethoven, L. van: op. 87 in C (1794) für zwei Oboen und Englisch Horn, das der Komponist schrieb, als er die Gebrüder Teimer gehört hatte, die in Wien mit einem solchen Trio aufgetreten waren. Die Bearbeitung erschien zusammen mit dem Original schon 1806 als »Grand Trio«. Ein liebenswürdiges, melodisches Stück einfachster Bauart. (2/1)

Cambini, Giovanni Giuseppe (* 1746 zu Livorno, † 1825 in Paris) war ein Schüler von Nardini im Geigenspiel und von Padre Martini in der Komposition. In letzterer wurde er ein gewaltiger Produzent; man zählt von ihm nicht weniger als 144 Streichquartette. Neu herausgegeben wurden:
Trois Trios concertants, die ein Musterbeispiel dafür sind, was man unter »concertant« verstand: alle drei Instrumente sind abwechselnd Melodie-Träger. Klangvolle und gut gesetzte Musik, als Übungsstoff für größere klassische Aufgaben wohl geeignet. (2/2)

Cremont, Pierre (* 1784 in Südfrankreich, † 1848 in Tours) war Konzertmeister an der Opéra comique in Paris und ein guter Tonsetzer.
op. 13 Trois Trios in F, D und G. Der Herausgeber hat sie »Leichte Trios« genannt, aber so ganz einfach sind sie gar nicht. Sie haben gesunde und originelle Thematik und sind vortrefflich für die Instrumente gesetzt. Eine beigegebene Vc-Stimme ermöglicht, sie auch als Trios für 2 V und Vc zu spielen. (3/2)

Dvořák, A.: op. 74 Terzetto in C (7.–14. Januar 1887). Das interessanteste und wohl auch schönste Werk für diese Besetzung verdanken wir dem Chemiestudenten Josef Kruis, der im gleichen Hause in Prag wohnte wie Dvořák. Für ihn und seinen Lehrer schrieb der Komponist das Terzetto, bei dem er den Viola-Part selbst spielen wollte. Schon der erste Satz (Introduzione, Allegro ma non troppo) ist ein echter Dvořák und leitet über in ein Larghetto (II), das schon in der Intonation (in E) nicht einfach ist und am Schluß auch klangliche Probleme hat. Das Scherzo ist mit 3/4 bezeichnet, geht aber zunächst mal 8 Takte lang im 2/4-Takt. Besonders klangschön ist das Trio. Problematisch ist der letzte Satz: Tema con Variazioni, vor allem in klanglicher Beziehung. (3/4)
Jedenfalls konnte stud. chem. Kruis es nicht spielen. Flugs setzte sich Dvořák an seinen Schreibtisch und schrieb in wenigen Tagen:
op. 75 a »Drobnosti« (=kleine Stücke). Am 18. Januar 1887 schrieb er an seinen Verleger Simrock in Berlin: »Ich schreibe jetzt kleine Stücke, denken Sie nur: für 2 Violinen und Viola – die Arbeit freut mich ebenso, als wenn ich eine große Symphonie schreibe – aber was sagen Sie dazu? Sie sind freilich mehr für Dilettanten gedacht, aber hat Beethoven und Schumann auch nicht einmal mit ganz kleinen Mitteln geschrieben und wie?« Die Cavatina (I) besteht aus einer schönen Melo-

die der V. I, die in der V. II von einer rhythmischen Figur durchgehend begleitet wird. Das Capriccio (Poco allegro, II) gibt sich scherzhaft und hat technisch nicht ganz einfache Begleitungs-Figuren in der Va. Eine Romanza (Allegro, III) hat in der V. II durchlaufende Triolen zu einer weit gesponnenen Geigenmelodie, und die abschließende Elegia (IV) ist eine schluchzende Klage der V. I zu mehrstimmigen Harmonien in den Unterstimmen. Dieser Satz starrt von Doppelgriffen. Wahrscheinlich ist unser Chemiestudent daran auch wieder gescheitert, denn der Komponist schrieb dieses Werk für Violine und Klavier um: Romantische Stücke op. 75. (3/2)

Kodály, Z.: op. 12 in F (1920) »Serenade« hat der Komponist dieses dreisätzige Werk genannt. Der erste Satz (Allegramente = erheiternd) ist knapp und gegensätzlich in der Stimmung, hat klangliche Härten und erweckt starkes Interesse. Das Lento, ma non troppo ist rhapsodisch und beschäftigt thematisch vorzugsweise V. I und Va, während die V. II sich mit viel tremolo und Doppelgriffen abplagen muß. Der Schlußsatz (Vivo, III) ist ein temperamentvoller, rhythmisch recht anspruchsvoller Czardas, der typisch ungarische rubati-Stellen aufweist. Das Ganze ist nur sehr geübten Instrumentalisten zugänglich. (5/5)

Naumann, Johann Gottlieb (* 1741 in Blasewitz, † 1801 in Dresden) war Hofkapellmeister in der sächsischen Hauptstadt und wurde als erfolgreicher Opernkomponist in ganz Europa gefeiert. Er kam früh nach Italien und studierte in Padua bei Tartini das Violaspiel und die Komposition. Damals entstand das Terzett in Es (um 1760). Ein trefflich gesetztes, klangschönes Werk; für alle drei Stimmen dankbar zu spielen. Sätze: Andante – Presto – Tempo di Minuetto. Allen Beginnern wärmstens empfohlen. (1/1)

Tanéjèw, Sergei Iwanowitsch (*1856 zu Wladimir, † 1915 in Djudkowa) war ein hochgebildeter Musiker, Schüler und Nachfolger Tschaikowskys am Moskauer Konservatorium. Seine acht Streichquartette haben wir übergangen, weil sie weitschweifig und mit konstruktiven Elementen sehr stark überfrachtet sind, um heute noch zu munden. Dagegen ist sein

op. 21, Trio in D ein sehr hübsches, empfehlenswertes Werk (1907). Es besteht aus vier Sätzen: Allegro giocoso e semplice – Menuetto (Allegro ma non troppo) –

Andante – Vivace, von denen besonders der letzte wegen seiner Thematik und seines gefälligen Satzes die Spieler beeindruckt. (3/4)

Toch, Ernst (* 1887 in Wien, † 1964 in Kalifornien) war ebenfalls ein hochgebildeter Musiker, der erst in späteren Lebensjahren in die Avantgarde der Neutöner einschwenkte. Sein op. 25 Serenade in Spitzwegs Art (1917) entstand, als Toch als Offizier in Innsbruck eines der Ständchenbilder von Carl Spitzweg kennenlernte. Es ist eine hübsch erfundene, unter dem Einfluß von Richard Strauss stehende Musik in einem Satz, die als Hausmusik gedacht, Geübteren viel Freude vermittelt. (4/4)

Ohne Bratsche: Zwei Violinen und Violoncello

Diese Zusammenstellung ist die unglücklichste von allen, denn zwischen der Tonlage der Violinen und dem Baßinstrument klafft ein gar zu großer Zwischenraum. Die meisten neugedruckten Werke für die Besetzung stammen aus der frühklassischen Zeit und rechnen noch mit der ausfüllenden Funktion eines Akkord-Instruments. Meist handelt es sich um Tänze, die auch von Mozart und Beethoven in dieser Besetzung überliefert wurden, aber sicherlich damals nicht so gespielt wurden. Alle diese Werke sind leicht zu spielen und bedürfen keines Kommentars. Wir verweisen auf den »Notenschrank«, in welchem die Verlage: Bärenreiter, Breitkopf und Härtel, Kistner & Siegel, Robert Lienau, Hermann Moeck, Willy Müller, Nagels Vlg., Peters zahlreiche Musikalien für diese Besetzung anbieten.
Erfreulicher ist's, wenn ein Bratscher, ein Cellist oder gleich deren zwei oder aber auch ein zweites vollständiges Quartett zu uns stoßen; dann erhalten wir folgende Möglichkeiten:

STREICHQUINTETTE

Quintette mit zwei Bratschen

Beethoven, L. van: op. 4 in Es (1796) wurde als »Grand Quintetto« veröffentlicht. Es ist eine sehr stark bearbeitete Streicherfassung eines Bläser-Oktetts, das

Beethoven noch in Bonn (1792) für seinen Kurfürsten geschrieben hatte. Es handelt sich um frische und gefällige Musik; dieses Quintett ist keinesfalls nur eine »Übertragung« für Streicher. (3/2)

op. 29 in C (1801) ist das einzige mehrsätzige Originalwerk Beethovens. Der erste Satz (Allegro moderato) wirkt eher symphonisch als kammermusikalisch; dagegen besticht das Adagio molto espressivo durch schöne Melodik und dramatische Akzente. Das Scherzo (Allegro, III) hat im Hauptteil Jagdcharakter, und der letzte Satz (Presto) ist formal konfus und etwas undankbar für die Spieler. (4/4)

op. 104 in c (1817) ist eine von Beethoven selbst vorgenommene »Übertragung« seines Klaviertrios op. 1/3, die er nach einer mißglückten, ihm vorgelegten Bearbeitung eines anderen schrieb. Viel Freude wird man nicht daran haben, denn spätestens beim Scherzo zeigt sich, daß Klavierpassagen nichts für Streicher sind. (4/3)

op. 137 Fuge in D (1817), für den Verleger Haslinger aus Gefälligkeit geschrieben, befriedigt die Spieler nicht sonderlich. (2/2)

Brahms, Joh. schrieb seine zwei Quintette erst, nachdem er seine drei Streichquartette und zwei Sextette bereits veröffentlicht hatte. Er war fast 50 Jahre alt, als er in Ischl die Komposition von

op. 88 in F (Frühjahr 1882) in Angriff nahm. Der klangvolle und schöne erste Satz (Allegro non troppo ma con brio) läßt kaum erkennen, daß Brahms in jenen Jahren an seiner schöpferischen Kraft zweifelte. Die beiden Mittelsätze sind in einem Satz verschränkt, dessen Grave ed appassionato (II) in der Intonation nicht einfach ist, dazwischen ein rhythmisch reizvolles Allegretto vivace und später ein bewegliches Presto; das langsame Grave in cis hellt sich am Schluß nach A-dur auf. Das Allegro energico (III) kommt nach Schumanns Vorbild (Klavier-Quintett) mit einer Fuge daher, die erfreulicherweise nicht lange dauert und deren Thema dann nur noch dazu dient, die schönen Einfälle des Seitenthemas zu unterlegen. Trotzdem bleibt der Satz etwas spröde und ist schwer zum Klingen zu bringen. (4/5)

op. 111 in G (1891) hat Joseph Joachim angeregt. Auch dieses Werk entstand in Ischl und der Komponist soll – wahrscheinlich scherzhaft – gesagt haben, er hätte damit Eindrücke vom Wiener Prater wiedergeben wollen. Das einleitende Allegro non troppo, ma con brio beginnt mit einem heroischen Vc-Solo, dem ein von den beiden Bratschen angestimmtes lyrisches Gesangsthema gegenübergestellt ist. In der Durchführung bereiten die wellenden »Neuntolen« meist erhebliche Schwierigkeiten vor allem auch in klanglicher Hinsicht. Im achten Takt des Seitenthemas befindet sich ein wichtiger Dreiviertel-Auftakt, der sehr bestimmt vorgetragen werden muß. Das Adagio (II) hat einen dramatischen Mittelteil, dessen komplementärer Rhythmus (die drei Mittelstimmen gegen das Vc) sehr genau »sitzen« muß; am Schluß eine Kadenz der Va. I, die im letzten Takt breit auszuspielen ist. Einer der schönsten Sätze ist das Un poco Allegretto (III), eines jener Intermezzi des späten Brahms, die viele Musizierer in ihr Herz geschlossen haben; das gilt auch für das Trio (G-dur), das in der Coda wieder aufklingt. Das Vivace ma non troppo presto ist wie der letzte Satz des g-moll-Klavierquartetts zigeunerisch und einer der zwingendsten Schlußsätze des Meisters, die nicht gerade seine Stärke waren. Sollte man sich an das Studium dieses Werkes wagen, so denke man immer daran, daß der volle Streichersatz – noch dazu mit zahlreichen Doppelgriffen – leicht schwerfällig und dicklich klingt. Beide Quintette müssen »federn«, elastisch sein und das erreicht man nur durch Zurückhaltung in der Dynamik. (5/5)

Bruckner, A.: schrieb neben seinem Streichquartett aus dem Jahre 1862 nur noch ein Kammermusikwerk, nämlich das Streichquintett in f (1879). Es gibt viele Musikliebhaber, die es über seine symphonischen Werke stellen. Es entstand zwischen der fünften und sechsten Symphonie und wurde für Joseph Hellmesberger und sein Quartett geschrieben. Die Schwierigkeiten dieses einzigartigen Stücks bestehen im wesentlichen aus Intonations-Problemen. Die verlangten Tonfortschreitungen sind sehr ungewohnt; so hat die V. II im Scherzo (II), das nicht zu schnell gespielt werden sollte, vom 27. Takt vor Schluß des Hauptteils an eine Stelle in Achteln, zu deren Bewältigung ein sorgsam ausgeknobelter Fingersatz unerläßliche Voraussetzung ist. Dieser Satz diente Hellmesberger als Vorwand, das Quintett sechs Jahre lang auf Eis zu legen, obwohl Bruckner sofort als Ersatz ein Intermezzo komponiert hatte. Das Trio dieses Scherzos gehört in der Art einer venezianischen Serenade zu den liebenswertesten Einfällen dieses Werks.

Echter Bruckner ist das Adagio (III). Am wenigsten überzeugt der letzte Satz mit seiner Opern-Finale-Einleitung und seiner etwas ledernen Fuge inmitten. Um so vorteilhafter kontrastiert das mit Charme vorzutragende zweite Thema (Langsamer). Das Ganze hat eine durchaus begeisternde, charakteristische Note und sollte nur von Spielern versucht werden, die die durchaus logischen harmonischen Zusammenhänge sich klar gemacht haben. (5/5)

Dvořák, A.: op. 97 in Es (1893) wurde in sechs Wochen in Spilleville (Iowa) zu Papier gebracht. Es entstand unmittelbar nach dem Streichquartett in F op. 96. Es ist auch ebenso »amerikanisch« wie jenes. Dazu Dvořák: »... ich weiß, daß diese Kompositionen nie ›so‹ geschrieben worden wären, wenn ich Amerika nicht gesehen hätte!« Das Quintett ist sehr musikantisch und in klarer Disposition gebaut; das gilt auch für den ersten Satz (Allegro non tanto). Das Scherzo vertritt ein Allegro vivo (II), einer der originellsten schnellen Mittelsätze, die der Erzmusikant komponiert hat. Das Minore hat ein prunkvolles Bratschensolo für die erste Va. Im Larghetto (III), das variiert ist und dabei häufig zu sehr kurzen Notenwerten greift, muß man sich rhythmisch gut orientieren. Das Finale ist tatsächlich amerikanisch mit seinen Banjo-Klängen im Seitenthema. Die Schlußsteigerung ist etwas bombastisch, man wünscht sich drei Posaunen zur Verstärkung. Sehr dankbar für die Va. II! (5/4)

Haydn, Jos. hat keine Kammermusik für diese Besetzung geschrieben. Jedoch existiert ein Divertimento in sechs Sätzen aus dem Anfang seiner Kompositionstätigkeit:
in G (Hoboken II/2) aus dem Jahre 1753. Anspruchslose, unterhaltende Musik, deren Baß mit Vc und Kontrabaß besetzt sein sollte. (2/2)

Haydn, Michael (* 1737 in Rohrau, † 1806 in Salzburg) war Konzertmeister und Domorganist in Salzburg, Bruder von Joseph Haydn, väterlicher Freund von Wolfgang A. Mozart und ein hochangesehener Kirchenmusiker. Michael war literarisch und kunsthistorisch ungemein interessiert und hat eine ansehnliche Büchersammlung besessen. Er spielte gern Streichquartett, wovon ein überlieferter Vierzeiler auch die Partner namentlich anführt.

»Otter geigt recht hübsch und fein,
Fuetsch stimmt mit dem Bassel drein,
Haydn macht den Bratschen Hans
Hacker macht das Quadro ganz.«

Michael schrieb neun Streichquartette und sechs Streichquintette, von denen die ersten zwei besonderes Interesse verdienen, weil sie W. A. Mozart beeinflußt haben. Drei dieser Quintette liegen im Neudruck vor.
In C (17. Februar 1773) wurde seinerzeit als op. 88 dem Bruder Joseph zugeschrieben. In der Durchführung des ersten Allegros ein kleines Bratschensolo. Im Adagio (II) spielen V. I und Va. I eine Duett-Szene und werden dabei meist pizzicato begleitet. Das apart harmonisierte Menuett (III) läßt im Trio auch die Va. II einmal zu Wort kommen. Im geschäftigen Schlußrondo spielt ein Tonleiter-Motiv in Sechzehnteln eine Rolle; musikantisches Stück. (2/2)
In G (1. Dezember 1773) haben wir ebenfalls gern gespielt. (2/2)

Mendelssohn, F. schrieb sein erstes Quintett op. 18 in A (1826) als ein siebzehnjähriger, formvollendeter Könner. Das geht aus dem schön klingenden Streichersatz des Allegro con moto, der geistreichen Durchführung und dem poetischen Ausklang dieses Satzes hervor. Das Intermezzo (Andante sostenuto, II) wurde allerdings sechs Jahre später in Paris komponiert, als Mendelssohn vom Tode seines Jugendfreundes Eduard Rietz benachrichtigt wurde, an Stelle eines ursprünglich dort stehenden Menuetts. Das in erster Linie durch seinen Rhythmus kontrastierende zweite Thema in V. I und Vc muß sehr präzis von den übrigen Stimmen begleitet werden. Bewundernswert ist, wie der Komponist den Auftakt des Anfangs bis in die letzten Takte hinein auszuwerten weiß. Die Elfenzauber-Fuge des Scherzo (Allegro di molto, II) hat verschiedene kleine Zwischenepisoden teils lyrischer, teils scherzender Natur; bei der Rückleitung zum letzten Fugenthema beginnt die V. I etwas irregulär. Hier hilft nur genaues Zählen oder aber man schreibt sich Stichnoten in seine Stimme. Der gelenkige Schlußsatz (Allegro vivace) verblüfft gleich am Anfang durch ein aufgelöstes gis beim Einsatz der V. II. Inmitten dieses Satzes ein etwas lautes Fugato. (3/4)
op. 87 in B (1845). Der erste Satz (Allegro vivace) ist weit weniger kammermusikalisch gearbeitet, als der des ersten Quintetts. Man erkennt das schon an den

vielen repetierenden Sechzehnteln in den unteren Stimmen. Ansprechend ist das Andante scherzando (II), ein hübscher und ganz schlichter Satz. Das Adagio e lento (III) läßt die V. I in anspruchsvoller Weise den Quartettsatz der übrigen umspielen, sonst herrscht darin ein kleinkarierter, eigenwilliger Rhythmus, der sehr genau – Strichart ausmachen! – wiedergegeben werden muß. Der letzte Satz (Allegro molto vivace) wirkt symphonisch. Das Ganze klingt etwas nach Routine, hat jedenfalls nicht die Frische des ersten Werks. (4/4)

Mozart, W. A. schrieb die Spitzenwerke dieser Gattung. Jedoch befinden sich in den Druckausgaben nicht nur die fünf originalen Streichquintette, sondern auch etliche Bearbeitungen. So ist KV 46 in B eine ungeschickte Bearbeitung der Gran Partita KV 361 (370[a]) für 12 Bläser und Kontrabaß, 1781 komponiert.
KV 174 in B (1773) ist ein Originalwerk und entstand in Salzburg. Damals saßen Michael Haydn und Wolfgang als Kollegen am Konzertmeisterpult. Beide versuchten sich im gleichen Jahre an der Gattung des Quintetts, und ganz offensichtlich hat der ältere Meister dem jüngeren als Modell gedient. Mozart hat zwei der Quintette M. Haydns nicht nur gekannt, sondern auch besessen, denn er hat sie im Oktober 1777 bei einem Hauskonzert in München gespielt.
KV 174 ist ein spielfreudiges Kammermusikwerk des jugendlichen Mozart und wie die Quintette von Michael Haydn eine gute Studie für die späteren Meisterwerke. Reizvoll ist vor allem der Menuetto mit dem Salzburger Landler und einem Echostück im Trio. Dieses, wie den Schlußsatz, hat Mozart als Ersatz für zwei verworfene Teile der ersten Fassung nachkomponiert, als er M. Haydns zweites Quintett kennengelernt hatte.
KV 406 (516[b]) in c (1787) ist eine von Mozart selbst vorgenommene Umarbeitung seiner letzten Bläser-Serenade KV 388 (384[a]), die er »eine Nacht-Musique« genannt hatte. Meisterhaft hat es der Komponist verstanden, den Bläsersatz für Streicher zu »übersetzen«. Die melancholisch anmutende Musik hat herrliche Thematik, einen sehr schönen langsamen Satz, ein Menuett mit Kanon-Kunststücken und einen Schlußsatz, der mit Hornquinten und Fagott-Figuren die Herkunft immerhin noch erkennen läßt.
Die nächsten vier Quintette sind nicht nur Höhepunkte in Mozarts reifem Schaffen, sondern Gipfelleistungen dieser Gattung schlechthin:

KV 515 in C (19. April 1787). Im Allegro ist auf ruhige Wiedergabe der reichlich darin verteilten Doppelschläge zu achten. Das zweite Thema beschert den beiden Violen heikle Einsätze in Oktaven. Der Hauptteil des Menuetto (II) ist aus einem viertaktigen Motiv gespeist, dafür ist das ausgedehntere Trio um so abwechslungsreicher. Das Andante (III) huldigt dem M. Haydnschen Prinzip, V. I und Va. I miteinander solistisch hervortreten zu lassen. Dieser Satz ist bei entsprechendem Spiel eines der schönsten Erlebnisse, die ein guter Kammermusik-Bratscher haben kann. Das Allegro (IV) ist ein Rondo voll heiterster Spiellaune, z. B. wenn die beiden Bratschen aufgeregt hin- und hersausen und die V. I dazu eine Reminiszenz aus dem »Figaro« bringt. Wenn man wissen will, wie man in der Instrumentalmusik Jubel ausdrückt, dann schaue man sich die letzten 47 Takte dieses meisterlichen Satzes an! (4/3)

KV 516 in g (16. Mai 1787) gilt als das hervorragendste und tiefsinnigste g-moll-Werk Mozarts. Der Anfang des Allegros (I) teilt die fünf Spieler in zwei Trios, bei denen die Va. I einmal den Baß und dann die Führungsstimme übernimmt. Dieser Satz ist in großartiger Weise einheitlich und durchgestaltet. Im Menuetto (Allegretto, II) sind die Akkord-Akzente auf dem dritten Viertel jeweils weich und klangvoll wiederzugeben; man vergegenwärtige sich, daß Doppel- und Tripelgriffe an und für sich schon kräftig klingen. Ein herrlicher Einfall ist, die abschließende moll-Phrase des Hauptteils im dur-Gewande das Trio einleiten zu lassen. Im zweiten Teil des Trios können die Bratschen in Terzen beweisen, was sie tonlich an Schönheit zu bieten haben. Das Adagio ma non troppo ist satztechnisch streckenweise sehr ökonomisch; hier hat man sehr auf genaue Intonation der vielen Halbtonschritte zu achten. Im 19. Takt tritt die V. II erstmals mit einem kleinen Kurzmotiv hervor und zwar *mfp;* das ist ganz etwas anderes als *sfz* und daher mit weicher Tongebung zu bringen. Diesem Satz folgt eine Adagio-Einleitung zum letzten Satz. Sie kommt wie aus einer anderen Welt und ist eine der merkwürdigsten Eingebungen innerhalb Mozarts gesamter Kammermusik. Der Schlußsatz (Allegro) ist voller Spielfreude und hat inmitten ein imitierendes polyphones Zwischenspiel, das auch in den nächsten Werken eine Rolle spielt. (4/3)

Die letzten zwei Quintette entstanden drei Jahre später, als Mozart die drei letzten Quartette für den preußischen König abgeschlossen hatte. Der Legende nach sollen diese für einen ungarischen Adligen geschrieben worden sein. Es erscheint nicht ausgeschlossen, daß es jener Zmeskall von Domanovetz gewesen ist, dem Haydn und Beethoven Werke gewidmet haben, denn Zmeskall ist 1784 nach Wien gekommen und galt als guter Dilettant auf dem Violoncello.

KV 593 in D (Dezember 1790) fängt gleich mit einem Vc-Solo an: einem gebrochenen D-dur-Akkord. Das klingt meist recht verlegen anstatt recht bestimmt, denn der Anfangston soll *rf* (rinforzando = verstärkt), also mutig angestrichen werden; erst das arpeggio ist *p* zu spielen. Das von dem Larghetto der Einleitung umrahmte Allegro lebt von dem Motiv der ersten vier Takte und dem punktierten Seitenthema, ist aber sehr fein ausgearbeitet. Überraschend läßt sich ganz am Schluß noch einmal das Hauptthema des Allegro hören. Im Adagio machen den Hausmusikanten die Zweiunddreißigstel-Auftakte ab dem 9. Takte zu schaffen (vergl. dazu S. 53). Im Menuetto (Allegretto, III) befindet sich in der zweiten Hälfte ein Kanon im Abstand von nur einem Viertel, was man wissen muß. Das Trio ist recht kapriziös und mit pizzicati schön instrumentiert. Im lustigen Finale befinden sich zwei fugato-Stellen; bei der zweiten wird das fugato-Thema mit der Rondo-Melodie kontrapunktiert. (4/4)

KV 614 in Es (12. April 1791) ist Mozarts letztes Kammermusikwerk in vier Sätzen. Es ist das feinnervigste Werk, das er geschaffen hat. Im Allegro di molto (I) spielt das Kopfmotiv, das von den beiden Violen angestimmt wird, die beherrschende Rolle. Das Seitenthema erfordert sehr präzise kurze Vorschläge. Das frei variierte Andante (II) enthält köstliche Umspielungen des Hauptthemas und einen schwierigen Einsatz der Va. II im ersten wiederholten Mittelteil. Das Trio des Menuetto (Allegretto, III) ist einer der schönsten Landler, den Mozart schrieb. Die Wiederholungen sind ausgeschrieben, weil die V. I mit der Va. I in Oktaven das zweite Mal die Melodie spielt; da beide Instrumente sehr hoch geführt sind, macht die saubere Intonation bisweilen Schwierigkeiten. Das heitere Finale wartet wieder mit fugati auf und einem kleinen Kanon zwischen V. I und Va. I, der humorvoll zu interpretieren ist. Dieses Werk ist, sowohl im Zusammenspiel wie in technischer Hinsicht, das anspruchsvollste und erfordert viel Delikatesse im Vortrag. Nur für Geübte! (5/4)

Boccherini, L. wurde an den Schluß gestellt, weil den Druckausgaben seiner Quintette mit zwei Violoncelli – das Vc. I bezeichnete Boccherini als »Violoncello Alto« – für das erste Vc eine Va-Stimme beiliegt. Das eben erwähnte Instrument scheint ein Vc mit zugefügter E-Saite gewesen zu sein, auf dem sich die schweren hohen Stellen bei Boccherini naturgemäß leichter spielen ließen. Über die Quintette, 125 an der Zahl, läßt sich in diesem Rahmen nicht viel sagen (s. a. S. 81). Wer das weltberühmte Menuett in A im Original spielen will, sei auf op. 13/5 verwiesen, wo der Komponist vorschreibt, es mit Dämpfern zu spielen. Für das praktische Spiel sei vermerkt, daß manche Werke in technischer Beziehung gar nicht einfach sind. (3/2)

Für diejenigen, die beim häuslichen Musizieren mit den Kammermusikwerken Boccherinis konfrontiert werden, sei angemerkt, daß es sich um eine höfische Unterhaltungskunst gepflegter Art handelt. Es hat keinen Sinn, hier nach Tiefe zu schürfen und Boccherini mit Haydnschem Maß zu messen oder gar Mozart oder Beethoven zum Vergleich zu bemühen. Boccherini ist ein Meister des Klangspiels und war einer der bescheidensten und lautersten Charaktere, welche die Musikgeschichte aufzuweisen hat.

Quintette mit zwei Violoncelli

Während das sehr fein ausgearbeitete Quintett von Cherubini (in e, 1837) nicht mehr im Handel erhältlich ist, ist das von

Glasunoff, A. zu empfehlen: op. 39 in a (1893), ein musikantisches, abwechslungsreiches und gut klingendes Stück, dessen Schwierigkeiten in erreichbaren Grenzen liegen. Mit bloßem Durchspielen wird freilich nicht viel erreicht. (4/4)

Schubert, Fr.: op. 163 in C (1828). Dieses letzte und überragende Werk entstand zwei Monate vor seinem Tod. Es war ein schwerkranker Mensch, der diese gesunde, melodienselige Musik schrieb. Sie ist ohne Vorbild und in klanglicher Beziehung das Vollendetste, was die Wiener Klassik uns geschenkt hat. Das Allegro ma non troppo (I) ist frei von kontrapunktischen Versuchen, die Durchführung steigert das thematische Material der Themen-Exposition; an zwei Stellen wird man an Mozarts C-dur-Quintett erinnert. Beim Adagio (II) spielen

V. II, Va und Vc. I einen dreistimmigen Satz, über dem die Seufzer der V. I liegen, während Vc. II nach Art eines Kontrabasses pizzicato die Baßgrundlage gibt. Bei der Reprise übernimmt die V. I im *ppp* ebenfalls mit pizzicato harmonieunterstützende Akkorde, was ein großes klangliches Problem für den Spieler ist. Ein weiteres klangliches Problem ist der spröde Mittelsatz in *f*, in welchem V. I und Vc. I in Oktaven spielen und die drei andern Spieler eine in Sechzehnteltriolen pochende Begleitung auszuführen haben. Am Schluß des mittleren Teiles ist ein sorgsam zu disponierendes decrescendo über sechs Takte überzeugend wiederzugeben. Bei der Rückkehr zur Anfangsmelodie hat das Vc. II sehr unangenehme Zweiunddreißigstel zu bewältigen. Eine der Schönheit dieses Satzes angemessene Wiedergabe gehört zu einer der schwierigsten Aufgaben im Bereich der Kammermusik. Das Scherzo (Presto, III) ist ein Jagdstück mit überraschenden Harmoniefolgen und im richtigen Tempo sehr schwer. Das tieftraurige Trio (Andante sostenuto) ist eine Vorahnung von Anton Bruckner und setzt mit seinen Sechzehntel-Auftakten ein tadellos eingespieltes Ensemble voraus. Für die Rückleitung ist es wichtig sich klarzumachen, daß der Sechzehntel-Auftakt vor Tempo I einem Viertel des Prestos entspricht. Das Allegretto (IV) darf unter keinen Umständen zu schnell gespielt werden; es soll vielmehr den Charakter eines gemächlichen Volkstanzes haben, bei dem ungarische und Polka-Melodien sich die Hand reichen. Am Schluß erfährt das Tempo zwei Steigerungen. Das Schluß-c im unisono hat – das ist ohne Vorbild! – eine Vorschlagsnote (des), die sehr deutlich und von allen Spielern gleichmäßig gebracht werden muß. (5/5)

Treten zum Quartett ein Bratscher und ein Cellist hinzu, so spielt man

STREICHSEXTETTE

Eine nicht ganz unwichtige Frage ist die: wie sitzt man beim Sextettspiel? Da es sich um eine Verdopplung eines Streichtrios handelt, ist es am zweckmäßigsten, daß sich die gleichen Instrumente paarweise gegenüber setzen, so daß jede Pultfront aus einem Streichtrio besteht. Außerdem mache man sich klar, daß es sich bei den besprochenen Werken wohl in allen Fällen um Werke für den Konzertsaal handelt; in der Wohnstube ist die Gefahr zu großer Lautstärke durch entsprechendes Zurückhalten bei vorgeschriebenen stärkeren dynamischen Vorschriften zu bannen.

Brahms, Joh.: op. 18 in B (1860) war sein erstes Kammermusikwerk ohne Klavier und es begründete seinen Ruf als Instrumentalkomponist. Das Allegro ma non troppo zeigt beim »tranquillo« die Spaltung des Ensembles in zwei Streichtrios, während der Anfang mit einem Trio von Va. I und den beiden Violoncelli beginnt. Der melodie-gesättigte Satz hat in der Durchführung die bei Brahms so häufige Gegenüberstellung von Triolen und Achteln, bzw. Sechzehnteln. Leider schreibt der Komponist auch im Sextett noch häufig Doppelgriffe, was für den Hausgebrauch überflüssig erscheint. In der pizzicato-Coda ist es wichtig, die beiden Melodie zupfenden Va. I und V. I durch entsprechende Zurückhaltung hervortreten zu lassen. Das Andante, ma Moderato (II) ist ein Variationensatz. In der dritten Veränderung sind schwierige Baßläufe zu üben; die fünfte ist eine bezaubernde Musette. Das Scherzo (III) ist ein wild stürmendes Jagdstück; der zweite Teil des Trios ist nur durch Studium sauber zu bekommen. Das Rondo (Poco Allegretto e grazioso, IV) ist auch in »concerto grosso«-Partien (z. B. ab Takt 180) durchsichtig zu spielen. Die Fingersatz-Oktaven der V. I nach der Stelle, wo das Thema *pp* dolce von V. I und Vc. I, taktweise sich ablösend, erklingt, sind leider recht unangenehm. In der Coda (Animato, poco a poco più) glänzt die Va. I mit virtuos vorzutragenden Sechzehnteln. (4/4)

op. 36 in G (1866). Das Allegro non troppo erhält seinen Charakter durch eine schaukelnde Achtelfigur, mit der die Va. I den Satz einleitet. Das zweite Thema schließt mit einer dreimal wiederholten Tonfolge a-g-a-h-e in der V. I, womit Brahms sich von seiner »letzten Liebe« (Agathe von Siebold) losmachen wollte. Für die Spieler ist es wichtiger, daß sie versuchen sollten, diesen Satz in Wohllaut aufzulösen. Beim leicht slawisch angehauchten Scherzo (Allegro non troppo) ist ein verhältnismäßig ruhiges Tempo zu wählen, dafür kann man dann bei dem Springtanz (Presto giocoso) richtig loslegen. Der Anfang des Poco Adagio (III) ist rhythmisch recht heikel, weil die Achtel der V. II gegen Triolen der Va. I stehen, bei welch letzteren stets die erste Triolen-Note fehlt, was die Sache nicht gerade erleichtert. Bei dem Übergang zum Adagio (5. Variation) achte man darauf, daß die Achtel vor dem Doppelstrich mit der E-dur-Vorzeichnung genau den

Sechzehnteln nach dem Doppelstrich entsprechen. Diese Variationen sind sehr feinnervig und müssen sorgsam einstudiert werden. Der Schlußsatz (Poco allegro) verlangt eine richtige Darstellung der jambischen Rhythmen (z. B. im 15. Takt). Brahms (oder Joachim?) hat die Achtel mit Punkt und Strich versehen; das soll bedeuten, daß sie zwar gut klingen, jedoch gegen das folgende Viertel abgesetzt werden müssen. Dieser Satz ist trotz seiner Durchsichtigkeit nicht leicht zu spielen. (4/5)

Dvořák, A.: op. 48 in A (1878) hat einen melodienreichen, trefflich gearbeiteten ersten Satz (Allegro moderato, wechselt ab mit Allegro con brio), eine Dumka (Poco Allegretto – Adagio, quasi tempo di marcia, II), einen sehr schönen Furiant und ein Finale (Thema mit Variationen), das gegen die ersten drei Sätze ein wenig abfällt. Die stark slawische Färbung des Werks verlangt sechs Vollblutmusikanten! (3/4)

Reger, M.: op. 118 in F (1910) ist ein etwas widerborstiges Werk in vier Sätzen, das von Erfahrenen und Geübteren durchaus bewältigt werden kann. Die Sätze: Allegro energico – Scherzo – Largo – Allegro con moto. Die Krone gebührt dem langsamen Satz. (5/5)

Kommen zwei Streichquartette zusammen, dann gibt es zwei Möglichkeiten:

OKTETT ODER DOPPELQUARTETT

Der Gedanke, zwei Streichquartette zum gemeinsamen Spiel zu vereinen, stammt wie Louis Spohr schreibt, von Andreas Romberg, der ein solider Geiger und Komponist war.

Mendelssohn, F.: op. 20 in Es (1825). Der Komponist hat dieses Werk nicht als ein Doppelquartett angesehen. Das geht aus dem Vorwort hervor, das in der ersten Violinstimme steht. Es heißt da: »Dies Oktett muß im Stil einer Sinfonie in allen Stimmen gespielt werden; die Pianos und Fortes müssen sehr genau und deutlich gesondert und schärfer hervorgehoben werden, als es sonst bei Stücken dieser Gattung geschieht.« Der erste Satz (Allegro moderato ma con fuoco) ist seiner Überschrift entsprechend schwungvoll anzupacken. Im Andante (II) stellt

Mendelssohn sehr reizvoll die unteren vier Stimmen den vier Geigen gegenüber; dieser Satz ist sehr kammermusikalisch gearbeitet. Beim Scherzo (Allegro leggierissimo, III) hat der Komponist angemerkt, dieses Stück solle durchwegs *pp* und staccato gespielt werden. Es ist das erste einer ganzen Reihe von Elfenzauberstücken, die Mendelssohn geschrieben hat und soll von den Walpurgisnacht-Versen aus Goethes Faust angeregt worden sein: »Wolkenflug und Nebelflor erhellen sich von oben. Luft im Laub und Wind im Rohr, und alles ist zerstoben.« Unnötig wohl anzumerken, daß solch ein Satz auf Zuhörer nur dann wirkt, wenn er mit äußerster Präzision dargeboten wird. Der letzte Satz (Presto) befleißigt sich der Polyphonie, die dauernd durch ganz homophone Episoden unterbrochen wird. Merkwürdigerweise zitiert Mendelssohn in diesem Satz ein Motiv aus dem Scherzo. Ein großartiges Werk! (3/4)

SPOHR, L.: Von den vier Doppelquartetten ist das erste, op. 65 in D (1822), neu gedruckt worden. Spohr selbst schrieb über die Gattung: »... ich stellte mir die Aufgabe, zwei Quartette, nebeneinander sitzend, *ein* Musikstück ausführen zu lassen und das Achtstimmige nur für die Hauptstellen der Komposition aufzusparen.« Das Allegro (I) bevorzugt das erste Quartett und beschäftigt die allererste Geige mit gar nicht einfachen technischen Problemen. Das Scherzo (Vivace) ist originell und hat ein pastorales, sehr wohllautendes Trio. Das Larghetto (III) ist vor allem dadurch interessant, daß es thematisch nur aus zwei Takten besteht und trotzdem nicht langweilig wirkt. Auch verzichtet Spohr hier vollständig auf violinistische Ornamentik, mit der er doch sonst recht freigebig ist. Ein musikantisches Finale (Allegro molto) mit hübschen melodischen Einfällen läßt ein Studium der ersten Violinstimme nicht bereuen. (4/3)

Als Nachtrag seien noch die

KLARINETTENQUINTETTE

behandelt, weil die drei schönsten sämtlich aus der allerletzten Schaffensperiode ihrer Erzeuger stammen und zu deren reifsten Schöpfungen zu zählen sind.

BRAHMS, Joh. lernt 1891 in Meiningen Richard Mühlfeld kennen, der ursprünglich Geiger war und sich autodidaktisch zu einem der besten Klarinettisten ausgebildet hatte. Er machte Brahms mit der Natur und den Spielmöglichkeiten der Klarinette vertraut. Ihm verdanken wir die letzten Kammermusikwerke des Meisters, die beiden Klarinetten-Sonaten op. 120, das Klaviertrio op. 114 und das Quintett op. 115 in h (1891), das Brahms in Ischl schrieb. Es gehört zu den besten Kammermusikwerken des Meisters. Schon das erste Allegro ist in Wohllaut getaucht und fügt die Klarinette organisch in das Streichquartett ein. Das Adagio (II), von den Streichern con sordino gespielt, hat einen rhapsodischen Mittelteil, der im Zusammenspiel große Schwierigkeiten macht und bei dem man die sehr kleinen Notenwerte genau auseinandernehmen muß; außerdem sollte man das, was die Klarinette zu spielen hat, genau im Kopf haben. Das Andantino (III) mit einem angebauten Presto, non assai, ma con sentimento macht insofern etwas Kopfzerbrechen, weil das Kopfmotiv am Schluß des Prestos wiederkehrt; soll man da das Tempo zurücknehmen? Der verklingende Schluß legt das nahe. Die Variationen des Con moto (IV) münden in den Anfang des ersten Satzes. (5/5)

MOZART, W. A.: KV 581 in A (29. September 1789), »des Stadler's Quintett« nannte Mozart es, denn Anton Stadler, ein sehr guter Klarinettist und ein bis ans Kriminelle streifender Bruder Leichtfuß, war der »Mühlfeld« Mozarts. Das Quintett ist eins der durchsichtigsten Kammermusikwerke des späten Mozart. Für die Streicher ist die Durchführung des Allegrettos (I) mit den Dreiklang-Ketten nicht ganz einfach. Das Larghetto (III) gehört zu des Meisters bekanntesten Sätzen. Die abschließenden Variationen (Allegretto) haben ein merkwürdiges Bratschen-ostinato in der dritten Veränderung. Trotz seiner einfachen Faktur gehört schon viel Erfahrung und musikalisches Empfinden zu einer untadeligen Ausführung. (3/3)

REGER, M.: op. 146 in A (1916) ist das letzte Werk, das eine opus-Nummer erhielt. Diese Musik müßte auch jeden bekehren, der noch kein rechtes Verhältnis zu Max Reger gefunden hat. Das Moderato ed amabile (I) ist gegenüber anderen ersten Sätzen einfach im Aufbau und hat so schöne Einfälle wie das zweite Thema. Im Vivace (II) spielen alle Streicher mit Ausnahme der Va con sordino; das Trio mit einem schönen Kanon zwischen Klarinette und Va gehört zu den duftigsten Tongebilden, die Reger gelungen sind. Im Mittelteil des Largos (III) muß man sich an das gleichzeitige Erklingen von Triolen, Achteln und Sechzehnteln gewöhnen, sonst bietet dieser Satz keine weiteren Schwierigkeiten. Das Poco allegretto (IV) besteht aus abwechslungsreichen Variationen über ein schönes Thema; sie sind teils nachdenklich, teils übermütig und man studiert sie am besten erst einmal einzeln und spielt sie dann im Zusammenhang. (4/5)

WEBER, Carl Maria von (* 1786 zu Eutin, † 1826 in London): sein »Mühlfeld« war der aus Potsdam gebürtige Klarinettist Heinrich Joseph Bärmann, für den Weber neben Klarinetten-Konzerten auch das Quintett
op. 34 in B (1811–1815) schrieb. Diese langjährige Arbeit – der langsame Satz wurde zweimal komponiert – galt weniger einem Kammermusikwerk als einem virtuosen Klarinettenpart mit Streicher-Begleitung. Beim Vorhandensein eines kunstfertigen Bläsers können auch weniger Geübte sich an dieses Werk wagen, das einen mit »Fantasia« überschriebenen, sehr schönen langsamen Satz und ein gar nicht alltägliches Scherzo aufweist. Die Ecksätze gehören allerdings dem – hoffentlich erstklassigen – Klarinettisten. (3/2)

MIT KONTRABASS

Der für das Forellen-Quintett von Schubert nicht zu entbehrende Kontrabaßspieler ermöglicht auch die Wiedergabe eines Werkes von

DVOŘÁK, nämlich des Quintetts op. 77 in G (1875) für Streichquartett und Kontrabaß. Dieses Werk hatte ursprünglich die Opuszahl 18, denn es stammt aus Dvořáks früher Schaffenszeit. Es ist technisch gar nicht so leicht, aber musikantische und frische Musik, die noch nicht jene typischen Eigenarten vorweist, welche die späteren Arbeiten Dvořáks auszeichnen. Der ansprechendste Satz ist das Scherzo. (3/3)

PERSONEN- UND SACHREGISTER